SIR GÂR
2014

CYFANSODDIADAU

a

BEIRNIADAETHAU

Golygydd:
J. ELWYN HUGHES

Cyhoeddir gan Lys yr Eisteddfod

ISBN 978-0-9576935-3-1

Argraffwyd gan Wasg Gomer,
Llandysul, Ceredigion SA44 4JL

CYNGOR YR EISTEDDFOD GENEDLAETHOL 2014

Cymrodyr
Aled Lloyd Davies
R. Alun Evans
John Gwilym Jones
Alwyn Roberts
D. Hugh Thomas

SWYDDOGION Y LLYS
Llywydd
Garry Nicholas

Is-Lywyddion
Christine (Archdderwydd)
Gethin Thomas (Cadeirydd Pwyllgor Gwaith 2014)
Beryl Vaughan (Cadeirydd Pwyllgor Gwaith 2015)

Cadeirydd y Cyngor
Eifion Lloyd Jones

Is-Gadeirydd y Cyngor
Richard Morris Jones

Cyfreithwyr Mygedol
Philip George
Emyr Lewis

Trysorydd
Eric Davies

Cofiadur yr Orsedd
Penri Roberts

Ysgrifennydd
Geraint R. Jones, Gwern Eithin, Glan Beuno, Bontnewydd, Caernarfon, Gwynedd

Prif Weithredwr
Elfed Roberts, 40 Parc Tŷ Glas, Llanisien, Caerdydd, CF14 5DU (0845 4090 300)

Trefnydd
Elen Huws Elis

Dirprwy Drefnydd
Alwyn M. Roberts

RHAGAIR

Mae'n dda gen i gyflwyno i'ch sylw gyfrol *Cyfansoddiadau a Beirniadaethau Eisteddfod Genedlaethol Sir Gâr, 2014.*

Gosodwyd 47 o gystadlaethau eleni yn y gwahanol feysydd (Barddoniaeth, Rhyddiaith, Drama, Dysgwyr, Cerddoriaeth, Gwyddoniaeth, etc.) heb ddim ond dwy gystadleuaeth na lwyddodd i ddenu'r un cystadleuydd. Anfonodd 500 o gystadleuwyr eu gwaith i sylw 57 o feirniaid a dim ond ar ddau achlysur yr ataliwyd y wobr eleni o gymharu â chwe gwaith y llynedd. Cynhwysir 26 o gyfansoddiadau yn y gyfrol (o gymharu â 30 y llynedd).

O ran ymateb i'r dyddiad cau ar gyfer cyflwyno'u beirniadaethau, mae'r rhan fwyaf o'r beirniad eleni wedi parchu'r angen – a'r rheol – i gadw at y cymal yn eu cytundeb â'r Eisteddfod – heblaw am ryw ddau a fynnodd herio'r drefn a chreu dyddiad cau personol iddyn nhw eu hunain. Mae derbyn beirniadaeth hyd yn oed wythnos yn hwyr yn gallu peri trafferth ond mae derbyn beirniadaeth *chwe* wythnos ar ôl y dyddiad cau yn gwbl annerbyniol – ac fe ddigwyddodd hynny eleni! O'r herwydd, a chydag ymddiheuriadau diffuant i'r cystadleuwyr ac i chithau, ddarllenwyr y gyfrol hon, nid oedd modd golygu'r feirniadaeth honno mewn pryd i'w chynnwys yn y gyfrol. Fodd bynnag, cyfeirir at nifer y cystadleuwyr a'r ffugenw buddugol ar dudalen 136.

Gyda golwg ar ambell gyfansoddiad arall na chafodd ei gynnwys, ceir esboniad yn dilyn y feirniadaeth. Dylid egluro, hefyd, nad yw'n ymarferol bosibl, am wahanol resymau, i gynnwys lluniau na graffigau yn y gyfrol (ac eithrio yn yr adran lle ceir lluniau'r Gadair a'r Goron, a lluniau'r buddugwyr).

Bu'n gyfnod o gydweithio unwaith eto â'r staff yn Swyddfa'r Eisteddfod yn yr Wyddgrug – yn arbennig gyda'r Trefnydd, Elen Huws Elis, sydd yn ei blwyddyn gyntaf yn ei swydd, a chyda Lois Wynne Jones, y bûm yn cydweithio â hi er 1991.

Diolchaf i Dylan Jones, Cyhoeddiadau Nereus, Y Bala, am gysodi'r emyndôn fuddugol eleni eto, ac i Deilwen, fy ngwraig, am drafod ambell fater cerddorol efo Dylan (sydd ei hun yn gerddor dawnus) pan ddeuai niwl y nodau i ddatgelu f'anwybodaeth gerddorol i! Diolchaf, hefyd, i Gari Lloyd, y cysodydd yng Ngwasg Gomer, unwaith eto am ei gydweithrediad proffesiynol ac effeithlon.

J. Elwyn Hughes

CYNNWYS

(Nodir rhif y gystadleuaeth yn ôl y *Rhestr Testunau* ar ochr chwith y dudalen)

* * *

ADRAN LLENYDDIAETH

BARDDONIAETH

RHYDDIAITH

ADRAN LLENYDDIAETH

BARDDONIAETH

Awdl ar fwy nag un o'r mesurau caeth heb fod dros 250 llinell: Lloches

---

BEIRNIADAETH LLION JONES

Lle i guddio neu fan sy'n cynnig cysgod a diogelwch – dyna ddiffiniad y geiriadur o destun cystadleuaeth y Gadair eleni. Er ei fod yn destun llawn posibiliadau, mae hefyd yn seinio rhybudd. Y gwir plaen yw nad oes 'na unrhyw le i guddio na llochesu yng nghystadleuaeth y Gadair. Buan iawn y mae'r her o gynnal awdl o 250 llinell ar fwy nag un o'r mesurau caeth yn dinoethi gwendidau beirdd.

Ofnaf fod yr her wedi bod yn drech na thrwch y beirdd eleni. Yn wir, pe bai hi'n ornest focsio, mae'n debyg y byddai hi wedi bod yn drugaredd i atal rhai o'r ymgeiswyr rhag mentro i'r cylch. Mentrodd wyth i gyd, ond o blith y rheiny, dim ond chwech a ddewisodd barchu'r rheolau. O blith y chwech, mae sawl un a gafodd drafferth i ymryddhau o ofynion caeth y rheolau a rhoi adenydd i'w gân.

Ceffyl Gwaith: Does dim cynghanedd o gwbl ar gyfyl ei ymgais, dim ond pedwar caniad odledig afrwydd eu mynegiant. Nid yn y ras hon y mae lle'r ceffyl hwn.

Mihangel: Llwyddodd i daro ar un neu ddwy o gynganeddion cywir yng nghwrs epig hanesyddol a osodwyd yn Oes y Seintiau, ond nid yw hynny'n ddigon i'w gymhwyso ar gyfer cystadleuaeth fel hon.

Clawdd y Dyffryn: Mae'n diffinio'i ymdriniaeth â'r testun mewn is-bennawd cymalog ('yn wahanol wrthrychau yn erbyn pob rhyfel, ac yn ddedwydd gyda'r hil ddynol sy'n eiddgar iawn i dderbyn') sy'n nodweddiadol o'i arddull. Er bod gwell syniad ganddo am hanfodion y gynghanedd na'r ddau ymgeisydd blaenorol, y mae hi'n feistres arno, ac mae natur eiriog a haniaethol y canu a'r cystrawennu cloff yn tanseilio ymdrech y bardd i ddeisyf tangnefedd.

Carnwyllion: Er iddo lwyddo i sodro'i awdl yn nhre'r Sosban o'i llinell agoriadol ('Llanelli'r colli a'r cau'), buan iawn y mae ei ymdriniaeth ag argyfwng economaidd, crefyddol ac amgylcheddol ein cyfnod yn colli ei

1

ffocws diriaethol wrth i gynfas ei gân ledu i gofleidio dynoliaeth gyfan ('Sylwedd dyn is heulwedd Duw/ yn fyr ei oes llawn o fraw/ yn ei rwnc dan haen o rew/ er haf ei awch am awr fyw.'). Mae'n gynganeddwr digon hyderus, sy'n barod i broestio a chadwyno i bwrpas, ond fel bardd, y mae'n llawer mwy effeithiol pan yw'n rhoi'r gorau i ddarlunio â brws bras ar gynfas eang a chanolbwyntio ar y cameo llai, fel yn y portreadau o'r hen weinidog a'r ddau gariad, neu yn ei ddeisyfiad am ddychweliad ysbryd Hywel Teifi i Lanelli a'i gŵyl.

Sglod: Tarodd ar un o syniadau mwyaf diddorol y gystadleuaeth trwy gyfosod blwyddyn ym myd adar gyda hanes enbydus ceiswyr lloches ledled y byd. Byrdwn ei gân yw ein bod fel pobol (ac mae llywodraeth Awstralia'n dod o dan y lach yn benodol) yn tynnu'n groes i drefn natur trwy wadu i geiswyr lloches 'yr hawl i ehediad'. Er ei fod yn adarwr gwybodus, wrth iddo ein tywys o fis i fis, buan iawn y gwelir bod *Sglod* wedi gosod nod rhy uchel iddo'i hun fel bardd. Gyda'i gilydd, mae'r llinyn thematig ac anghenion y gynghanedd yn rhoi straen enbyd ar y mynegiant gan orfodi'r bardd i lurgunio cystrawen y Gymraeg. Mae'r cwpled hwn yn enghreifftio ei duedd rwystredig i fethu gweithio trawiadau cynganeddol da i lif naturiol yr iaith: 'Bore; mae'r hydre'n hen,/ barugo Aberogwen'.

Er Mwyn y Feirniadaeth: Er gwaetha'r nodyn o wyleidd-dra yn ei ffugenw, rydym yn codi i dir ychydig yn uwch yng nghwmni'r ymgeisydd hwn. Pen Llŷn ddoe a heddiw yw testun ei gân, a'r cyferbyniad rhwng Llŷn uniaith, grefyddgar a chymdogol ei blentyndod a Llŷn ddwyieithog, seciwlar a llai cymdogol ei wyrion sy'n rhoi i'r awdl hon ei thrywydd. Mae'n deg dweud nad yw thema o'r fath yn ddiarth i'r gystadleuaeth hon, yn enwedig o safbwynt y pwyslais ar effaith ddifäol y mewnlifiad ('Ein cyni sy'n ein canol – yn uniaith/ Y daw'r llanw nerthol'), ond yn sylweddoliad y bardd fod datblygiad y cyfryngau torfol a'r cyfryngau cymdeithasol yn cyfrannu at gymhathiad gwirfoddol y genhedlaeth iau â'r diwylliant Saesneg byd-eang, y mae'r awdl yn torri llwybr mwy diddorol.

> Haws gair drwy ddrws agored,
> Hwnt i Lŷn mae byd di-led –
> Ac mae hwn yn gymuned!

Ond anwastad yw'r awdl hon ar ei hyd ac, yn rhy fynych, mae llinellau ac englynion gafaelgar yn cael eu dilyn gan ddarnau braidd yn llac a llipa.

Wariet: Rydym yn symud o'r gogledd-orllewin i'r de-orllewin yng ngwaith y cystadleuydd hwn, ond yr un yn ei hanfod yw nodau ei gân yntau wrth iddo ddwyn i gof hafau hirfelyn ei blentyndod ym mro'r Preselau a mynd rhagddo i farwnadu ffordd gyfan o fyw. Mae'n gynganeddwr rhugl, ac mae sŵn cysurus yn ei ymadroddi wrth iddo groniclo'r modd y chwalwyd cymdeithas yr efail:

Holl ias y gwreichion sy'n llwyd
A'i geraint a wasgarwyd.
Rhoed i ni a hi'n hwyrhau
Dawelwch di-bedolau.

Yn y gwaith hwn, mae dyn yn synhwyro bod yma fardd sy'n sicr yn deall gofynion awdl, ond awdl yn ôl y patrwm sydd ganddo – o'r englynion milwr epigramatig eu natur sy'n ei hagor ('A fu haf heb Fehefin/ A bore oes heb ei rin/ A'i afiaith mewn cynefin?'), i'r pedwar englyn sy'n ailadrodd y gair 'iaith' yn ei chorff ('Iaith mynwent, iaith y mynydd'), hyd at yr hir-a-thoddeidiau o sylweddoliad sy'n ei chloi ('Y ddawn wâr dreiglodd yn ôl – uwch fy mhen/ Hwyrol wybren yr awen barhaol'). Mae'r gallu gan *Wariet* i gyfansoddi disgleiriach cân.

Mae un bardd ar ôl, sef *Cadwgan*, a diolch byth amdano. Yn ffodus, mae ei waith yn cynnig yr antidôt angenrheidiol i gystadleuaeth syndod o ddi-fflach. Lle mae lleoliad nifer o'r awdlau eraill yn amhendant ac annelwig, mae hon wedi'i lleoli'n ddiamwys yn nhref Aberteifi heddiw. Mewn cystadleuaeth sydd mewn peryg' o suddo dan faich haniaethau, dyma ganu diriaethol gan fardd sydd â llygaid i weld. Mewn cystadleuaeth lle mae llawer iawn o gynganeddu blinedig a llafurus, dyma waith sy'n danchwa o drawiadau newydd ac annisgwyl. Yng nghwmni beirdd lluddedig eu hiaith, dyma fardd ag egni yn ei ieithwedd a dawn loyw i amrywio'i gyweiriau i bwrpas. Os ydy byd-olwg trwch yr awdlau eraill braidd yn unffurf a threuliedig, dyma fardd sy'n dod at ei destun ar hyd nifer o wahanol lwybrau gan agor sawl trywydd i'r darllenydd.

Mewn dull sinematig ei natur, mae'r bardd yn ein tywys ar daith dros gyfnod o bedair awr ar hugain drwy dref Aberteifi a'r cyffiniau. O siop sglodion Quick Chip yng nghysgod y castell draw i Gwbert ac yn ôl, mae'r bardd yn mynd ar drywydd ei hunaniaeth. Mewn gwirionedd, wrth deithio ei filltir sgwâr, buan iawn y gwelwn ei fod yn croesi pob math o ffiniau ac yn dod wyneb yn wyneb â bydoedd a dewisiadau gwahanol iawn.

Mae lôn o lwybre o mla'n-i, 'Pa un?'
Yw'r peth sy'n fy mhoeni;
Nid 'Ble'r wyf?' ond 'Ble'r af-i?'

Mae'r awdl yn agor yn ddramatig gyda ffrwgwd noson feddwol yn y siop sglodion rhwng 'Dou yn stond yn eu *standoff*'. Wrth i'r awdl fynd rhagddi, mae'r syniad hwn o *standoff* (a noder y defnydd bwriadus o'r Saesneg) yn magu arwyddocâd wrth i werthoedd, diwylliannau a dosbarthiadau

3

cymdeithasol fynd benben â'i gilydd, ac wrth i'r bardd ei chael hi'n anodd i gymodi rhyngddynt. Hyd yn oed yn y caniad agoriadol y mae peth o'r tyndra sy'n ganolog i'r awdl yn cael ei hau mewn cyfosodiadau trawiadol – 'ein tŷ cwrdd yw'r têcawê', meddai'r bardd, cyn mynd rhagddo i'w ddisgrifio'i hun yn rhan o griw brith y Quick Chip yn 'gwledda fel arglwyddi; cipio'r nos â'n ffyrc pren ni'. Mae'r awdl yn gyforiog o gyfosodiadau o'r fath. Mae'r bardd yn cyfosod cyweiriau iaith hefyd, gyda'r clasurol a'r coeth yn ymrafael yn gyson â'r sathredig a'r cwrs.

Wrth i'r ffrwgwd droi'n ffeit, mae'r bardd yn dianc drwy fwlch ym muriau'r castell ger llaw i chwilio am loches 'rhag yr ofn'. Yn ei gwrw, mae nid yn unig yn canfod seintwar lythrennol yng nghysgod y muriau, y mae hefyd yn 'dyfalu ym mhridd adfeilion' ddihangfa sy'n ei ddwyn yn ôl i Aberteifi'r Arglwydd Rhys a'r Eisteddfod gyntaf honno wyth canrif a mwy yn ôl:

> trof fy nghell yn gastell gwâr, a'r drysni
> yn dŷ mawrhydi uwch dom yr adar.

Nid am y tro olaf yn yr awdl, y mae'r bardd yn awgrymu bod yr elfen o ddianc a cheisio lloches yn rhan annatod o'n gwneuthuriad yn wyneb bygythiad yr anghyfarwydd, ac yn enwedig felly yng ngwneuthuriad beirdd.

Yng ngolau dydd drannoeth y drin, mae'n dychwelyd at y castell a chael bod y gwaith sy'n mynd rhagddo i'w adfer trwy ymdrechion Ymddiriedolaeth Cadwgan yn atal mynediad iddo. Yn symbolaidd y mae'r bardd ei hun yn y fan hon wedi'i gau allan ar y tu fas, yn union fel y mae cerrig yr orsedd yn ddiweddarach yn yr awdl 'yn creu, i rai, mewn cylch crand / wyrth benstiff wrth y *bandstand*'.

Wrth bensynnu ynghylch y gwahanol lwybrau sy'n agor o'i flaen wrth gerdded i gyfeiriad yr harbwr, mae'r bardd yn ymwrthod â chyfarwyddiadau'r 'ap adnabod-dy-dre' ac yn dewis mynd o'r tu arall heibio i Netpool lle mae 'sgolors y dre nas gweli' wedi bod yn taenu eu haerosolwaith cwrs dros gerrig yr orsedd ac yn ceisio lloches i fwynhau eu caru a'u cyffuriau rhwng y meini. Yn hytrach, mae'r bardd yn anelu am fferm y Tywyn lle bu Dafydd Nanmor gynt, â'i ffydd ddisygog yng ngrym y bendefigaeth, yn canu mawl i'w noddwyr. Ond mewn hir-a-thoddaid tywyllodrus o bersain, mae'r bardd yn dadlennu ei ddadrithiad wrth ganfod yno barc carafanau lle nad oes croeso iddo.

> Ond er y chwilio ar dir uchelwyr
> Am lys sy'n addo melyswin noddwyr,
> Mae'r tŷ a geisiaf a'r perci llafur
> Yn acer i fonedd carafanwyr ...

4

Wrth iddo droi'n ôl tua'r dre', mae ail lais yn ei annerch. Yn llais y bioden, y mae anogaeth glir i'r bardd adael palasau'r beirdd o'i ôl a cheisio dod i adnabod pobol ei dref ei hun yn well. Yn y fan hon, y mae adlais bwriadol o 'Cyngor y Bioden' Dafydd ap Gwilym, a pha well aderyn i dynnu ein sylw at y duedd i gyrchu syniadau neu ganfyddiadau sy'n ein dallu rhag yr hyn ydynt? Yn y llinell 'drycha mewn i edrych mas', y mae cyngor y bioden hon yn mynd at galon thematig yr awdl. Dan bwn ei gwestiynau a'i amheuon ei hun, mae'r bardd yn galw heibio i 'dafarn ddiedifar' a rhwng 'muriau cyfyng bar cefen, diswache' mae'n cael cip 'am awr' ar 'neuadd fawr', chwedl Waldo. O'r bar hwnnw, yn sigledig ei gamre (yn llythrennol a throsiadol), mae'r bardd yn cyrchu'r siop sglodion unwaith yn rhagor, gan syllu drachefn i gyfeiriad muriau'r castell. Mewn ennyd o sylweddoliad wrth weld y castell ar ei newydd wedd, mae'r bardd yn lleisio ei edmygedd o'r gwirfoddolwyr hynny a lwyddodd i ddyfalu 'hen adfeilion diwylliant/ yn bair i ddiwydiant a breuddwydion', a hynny 'heb ergydion dryll na chân', sylwer. Ond mae llygaid y bardd hefyd yn taro ar y tair pluen wen ar logo un o brif noddwyr y gwaith, sef 'Ymddiriedolaeth y Tywysog dros Adfywio,' sy'n peri iddo gloi'r awdl ar nodyn enigmatig gyda'r cwestiwn, 'Ond pa wahaniaeth?' Ai dihidrwydd gwirioneddol ynghylch ffynhonnell y nawdd sydd y tu ôl i'r cwestiwn? Yntau ai sylweddoliad blinderus fod y dosbarth llywodraethol, ddoe a heddiw, yn gwybod sut i gadw'r dyn cyffredin yn ei le, ac yn peri iddo geisio lloches mewn alcohol, trais, cyffuriau a chywyddau hyd yn oed? Waeth beth yw'r ateb, y mae ymgodymu â'r cwestiwn hwn a'r cwestiynau eraill a godir gan yr awdl ynghylch natur gwerthoedd a diwylliant yn brofiad sy'n cyfoethogi'r darllenydd.

Bu tref Aberteifi yn annatod glwm â hanes yr Eisteddfod. Eleni, fe gafodd y dref ei hawdl ei hun, yn ei thafodiaith ei hun. 'Nid hen wŷr paent Aneurin' sy'n llenwi'r llun ond galeri liwgar o sgineds, adeiladwyr, adar, jyncis a beirdd. Yn hynny o beth, mae hi'n awdl sydd yr un mor berthnasol i'r trefi eraill hynny yng Nghymru lle mae gwerthoedd ddoe, heddiw ac yfory yn mynd benben â'i gilydd.

Mae'r bardd yn codi cwestiynau anodd y byddai'n llawer haws dianc a cheisio lloches rhagddynt. Ond fel y dywedodd y bocsiwr Joe Louis gynt, fe gawn redeg a rhedeg ond does dim cuddio i fod. Am iddo fynd ati i wyntyllu'r cwestiynau hynny, gydag awen lachar a gwreiddiol, y mae *Cadwgan* yn llwyr haeddu Cadair Eisteddfod Sir Gâr.

Credaf mai dyma'r unfed tro ar ddeg i mi fod yn un o feirniaid y ddwy brif gystadleuaeth farddoniaeth yn yr Eisteddfod Genedlaethol, a gallaf ddweud yn ddibetrus mai dyma'r gystadleuaeth wannaf o'r cyfan. Cystadleuaeth hynod, hynod o siomedig yw hon.

Camarweiniol fyddai dweud bod wyth wedi cystadlu am y Gadair eleni. Rhaid bwrw dau allan o'r gystadleuaeth ar unwaith, sef *Mihangel* a *Ceffyl Gwaith*. Ceir rhai cynganeddion cywir yma a thraw gan *Mihangel* ond ar ddamwain megis. Tryblith digynghanedd a gafwyd gan *Ceffyl Gwaith*.

Felly, chwech sydd ar ôl.

Sglod: Dilyn mudo tymhorol yr adar drwy'r flwyddyn a wneir, gan gyplysu symudiadau greddfol a naturiol yr adar â mudo ym myd dynion, wrth iddynt ffoi rhag rhyfeloedd a thlodi yn eu gwledydd eu hunain i chwilio am loches a diogelwch mewn gwledydd eraill:

> Deryn a ffoaduriaid,
> brodyr yn natur eu naid;
> ail-weithiaf, troi a phlethu,
> dibyn a phlentyn a phlu.
> I'r werin ar ewinallt,
> gormes ger Homs yw gwir hallt.

Cafodd syniad gwych ond ni lwyddodd i droi'i weledigaeth yn gelfyddyd o'r radd flaenaf. Nid yw ei feistrolaeth ar y gynghanedd nac ar ramadeg yn gyffredinol yn ddigonol ar gyfer y dasg a osodasai iddo'i hun. Ceir gormod o linellau cynganeddol anghywir neu ramadegol anghywir yn y gwaith – er enghraifft: 'nid rhagor y daw'r rhegen', 'Dyma nhw ar domen ni' ('ar ein tomen ni'), 'Daw adar ein dadeni', 'Dyma Awst; rydym eistedd', 'yn dyst, un distaw'n eistedd', ac yn y blaen.

Clawdd y Dyffryn: Awdl am ryfeloedd dyn yw hon. Nid oes iddi gynllun o fath yn y byd. Haniaethol ac annelwig yw'r canu, a gwan ryfeddol yw'r cynganeddu.

Carnwyllion: Canodd i Lanelli ei hun – 'Llanelli'r colli a'r cau'. Mae'r awdl wedi ei chadwyno i gyd, fesur wrth fesur, ond gwlanog a haniaethol yw'r canu – er enghraifft:

> Gwylad gwlad o galedi – â hinsawdd
> byd siawns yn diddosi
> meddalwedd ymaddoli
> yn ogof ei hangof hi.

Ceir amrywiaeth o fesurau yma, ac mae *Carnwyllion* yn hoff iawn o odlau proest – ceir ganddo gywydd sy'n proestio hyd yn oed. Mae diwydiant ar drai bellach yn Llanelli, ac mae'r Gymraeg hithau yn simsanu yno. 'Llawn o wall yw Llanelli', meddai *Carnwyllion*, ac y mae'n ymbil ar Hywel Teifi i ddychwelyd i'r ardal i arwain ac i ysbrydoli:

> Dere'n ôl i'n daear ni
> i'n harwain, mae hi'n oeri …
> Dere i weld yr heuldes
> sy'n ceisio gwreiddio ei wres
> yn nhywyllwch Llanelli
> ag Awst i'w diwygio hi …

Mae rhai o wendidau *Carnwyllion* yn amlwg yn y darn uchod. Cynghanedd bendrom yw 'Dere i weld yr heuldes', a chynghanedd anghyflawn ei chyfatebiaeth yw 'Sy'n ceisio gwreiddio ei wres'. A llais Hywel Teifi sy'n cloi'r awdl:

> Gweler fy ngwaith â'r galon.
> Gwneler ag areulder hon.
> O ddilyn fy nhennyn i
> enillir yn Llanelli.

Gwaetha'r modd, nid enillir Cadair Llanelli eleni ag awdl anfoddhaol fel hon.

Down yn awr at y tair awdl orau.

Wariet: Yn ardal y Preseli y lleolir yr awdl hon. Mae'n agor gyda darlun hyfryd o blentyndod y bardd yn ei gynefin:

> Hwylio i fyd yr helfâu,
> yn y man, wele minnau'n
> Beirat yr ysguboriau!

> Mynd ar herc dros y perci.
> Tywysog ymysg teisi
> Y dwthwn crwn oeddwn i …

> Drwy oriau'r boreau braf
> Di-draul ydoedd haul yr haf
> A'i dywyniad amdanaf …

> Rhedwn ar lain ddibryder
> Heb ddirnad cam sicr Amser
> Yn dawnsio'i hynt dan y sêr.

Yn yr englynion milwr hyn, adleisir 'Fern Hill' Dylan Thomas yn fwriadol ('And honoured among wagons I was prince of the apple towns'; 'And green and golden I was huntsman and herdsman'; 'Time held me green and dying'). Ceir darlun wedyn o'r hen gymdeithas ddiwylliedig a Chymraeg ei hiaith a fodolai yng nghynefin y bardd unwaith. Ond chwalwyd y gymdeithas honno, a daeth mewnfudwyr i hawlio'r hen aelwydydd. Ystrydebol yw'r rhan o'r awdl sy'n disgrifio'r trawsnewid:

> Yn Hon mae Saeson sosi,
> Dônt yn haid i'n danto ni,
> Dônt â'u ffin – codant eu ffens
> Yn unswydd (y fath nonsens!) …

Gwaetha'r modd, hen thema sydd gan *Wariet*, ac mae'r awdl yn anwastad iawn. Ceir pedwar englyn i'r Gymraeg ganddo yng nghhorff yr awdl. Yr englyn a ganlyn, gyda'i drydedd linell drawiadol, yw'r englyn gorau ac nid oedd angen y tri arall o gwbl:

> Iaith mynwent, iaith y mynydd, – iaith y Groes,
>   Iaith y grug a'r gweunydd;
>   Iaith Suliau'r daith 'slawer dydd,
>   Iaith ein hawen, iaith newydd.

Dylid nodi nad oes cynghanedd o gwbl gan *Wariet* yn y llinell 'A'u magwrfa a wna hi', a bod 'Is to yr Iesu diwair', 'Cwnni'r ŵyn a'r ci a red' a 'Hollti hynt y Penrallt hwn' yn anghywir. Cefais fy moddhau gan sawl peth yn yr awdl hon.

Er Mwyn y Feirniadaeth: Mae dawn gan hwn, yn sicr. Cyferbynnu a geir yma rhwng sawl cyfnod a sawl cenhedlaeth ym Mhen Llŷn. Mae'r traethydd yn sôn am Lŷn y diwydiant ymwelwyr yn yr haf, a'r diwydiant hwnnw'n bygwth lladd Cymreictod yr ardal a difa cymuned. Ond y mae bygythiad arall hefyd i gymuned, sef y rhyngrwyd, sy'n gymuned fyd-eang – 'O'i unfan gwêl gyfanfyd' meddai'r traethydd am ei ŵyr. Mae bwlch enfawr rhwng byd y taid a byd yr ŵyr:

> Rhwng ein dau gae y mae mur
> Ei ail iaith a'i e-lythyr,
> Fy oed a'i gyfrifiadur.

'Ac mae hwn yn gymuned' meddai'r bardd am fyd y we, yn goeglyd. Mor wahanol oedd Pen Llŷn yn nyddiau ei daid yntau, sef hen-hen-daid yr ŵyr:

> Hafau'n ôl pan oedd fy nhaid
> Yn lardio i'w landlordiaid,

Drwy'r mellt a ysai'r gwelltyn,
Yn rhwyg y gwŷdd drwy'i dir gwyn,
Enaid y cwlltwr union
A wnaed o Dduw ydoedd o'n
Camu'r cysur mewn cwysi
A hau'i rawn i Galfari;
Gwaed y Groes ym mhlygiad gwrych,
Ystwyll yn helm ei fustych.

Mae'r bardd hwn yn ei medru hi'n iawn, ond mae'n fardd anwastad hefyd.

Cadwgan: Mae un cystadleuydd ar ôl. Awdl am dref Aberteifi yw hon, ac am gastell Aberteifi yn enwedig, fel symbol o Gymreictod a thraddodiad. Yn y castell hwn, meddir, y cynhaliwyd yr eisteddfod gyntaf oll. Ond sut le yw tref Aberteifi heddiw? Mae agoriad yr awdl yn gwbl anfoddhaol. Gwell gan y bardd hwn ddweud 'Stop tap' yn hytrach nag 'amser cau'. Mae ynddi orddefnydd o Saesneg, ac mae hynny'n amlwg o'r llinellau cyntaf un. Disgrifir ffrae a ffrwgwd rhwng Cymro a gwehilion di-Gymraeg y dref – neu ymwelwyr – yn nechreuad yr awdl. Ond gwehilion diwylliedig yw'r rhain – mae un ohonynt yn gynganeddwr penigamp! Gwehilion gwrth-Gymreig yw'r rhain i fod, a dyna lle maent yn parchu un o draddodiadau pwysicaf y Cymry. Wrth ddisgrifio'r gwrthdaro llafar rhwng y Cymro a'r cynganeddwr Saesneg hynod fedrus hwn, 'Dou yn stond yn eu *standoff*', meddai'r storïwr, a 'does dim math o gyfiawnhad dros ddefnyddio gair Saesneg yn y cyswllt hwn.

A dyna un gwendid enfawr i mi: y gorddefnydd a wneir o'r iaith Saesneg, a hynny heb ddim math o angen gwneud hynny yn aml, er enghraifft, 'A chaer o *railings*', 'fel lein o *squaddies*', Ac wedyn fe geir yma SatNaf sy'n siarad y gymysgiaith ryfeddaf – cyfuniad o Gymraeg canoloesol, bratiaith a Saesneg:

... Pe elet parth â Netpool,
gwelet ddeuddeg carreg cŵl
yn creu, i rai, mewn cylch crand
wyrth benstiff wrth y *bandstand*,
a rownd y meini *random*
tsiaen o gen a *chewing gum*.

Dyna arddull *Cadwgan* wedyn. Gall fod yn flêr ac yn afrwydd iawn. Defnyddir mesur y cywydd deuair fyrion ganddo i gyfleu cyffro'r ymrafael yn siop sglodion a bwyd Quick Chip, ond rhyw fath o ymarferiad geiriol a geir yma, ac mae'r holl beth yn syrthio'n farw ar y dudalen. Mesur diflas yw'r mesur hwn, a dim ond mewn awdlau enghreifftiol y câi ei ddefnyddio.

Mae *Cadwgan* hefyd yn or-hoff o gyfuniadau fel 'af-i', 'ôl-i', 'o mla'n-i', 'Ble'r af-i'. Prifodlau yw'r rhain, a thrwy ddefnyddio 'i' yn brifodl yn yr un pennill, treisir un arall o reolau Cerdd Dafod.

Mae rhai o'i gynganeddion yn anghywir. Mae'n hoff iawn o ateb un gytsain gyda dwy yn aml, ac weithiau gyda thair, a phan gais falurio rheolau Cerdd Dafod fel hyn, mae'n creu anawsterau dybryd iddo'i hun. Er enghraifft, y llinell, 'mentro i mewn yn ewn trwy'r mur'. Croes o gyswllt sydd yma, i fod, ond mae'n rhaid i dair 'n' ateb un 'n' i'w chael yn gywir, fel hyn: 'me*n*tro i mew*n* y*n* ew*n*/trwy'r mur', ac o wneud hynny, ceir cynghanedd bendrom yma, 5 sillaf/ 2 sillaf. Mae'r llinell yn anghywir, felly, ar ddau gownt, gan mai'r goddefiad yw ateb un gytsain â dwy, gydag un sillaf lafarog rhyngddynt, yn unig. Os oes ffordd afrwydd yn hytrach na ffordd rwydd a mwy effeithiol – a chywirach – o ddweud rhywbeth, ar ôl y ffordd afrwydd yr â *Cadwgan* yn aml. Pam na fyddai wedi dweud 'Mentro'n ewn i mewn trwy'r mur' – llinell gwbl ddi-wall? Atebir dwy 'r' gan un yn yr un llinell. Anghywir hefyd yw 'gan ffoi, ac osgoi'r Prince Charles Quay', llinell afrwydd arall.

Mae'n wir fod *Cadwgan* yn cymysgu ieithweddau a geirfâu yn fwriadol ond nid oes dim cysondeb na rhesymeg yn y modd y gwna hynny. Y broblem gyda'r bardd hwn yw'r ffaith ei fod yn rhy stroclyd o lawer. Stroclyd i mi yw llinellau fel 'sgineds y goresgyniad', ac ni allaf gymeradwyo 'ond yn sîn sy' dan ei sang' a phethau felly ychwaith, na llinellau fel 'yn breiapig mewn *spraypaint*'.

Mae 'na ddarnau llanw a darnau cwbl amherthnasol yn yr awdl; y drydedd linell, er enghraifft, 'Geirie hallt a finegr rhad'. Rhywbeth i gwblhau'r gynghanedd yn unig yw 'finegr rhad'. Nid oes iddo unrhyw arwyddocâd y tu allan i'r gynghanedd. A gair llanw hollol yw 'glei' yn y llinell 'Mae'n saff, glei, felly sleifiaf'. Ceir darnau yma lle mae'r gynghanedd a'r ystyr yn gweithio ar wahân i'w gilydd, yn hytrach na gweithio gyda'i gilydd, yn undod annatod, noeth. Mae cynghanedd swnllyd a chras yr englyn penfyr a ganlyn yn boddi'r ystyr i mi, a rhaid chwilio am yr ystyr honno trwy edrych heibio i'r gynghanedd:

> bag rhacs a bocs cebab crin (byrbryd briw
> bord brain!) a saws *chilli*'n
> waed oer ar bolystyrene ...

Ac wedyn â ymlaen i ddisgrifio rhagor o sbwriel y dref:

> potel, blodeuged flinedig, dail ynn
> Dôl-werdd a ffyrc plastig
> yn y trash – a chondom trig.

Gair Saesneg eto, 'trash', ond heb ei italeiddio y tro hwn. A beth yw 'condom trig'?

Mae *Cadwgan* hefyd yn chwarae â'r traddodiad, weithiau'n llwyddiannus, weithiau'n aflwyddiannus. Mae'r hir-a-thoddeidiau'n cyfeirio'n ôl at y traddodiad barddol, ac at y traddodiad eisteddfodol hefyd, o ran hynny. Mae'n sôn amdano yn cyrchu fferm y Tywyn, lle bu Dafydd Nanmor yn canu mawl i Rys ap Maredudd a'i ddisgynyddion, gan ddisgwyl clywed 'y perci'n gerddi' a'r 'tywysenne'n tanio cytseinied', ond mae Tywyn Dafydd Nanmor wedi hen ddarfod â bod. Ar ddechrau'i awdl, mae *Cadwgan* yn cyfeirio at 'Ymadawiad Arthur', T. Gwynn Jones, trwy batrymu'i linell, 'Beio. Gwthio. Bygythiad ...' ar linell T. Gwynn Jones, sy'n disgrifio Bedwyr yn cuddio Caledfwlch, cleddyf Arthur, yn hytrach na'i daflu i'r llyn: 'Gwrando, tremio, troi ymaith ...' Ac fe gyfeirir at 'Cynhaeaf' Dic Jones yma yn ogystal. Cyfeirir at Goed Mihangel, ac mae'r llinell 'tystiet i saff artistwaith' yn gyfeiriad uniongyrchol at 'Eto yn tystio i'w saff artistwaith' Dic Jones. Ac mae'n debyg (neu'n bosibl) mai 'piogen' Dafydd ap Gwilym yw'r bioden sy'n codi pob math o amheuon ynghylch ymlyniad y bardd wrth ei draddodiad ac wrth ei orffennol. 'A'i phig mor ddu â'i phluen', meddai *Cadwgan*, gan adleisio disgrifiad Dafydd ap Gwilym o'r bioden honno sy'n plannu pob math o amheuon yn ei feddwl yntau, 'Dydi, bi, du yw dy big ... Mae't blu brithu ...'

Ond fy nghwyn bennaf yn erbyn yr awdl hon yw'r ffaith nad yw'n fy nghyffroi o gwbl ac eithrio un neu ddau o'r hir-a-thoddeidiau. Ond er bod yr hir-a-thoddeidiau'n cynrychioli oes amgenach a Chymreictod amgenach, fe geir Saesneg yn y rheini hyd yn oed, heb unrhyw fath o reswm:

> Ym mharc y *maize* mae requiem isel
> tractor a *combine* â'u deusain diesel.

'Rhwydd gombein lle'r oedd gambo' sydd gan Dic Jones, sef y ffurf lafar naturiol ar y gair, ond mae'n rhaid i *Cadwgan* gadw'r ffurf Saesneg wreiddiol, i odli â 'deusain'.

Mae *Cadwgan* yn gynganeddwr hynod o fedrus, mae'n amlwg, ond methodd gyda'r awdl hon, yn fy marn i. Mae'n ddrwg gennyf orfod dweud na allaf gytuno â'm dau gydfeirniad fod yr awdl hon yn deilwng o Gadair Eisteddfod Genedlaethol Sir Gâr.

Siom oedd canfod mai dim ond wyth a gynigiodd am y Gadair eleni. Anodd deall pam na ddenodd testun mor benagored ragor o'n hawdlwyr galluog.

Ceffyl Gwaith: Cyfres o gwpledi odledig ynghyd â nifer o benillion ar siâp hir-a-thoddeidiau sydd ganddo. Nid oes, er hynny, gynghanedd ffurfiol yn ei gerdd.

Mihangel: Felly, hefyd, y cystadleuydd hwn. Nid yw'n ateb gofynion y gystadleuaeth a hollol ddamweiniol yw'r ychydig gynganeddion a lithrodd i mewn i'w fesurau.

Mae'r gweddill yn fwy ymwybodol o reolau cystadleuaeth y Gadair genedlaethol.

Clawdd y Dyffryn: Wedi dweud hynny, rhaid cyfaddef fod y gynghanedd yn feistres ar yr ymgeisydd hwn. Pentyrru geiriau a wna yn ôl gofynion cerdd dafod ac mae'r nodyn esboniadol o dan y teitl yr un mor dywyll â'r gerdd ei hun.

Carnwyllion: Geiriog yw hwn, hefyd, ac mae ei awdl yn frith o ffurfiau hynafol megis 'deir', 'rhwnc', 'anoddun', 'elwch' ac 'aidd'. Er hynny, rhaid cydnabod ei ddyfeisgarwch fel cynganeddwr. Llwyddodd i gadwyno darnau helaeth o'r awdl a bu'n ddigon hyderus i gynnwys englynion proest yn y cyfanwaith ynghyd â phroestio odlau darn hir o gywydd. Arbrofodd gyda'i ffurfiau, gan ddefnyddio neu ddyfeisio dau fesur na ddeuthum ar eu traws o'r blaen. Mae hon yn nodwedd i'w chymeradwyo. Lleolir ei awdl yn y Llanelli gyfoes sydd, yn ôl y bardd, wedi colli gafael ar ei Chymreictod ac ar ei gwerthoedd Cristnogol. Pregethwrol hiraethus yw'r traethu. Ei ddarn gorau yw'r diweddglo lle try o'r haniaethu niwlog i gofio'n benodol am Hywel Teifi, gan ddymuno gweld ysbryd y cawr hwnnw'n dychwelyd i ysbrydoli'r Ŵyl yn y dref eleni.

Sglod: Adarwr yw hwn sy'n ein tywys fesul mis drwy flwyddyn y naturiaethwr. Mae'n adnabod ei adar a chawn hanes eu mudo tymhorol wrth iddynt hedfan tuag at gynefin amgenach. Yn y cefndir, ceir adleisiau o hynt y ffoaduriaid dynol sydd yn symud yn eu heidiau o Homs a Somalia, o Darffwr a Damascus a'r Dwyrain Pell i chwilio am ragorach byd. Mae'n syniad trawiadol. Ond er bod ganddo ambell englyn digon derbyniol, llafurus ar y cyfan yw'r mynegiant. Mae'n dueddol o blygu rheolau gramadeg er mwyn ateb anghenion y gynghanedd. O ran techneg, dylid nodi nad yw'r llinellau 'daw hen nomad, yn ymweld' nac 'un gân gyfyng ... neu gyfoeth?' yn gwneud croes o gyswllt. Twyllwyd ef gan y llygad.

Teimlaf ein bod yn codi i dir ychydig yn uwch yng nghwmni'r ddau nesaf.

Er Mwyn y Feirniadaeth: Cawn ein dwyn o hafau'r Llŷn Seisnigaidd sydd ohoni yn ôl at y gymdeithas Gymreig a fodolai yno yng nghyfnod ei daid. Teimlaf, er hynny, mai darnau ar wasgar sydd yma a bod angen dychwelyd at y gerdd i dynhau'r thema sydd yn rhedeg drwyddi. Awgryma'r ffugenw mai person gwylaidd, dihyder yw'r awdur. Os felly, peidied â digalonni ac aed ati o'r newydd i fyfyrio'n ddwfn ar ei destun ac i chwilio am y trawiadau annisgwyl hynny sydd yn gallu troi'r cynganeddwr yn fardd. Ar ei orau, mae'n ei medru hi, fel yn yr englyn milwr hwn am y gagendor sy'n bodoli rhwng y bardd ei hun â'i ŵyr:

> Rhwng ein dau gae y mae mur
> Ei ail-iaith a'i ê-lythyr,
> Fy oed a'i gyfrifiadur.

Rhagor o'r math yma o ganu sydd ei angen. Ar bob cyfrif, dalied ati.

Wariet: Ym mro'r Preselau y mae ei loches ef. Yno, yn y tawelwch oesol, caiff yntau, fel Waldo, 'freuddwydio'r awyr las'. Ond gall tywydd y gorllewin fod yn gyfnewidiol iawn ac mae'r un peth yn wir am *Wariet*. Mae wybren heulog ei blentyndod yn cymylu'n sydyn wrth i'r hen gymdeithas chwalu o dan bwysau'r mewnfudo. Ond mae'r gwynt yn troi eto gan chwythu'r digalondid ymaith wrth i'r bardd fynd ati'n hyderus fel Tecwyn Ifan i 'ail-adfer bro'. Fel brodor o'r hyn sy'n weddill o'r Fro Gymraeg, gallaf uniaethu'n llwyr gyda'r bardd yn ei ofidiau. Ond ei anfantais ef, fel *Er Mwyn y Feirniadaeth* o'i flaen, yw ei fod yn troedio tir cyfarwydd. O ganlyniad, mae'n anodd rhoi gwedd wahanol ar yr argyfwng. Ailymweld â Chwm Carnedd a wnawn, mewn gwirionedd. Er bod yma linellau disglair, megis 'Iaith Suliau'r daith slawer dydd', a pheth canu grymus, yn enwedig tua'r diwedd wrth i'r bardd gynhesu at ei destun, teimlaf mai awdl anwastad ei safon ydyw a bod angen dychwelyd ati er mwyn gwneud cyfiawnder â'r testun.

Cadwgan Ras un ceffyl oedd hon eleni ac mae'r ymgeisydd hwn ymhell ar y blaen i'r gweddill. Mae'r ffugenw'n ein harwain at dref Aberteifi ac ymddiriedolaeth Cadwgan, a sefydlwyd tua phymtheng mlynedd yn ôl er mwyn atgyweirio'r Castell. Erbyn hyn, datblygodd y breuddwyd gwreiddiol yn brosiect gwerth un filiwn ar ddeg o bunnoedd a gaiff ei ariannu i raddau helaeth gan nifer o asiantaethau swyddogol sy'n rhan lled braich o beirianwaith llywodraethau Cymru, Prydain ac Ewrop. Ac mae'n werth cofio, yng nghyd-destun y gerdd, fod Cronfa Adnewyddu Tywysog Cymru yn un o'r noddwyr.

Mabinogi crwt o'r dre sydd yma ac mae'r chwedl yn dechrau y tu allan i siop sglodion ar ôl i'r tafarnau gau. Bu llond bola o gwrw, *fish an' chips* a ffeit yn rhan o ddiwylliant nos Sadwrn glaslanciau ers cenedlaethau bellach. Aeth yn ffrwgwd anochel a bu'n rhaid dianc o'r frwydr ar ras. Fel un o blant y dre, gŵyr am fwlch cyfrin sy'n arwain i mewn i diriogaeth y Castell. Yno, yn llythrennol, caiff noddfa rhag ei erlidwyr. Yno, hefyd, daw o hyd i loches ddelweddol sy'n ei ddwyn yn ôl i gyfnod yr Arglwydd Rhys a'r Eisteddfod gyntaf yn 1176. Ac er bod y cyfnod hwnnw'r un mor dreisgar â'r dydd sydd ohoni, caiff orig heddychlon yno yng nghwmni beirdd y llys cyn mentro am adre ar ôl i'r cythrwfl y tu allan dawelu. O ddychwelyd at furiau'r castell drannoeth yng ngolau dydd syber, sylwa ar y sgaffaldiau a'r sgipiau a'r rhybuddion perygl sydd yn amgylchynu'r lle. 'Cadwch Allan' yw'r neges glir sydd i'w gweld o'r Prince Charles Quay. Mewn modd myfyrgar, mae'n holi pwy ydym fel pobl ac i ble'r ydym yn mynd. Y rhain yw cwestiynau sylfaenol yr awdl. I geisio'r atebion, mae'n dilyn ei dwm-twm celfyddydol ar hyd glannau'r afon i gyfeiriad yr aber, gan fynd heibio meini'r Orsedd lle mae olion cyfeillachu adar y nos yn dal i dystio am y rhialtwch a fu o gylch y Maen Llog nosweithiau yng nghynt. Mae ei fryd ar gyrraedd fferm y Tywyn, ger Gwbert, lle bu Dafydd Nanmor yn ystod oes aur y cywydd yn canu mawl i dair cenhedlaeth o noddwyr hael. Ond erbyn hyn, atgof yn unig yw croeso Rhys ap Rhydderch ap Rhys ac nid oes yno mwyach ond perci o garafanau a weiren bigog i gadw'r bardd allan.

Rhaid dychwelyd tua thre yn benisel. Tybed a ddaeth hi'n amser iddo sylweddoli bod y byd yn newid o'i amgylch? I ddiawl â'r gwaddol! Ai brodor o dre fechan yng Ngorllewin Cymru ydyw? Ynteu a yw yntau erbyn hyn yn un o ddinasyddion cymdeithas amlhiliol y we? Yn llawn amheuon, mae'n troi i mewn i dafarn ar y ffordd adre ac yno, o fewn 'muriau cyfyng bar cefen', daw, fel Waldo o'i flaen, o hyd i 'neuadd fawr'. Yno, yn yr ystafell fechan yng nghwmni dau neu dri o gyffelyb anian, caiff gip ar y neuadd fawr arall honno sydd yn gorwedd o dan bridd y canrifoedd o fewn muriau castell yr Arglwydd Rhys.

I gyfannu'r cylch, cawn ein tywys yn ôl i'r man cychwyn, sef y tir neb sigledig hwnnw rhwng y siop sglodion a'r Castell. Yno, o'r Prince Charles Quay, gwêl y Castell ar ei newydd wedd, wrth i freuddwydion ymddiriedolaeth Cadwgan ddechrau cael eu gwireddu. Sylwa, hefyd, ar logos y noddwyr, gyda thair pluen Tywysog Cymru yn amlwg yn eu mysg.

Ai canu clodydd ymdrechion taer gwirfoddolwyr Cadwgan a wna'r bardd? Daethpwyd o hyd i arian i wneud y gwaith ac mae'r wyrth yn y broses o gael ei chyflawni. Diogelwyd darn o'n treftadaeth genedlaethol i'r cenedlaethau a ddêl a gall y dref ymfalchïo unwaith eto yn ei chastell a fydd yn atynfa i dwristiaid. Ynteu a ydyw'r bardd yn holi cwestiwn pigog ynglŷn â chynaladwyaeth y gyfundrefn nawdd o gyfnod uchelwyr yr Oesoedd Canol hyd at gyrff cyhoeddus yr oes hon? Gwn fod y papur bro lleol, *Y Gambo*, wedi gwrthod cymhorthdal rhag iddynt wanychu a mynd yn ddibynnol ar y nawdd. Gwn, hefyd, fod Emyr Llywelyn, cydolygydd *Y Faner Newydd*, yn awyddus i'r cylchgrawn fod yn hunangynhaliol rhag colli gafael arno. Pwy, felly, sydd piau'r castell erbyn hyn? Cafodd ei feddiannu'r tro hwn heb unrhyw dywallt gwaed ond a gollwyd perchenogaeth arno yn y broses? Yna cloir yr awdl gyda'r cwestiwn pryfoclyd 'Ond pa wahanieth?'.

Nid yw'r beirdd chwaith, gan ei gynnwys ef ei hun, yn dianc rhag llach *Cadwgan*. Pan fo'r ymladd ar ei ffyrnicaf, chwilio am loches o fewn 'caer wen' eu hawen a wnânt. Fel y crwt a ddihangodd o'r ffeit y tu allan i'r siop sglodion, 'cuddio rhwng cywydde' yw eu hanes. Daw geiriau Yeats i'r cof: 'There's nothing but our own red blood / Can make a right Rose Tree'.

Mae hon yn awdl amlhaenog a gwn nad yw'r dehongliad uchod ond un ffordd o edrych arni, a dyna ran o'i gogoniant. Ar lefel arall, mae'n bortread o dref Aberteifi, ddoe a heddiw. Bu ymgiprys cyson rhwng y Cymry a'r Normaniaid am y safle strategol hwn ar lannau Teifi a newidiodd y Castell ddwylo yn fynych yn y cyfnod hwnnw. Ac mae'r frwydr yn parhau. Sylwer ar y bygythiad 'Will you shut up, you Welsh twat?' gyda'i oblygiadau hiliol. Ac er i'r awdl gael ei lleoli'n gadarn yn nhref Aberteifi, mae'r neges yr un mor berthnasol i drefi cyffelyb yn y Fro Gymraeg wrth i'r Saesneg feddiannu eu strydoedd a'u tafarndai hwythau. Mae'r un mor arwyddocaol hefyd i unrhyw fan lle mae iaith a diwylliant brodorol yn cael eu gwthio allan o fodolaeth gan y pwerau mawr byd-eang. Pwy, felly, sydd biau'r dref erbyn hyn? Fel Caerllion-ar-Wysg T. Llew Jones, mae'r cyfoesedd yn oesol a'r lleol yn fyd-eang.

Daliodd yr arlunydd, Aneurin Jones, naws Aberteifi mewn paent; cyflawnodd *Cadwgan* yr un gamp mewn geiriau. O riw'r Grosvenor i'r Mwldan, o'r Netpool i Drebared, ef yw ei phencerdd ac mae blas y dafodiaith yn grymuso'r dweud. Er gwaetha'r annibendod, mae'n barod i achub ei cham. Fel Caernarfon Mei Mac, 'Yma rwyf inna i fod' yw hi.

Gwn y bydd geiriau Saesneg yr awdl yn cythruddo llawer a gallaf ddeall hynny. Mae'n gam peryglus ac nid yw cwpled ffwrdd-â-hi fel 'a rownd y meini *random* / tsiaen o gen a *chewing gum*' yn deilwng o'r bardd nac o safon yr Eisteddfod Genedlaethol. Nid wyf yn cymeradwyo gorddefnydd o'r Saesneg am ennyd ond cyfyd yr arddull gwestiynau annifyr megis pwy sydd biau'r geiriau benthyg hyn bellach? A pha wahaniaeth?

O ran crefft, gall ddefnyddio'r mesurau i bwrpas gan uno'r sain a'r synnwyr. Manteisir ar dempo sydyn y cywydd deuair fyrion i ddisgrifio ffyrnigrwydd brwydr y siop sglodion. Yna, i ddilyn hynny, defnyddir llinellau hamddenol yr hir-a-thoddaid i gyfleu'r lloches a brofwyd y tu mewn i furiau'r Castell. Mae'r cynganeddu'n ffres gyda'r trawiadau newydd yn fy atgoffa o ddyfeisgarwch athrylithgar Dic Jones. Ar ben hynny, clywaf rythmau bardd yr Hendre yn canu drwy'r hir-a-thoddeidiau.

Mae'n storïwr wrth reddf sy'n dal ein sylw drwy bendilio'n gyson o'r dwys i'r digri, o'r urddasol i'r smala ac o'r telynegol i'r crafog. Medd y crebwyll llenyddol i amrywio'r arddull wrth symud o'r llafar i'r hynafol yn ôl y galw. Adroddodd ei stori a braint y darllenwyr yw ei dehongli yn ôl eu gweledigaeth. Fe'm cyffyrddwyd gan awdl *Cadwgan*. Mae'n fardd disglair ac, yn fy marn i, yn llwyr deilyngu Cadair Eisteddfod Sir Gâr eleni.

Yr Awdl

LLOCHES

Stop tap. Quick Chip. Glaw llipa.
Ciw â'r diawl llawn cwrw da.
Geirie hallt a finegr rhad.
Beio. Gwthio. Bygythiad.

Dou yn stond yn eu *standoff*.
'I was here first, so eff off!'
'Will you shut up, you Welsh twat,
or I –' ac mae'n troi'n reiat ...

(Stop tap, wa'th beth fo'n siape,
ein tŷ cwrdd yw'r têcawê
yng nghesail yr adfail hwn
[hen gaer Rhys] ac arhoswn
a gwledda fel arglwyddi;
cipio'r nos â'n ffyrc pren ni,
cyn rhoi tonc, yn arwyr 'to'n
y tŷ hwn. Ond nid heno.
Calliwn, ac yn lle cellwair,
sobri. Mae'n berwi. Mae'n bair.)

... Pair. Saim. Poer. Sawr
arswyd. Persawr
clwyf. Blas crasu.
Crôn dyrne cry'n
dynn fel denim.
Dwrn. Dant. Dwrn. Dim.
Dwrn. Gên. Dwrn. Gwâd.
Dyrne'n dirnad.
Angen jiengyd.
Drws. Dre. Y stryd.
Mas. Mas o'ma.
Rhaid. Rhaid. Rheda!

A chynnen yn gwreichioni, rhag yr ofn
ar riw Grosvenor'r af-i,
ond, yn drwm, mae dou neu dri
rhyfelwr ar fy ôl-i.

Rhedaf i'r castell o'r frwydyr: fe wn
fod 'na fwlch ffoadur
lle'r aem yn blant ar antur,
mentro i mewn yn ewn trwy'r mur.

Fe ddringaf fesul crafiad drwy'r geudy
i'r goedwig ddileuad:
seintwar yw hon rhag sŵn trâd
sgineds y goresgyniad.

Pwyllaf. Anadlaf dywyllwch llafar
y glaw a'r gigfran a'r cathod anwar,
ond er mwyn clywed o'r meini claear
delyneg eto, nid walie'n gwatwar,
trof fy nghell yn gastell gwâr, a'r drysni
yn dŷ mawrhydi uwch dom yr adar.

Mor hawdd dyfalu ym mhridd adfeilion
(a'r cwrw) a gwenieithio'r cerrig noethion:
maes eisteddfod yw'r coed a'r cysgodion,
a blode'r Pethe yw'r dynad poethion.
Mae Rhys a'r dablen heno'n creu i mi
o'r dail a mieri awdle mawrion!

I gadw'r ŵyl, rwy'n ailgodi'r walie
a garai grwth, a agorai greithie;

a bwysai iaith y bwa a'i saethe
a'r llafne gwaedlyd mor llyfn ag odle;
tynnu *garotte* y tanne â'u crefft goeth
a wnâi dwy law noeth y delyn, hwythe.

Angau a luniai ei hun englynion
i gleddau mawr Rhys, Arglwydd Ymryson:
yn ei gaer gwyddai, fel gŵyr y gweddwon,
taw'r morter ym mêr y tŵr yw meirwon.
Dwyfolaf yr adfeilion, er pob staen:
eu murie diraen yw fy mro dirion.

Rwy' mor gartrefol mewn cell ddiole
yn morio'n anwydog y marwnade,
yn cuddio rhwng cywydde a cherrig
gan droi'r hen goedwig heno'n deyrngede.

Mae'n saff, glei, felly sleifiaf
yn ôl drwy'r wal. Adre'r af.

*   *   *

I'r union fan hon dof 'nôl
drannoeth – i stori wa'nol.

A chaer o *railings* yn cylchu'r walie,
'Keep Out: Danger' yw arfbais y tyre.
Saif bois Andrew Scott mewn cotie *hi-vis*
fel lein o *squaddies*, fel hoelion sgidie.

Yn sgip y rwbel mae cledd a thelyn,
a'r drilie'n udo ar draul hen nodyn,
a rhaid troi o'r twrw hyn: mynd am dro
i Gwbert 'to ac aber y Tywyn,

gan ffoi, ac osgoi'r Prince Charles Quay unodl
union ei graffiti:
o wal brawl ei bwrw hi

lawr am hewl yr ymylon, i *car park*
Co-op a dwy afon,
i glydwch y gwaelodion,

lle bo harbwr tandwri, a Mwldan
yn ymildio i Deifi
yn dawel, fel i fwli.

Mae lôn o lwybre o mla'n-i, 'Pa un?'
yw'r peth sy'n fy mhoeni;
nid 'Ble'r wyf?' ond 'Ble'r af-i?'

Pe bai gen i app o beth
('Heb ei app, heb ei bopeth'),
taenwn fap a SatNaf wêth

yn help llaw, yn help llywio
i barc y Netpool lle bo
llwybyr ffordd-arall-heibio

tua'r Tywyn, *route* unig
hyd foryd Nantyferwig,
route treiglade'r tir gwledig.

A'r app adnabod-dy-dre
yn yr iPhone a raffe
gelwydde maith llawn ffeithie:

'… Pe elet parth â Netpool,
gwelet ddeuddeg carreg cŵl
yn creu, i rai, mewn cylch crand
wyrth benstiff wrth y *bandstand*,
a rownd y meini *random*
tsiaen o gen a *chewing gum*.

A phe syllet rhyw getyn
ar y cerrig comig hyn,
sylwi a wnaet ar sawl nod:
sgribl gyfrin (Scrabble gafrod!),
sgrifen foel, bron fel coelbren,
mor ymarhous, mor, mor hen
ag erioed …

        Na! Yn eu grân,
gwelet graffiti gwylan;
sylwet ar aerosolwaith:
synnet, rhythet ar ei hiaith
sgi-wiff; byddai'n addysg it –
"You're fake", "Subvert" a "Fuck it".

Ac ar gefn hen gerrig iaith
tystiet i saff artistwaith

rhyw forwyn grac neu facwy'n
llenwi'u cynfas hirlas hwy:
lluniau cyrff iau'n gwthio'r ffin,
nid hen wŷr paent Aneurin.

Ond fe wfftiet, mi fetiwn,
lif y gwaith celf gothig hwn,
a'r cyrff, sy'n ddynion i'r carn,
yn gyrff graffig â'r yffarn,
yn breiapig mewn *spraypaint*
yn wyneb haul – a naw peint!

Sgolors y dre nas gweli a'i gweithiodd,
ac i'w hiaith a'u meini
enciliant, fel encili
i gaer wen dy awen di.

Pe gwelet weddillion (doniol) yr ias
wrth risiau'r maen canol,
diawliet, wylet fel 'set 'nôl
yn dy Reged o rigol –

bag rhacs a bocs cebab crin (byrbryd briw
bord brain!), a saws *chilli*'n
waed oer ar bolystyrene;

potel, blodeuged flinedig, dail ynn
Dôl-werdd a ffyrc plastig
yn y trash – a chondom trig.

Och-a-gwaëet. Fe ddaliet ddig, heb weld
yn y baw fforensig
stori garu'r stâr gerrig:

dau i wres mynwes meini'n
dod i'r oed, yn ffoi o'r drin,

eithr dau mor gaeth â'r dŵr,
a'u bywydau yn bowdwr;

dau'n moyn dim ond un maen du
a chusan i'w llochesu;

dau'n gwasgu'n dynn o dyner,
dau'n llai swil dan wyll y sêr;

dau'n ddim oni'u bod yn ddau
mor noeth â'r meirwon hwythau.'

    Ond does gen i fap nac app nac iPod
    nac iPhone beryg a'i *wi-fi*'n barod.
    Af felly heibio heb (falle) wybod
    am y dre arall â'i sbort a'i thrallod:
    fy Nhywyn *i* yw fy nod – ei fferm wen
    â'i chnwd o awen a'i cheie'n dywod.

Rwy' eisie cliwie. Rwy' eisie clywed
y perci'n gerddi wrth i mi gerdded
a'u tywysenne'n tanio cytseinied,
yn goelcerth hawdd, yn glec hir-a-thodded,
yn llafar o Drebared i'r aber
tua hewl Gwbert â'i houl a'i gwybed.

Ym mharc y *maize* mae *requiem* isel
tractor a *combine* â'u deusain diesel;
ond os yw'r haf yn colli ei afel,
os cydio mae angau is coed Mihangel,
gorau gwair, gwair y gorwel: dros y bryn
tywynna'r Tywyn yn ei aur tawel.

Ond er y chwilio ar dir uchelwyr
am lys sy'n addo melyswin noddwyr,
mae'r tŷ a geisiaf a'r perci llafur
yn acer i fonedd carafanwyr,
a'r rhes o fythynnod prysur â'r diawl
mal neuadde mawl i nawdd ymwelwyr!

Ble, wedi dianc am dro blodeuog,
yr af-i'n awr? Ble mae'r wawr fanerog?
Ni welaf drwy'r niwl heulog ond gloywder
arian byw eger y weiren bigog.

    A'i phig mor ddu â'i phluen, anfonwyd,
    cyn feined â'r wifren,
    un bidog o bioden:

'Be' sy' ishe'r obsesiwn
hurt o hyd gyda'r tŷ hwn
a'i bethe? Fe obeithiwn

fod dy dre yn fyd-eang
nid yn gul neu'n dŷ un-gang,
ond yn sîn sy' dan ei sang.

Tyrd i'w hiaith a'i chymdeithas,
i'w phrif lif a'i phorfa las:
drycha mewn i edrych mas

a mentra i rŵm hwnt i'r wal
a rownd troeon tai real;
rhanna yno'r un ana'l

â phawb o blith ei phobol;
cana gân y tir canol,
y gân neisach, gynhwysol.

A gad dy ddau balas gwyn
yn oes y beirdd: er eu *spin*,
taeog oedd meistri'r Tywyn;

ac er holl sioe bwerus
Deheubarth hunandybus,
Harri'r Ail oedd arglwydd Rhys.'

Ai naîf ôn i, yfe? Pwy a ŵyr.
Pa ots. Diwedd siwrne.
Am wydred, af am adre,
ar hyd yr hewl 'nôl i'r dre

i dafarn ddiedifar, lle nad oes
ond llond dwrn o adar,
â'i pheint yn cynnig seintwar,
a'i sgwrs a'i sgiw groeso gwâr.

Am awr, yn glyd rhwng murie cyfyng
bar cefen, diswache,
codwn lys, codwn leisie'n
dawel iawn mewn diawl o le!

Yn sigledig, ar drywydd siop sglodion,
o'r cei fe welaf, mor gaib â'r afon,
fyddin o furie fu ddoe yn feirwon
a neuadd aur Cadwgan a'i ddewrion,

a godwyd heb ergydion dryll na chân,
baled *guerilla* na bwled greulon.

Tra bûm i'n chwilio'n ddall am Afallon,
ceibient a rhofient â'u dwylo cryfion;
brwydrent ar gyngor a phwyllgor a ffôn
neu ar eu glinie yn nhai'r gelynion.
Dyfalent hen adfeilion diwylliant
yn bair i ddiwydiant *a* breuddwydion.

Mae llys gwaedlyd Rhys dan sglein twristieth
yn galw'r holl wlad i dŷ treftadeth,
ac ar ei wegil, baner gwrogeth:
logos y noddwyr, lliwie'r anturieth,
ac arni hi, mor lân, wêth, uwch fy mhen
mae tair pluen wen. Ond pa wahanieth?

Cadwgan

Dilyniant o ddeg cerdd ddigynghanedd heb fod dros 250 o linellau: Tyfu

BEIRNIADAETH DYLAN IORWERTH

Wrth agor pecyn o gyfansoddiadau, mae beirniad yng nghystadleuaeth y Goron yn disgwyl cerddi cadarn, cry', yn gobeithio am ambell fflach ysbrydoledig ac yn hanner gobeithio am wefr. Mi gawson ni'r cyfan eleni ond roedd yna rai hefyd heb yr un o'r rhinweddau hynny.

'Ddylai neb gystadlu ar y lefel hon os nad ydi'r grefft sylfaenol yn iawn; mae diffyg rheolaeth tros iaith a mynegiant yn golygu nad oes modd deall na gwerthfawrogi'r cynnwys. Mae 'na'r fath beth ag amwyster da, sy'n creu dirgelwch ac yn agor drysau cudd; mae 'na amwyster gwael hefyd a hynny'n arwain at ddryswch a rhwystredigaeth.

Ar wahân i'r gwendid sylfaenol yna, un o ddiffygion penna'r ymgeiswyr gwannaf yw ceisio gwneud sŵn barddonol a chymysgu syniadau a delweddau a chredu bod llawer o eiriau, wedi'u torri'n llinellau, yn gyfystyr â cherdd. Dylai'r rhain weithio i ddechrau ar bethau symlach, a hyd yn oed ddefnyddio mydr ac odl er mwyn dod yn gyfarwydd â sigl a rhythm brawddegau. Er hynny, mae 'na rywbeth i'w ganmol ym mron pob dilyniant – gair neu lun trawiadol, brawddeg dda, cerddi sy'n dangos addewid. Gwaetha'r modd, wrth ganmol, mae'n rhaid i feirniad hefyd ddangos pam nad ydi cystadleuydd yn uwch ar restr teilyngdod. Ar ôl darn trawiadol, mae gormod o'r cystadleuwyr yn mynd yn eu blaenau i ychwanegu geiriau a llinellau diangen yn lle tewi.

Mae chwilio am feiau'n gallu bod yn arbennig o anodd mewn cystadleuaeth fel hon lle mae amryw o'r beirdd wedi ysgrifennu am brofiadau dwys, yn salwch a marwolaeth. Mae'n anodd gwybod weithiau a ydi'r profiad yn un go iawn ai peidio ond mae'r rhan fwya'n methu, naill ai am fod y profiad yn ormod neu am mai benthyg profiad y maen nhw. Yn y dilyniannau i gyd, bron, mae'r canu profiad yn well na chanu am brofiad.

Y rhai sydd ar y brig ydi'r rhai sy'n gwbl gadarn eu crefft, yn gyfforddus efo'u deunydd ac yn gallu gwneud i eiriau a delweddau weithio ym meddwl y darllenydd a'i gyffroi.

Dw i wedi gosod y cystadleuwyr mewn dosbarthiadau ac, o fewn y rheiny, mewn rhyw fath o drefn teilyngdod, er nad oes modd dweud yn fanwl bod un bob tro'n well na'r llall.

Tan y Graig: Mae'n rhaid iddo gael dosbarth iddo'i hun, oherwydd ei haelioni'n rhoi pum cerdd ychwanegol inni. Felly, hyd yn oed pe baen nhw'r pethau gorau yn y byd erioed, 'allai hwn ddim ennill. Fel y mae, atgofion am ei dad, yn fwy na thyfu, sydd ganddo a'r rheiny'n atgofion cynnes am bentrefi'r ucheldir yn ardal Wrecsam. Mae ar ei orau yn y penillion mydr ac odl, ambell soned a *villanelle*, er enghraifft, ond mae'n ei cholli hi yn y mesur rhydd. Does dim i'ch siglo chi ond mae yma sawl cyffyrddiad digon taclus ac odl a mesur rheolaidd yn rhoi ffrâm gryfach i'r syniadau: 'ni chei di bellach ddianc rhag y ffaith/ mai tithau, nawr, sy' nesa yn y ciw/ i deithio i ddiddymdra – neu at Dduw'.

Y traethwyr a'r rhai afrosgo

27+: Dyma ddangos pam na ddylech chi ysgrifennu am rywbeth amhersonol y tu hwnt i'ch profiad. Rhuthr trwy hanes hanner cynta'r ganrif ddiwetha' sydd ganddo ac mae'r mynegiant a'r cynnwys yn ddryslyd. Mi fyddai'n well anelu at sgrifennu'n symlach am bwnc nes ato.

Pelydr: Mae arna' i ofn na allwn wneud na rhych na fawr o rawn o gerddi *Pelydr* ar ôl y tri phennill cynta' sy'n sôn am edrych yn ôl ar lun plentyn mewn hen luniau. Gobeithio bod y llinellau yma o'r gerdd 'Tynnu draenen' yn dangos nad 'yfi sydd ar fai'n llwyr am y diffyg deall: 'Deisyfu aros, cyflyru brys,/ gall nofio yn unfan ei blys,/ yn fudan nad yw'n mudo i ddwndwr gwŷs'.

Felinfran: Mae pob math o dyfu yma ac mae arna' i ofn mai tryblith ydi'r dilyniant hefyd, heb hanner digon o reolaeth tros iaith na syniadau. Tyfu mewn gwybodaeth ydi'r thema, a methiant y ddynoliaeth i wneud hynny, ond mae'r cyfan yn ddryslyd.

Allt Wen: Un o'r rhai sy'n hiraethu am blentyndod gan waredu at ddirywiad pethau, efo dameg yr heuwr yn rhyw fath o ffrâm i'r cyfan. Efallai fod dweud am 'y brifathrawes lem' ers talwm mai 'hen ast oedd hon' yn gywir, ond mae arna' i ofn nad ydi o'n farddoniaeth.

Hisht: Eironig ydi'r syniad o dyfu a chynnwys a thôn y cerddi'n cael eu crynhoi mewn llinell fel 'Ha, mor soffistigedig yr ydym!' Ryden ni'n meddwl ein bod yn tyfu a datblygu; mewn gwirionedd, mae'r byd yn mynd â'i ben iddo a *Hisht* yn gwneud i Jeremeia swnio fel dyn mewn parti. Mae'r fflangellu'n ffyrnig, ond mae angen mwy na fflangellu.

Rhys: Syniad gwahanol, ond hen un. Afon Teifi ydi'r babi ac mae *Rhys* yn ei dilyn o'i tharddiad i'r môr. I ddyn sy'n byw o fewn canllath i'w glannau, roedd yna ddifyrrwch wrth ddyfalu at beth yr oedd ambell gymal cryptig yn cyfeirio, o Albert a Wilbert yn pysgota (un o gerddi Cynan) a gwawr olaf Heslop (y dyn a laddwyd mewn ymladdfa ddrylliau). Ond mae trosiad y plentyn yn straenllyd a does dim fflach yn yr ysgrifennu.

Un wedi gorffen prifio: Fel y mae'r ffugenw'n ei awgrymu, hel atgofion eto. Mae'r cerddi'n amlwg yn ddidwyll ac mae yna angerdd wrth ddyheu am dawelwch di-dwrist ei Phen Llŷn ar ôl i'r haf fynd heibio. Mae'r mynegiant yn lân, ond traethu sydd yma, nid canu.

Y Garreg Lwyd: Hiraethwr arall, yn hel atgofion am Gwm Gwendraeth ei blentyndod. Yng nghanol sawl cerdd ddi-fydr, ddiafael, am hynt bywyd yr awdur, mae 'na gerddi mwy llwyddiannus mewn mydr ac odl yn sôn, yn annhestunol braidd, am y diwydiant glo.

Coetmor: Mae'n gorffen efo'i blentyndod ei hun ar ôl cyfres o gerddi i'w wyrion. Yn y rheiny y mae'r anwyldeb ac, os ydyn nhw'n wir, mi allen nhw roi sail i seiad deuluol ddigon melys ddydd a ddaw. Yn un gerdd, mae ar y taid eisiau dangos rhyfeddodau hanes Cymru i Dyddgu sy'n dair oed ond yn gorfod anghofio am hynny i 'chwilio rhyfeddod / dy heddiw di'. O ran mynegiant, dyna un o'r ychydig uchafbwyntiau.

Fflachiadau ysbeidiol

Mabon: Un sydd wedi dysgu Cymraeg ac, wrth gofio am ei dad o löwr o ardal Wrecsam, mae hefyd yn sôn am dyfu'n ôl i mewn i'w etifeddiaeth. Er nad ydi'r mynegiant bob amser yn rhwydd nac yn dynn, mae 'na anwyldeb yma a chraffter wrth sylwi ar fanylion a chreu awyrgylch.

Bro Deulyn: Un o nifer sydd wedi dewis troi'r syniad o dwf ar ei ben ac ysgrifennu am blentyn sy'n diodde' o salwch; yn yr achos yma, salwch yr arennau. Mae ymweliadau â thraeth Llanddwyn yn rhyw fath o ffrâm a'r tro trwy'r coed yno'n cloi pethau'n ddigon effeithiol: 'Lle mae cysgodion a goleuni am yn ail ...' Ond, cyn hynny, mae pwnc dwys yn cael ei danseilio gan ormod o fynegiant cloff, rhethreg ac ambell ymgais i fod yn rhy glyfar, hyd yn oed mewn cerdd fel 'Galar', sy'n finiog o chwerw ar adegau. Canlyniad hynny ydi disgyn nid dyrchafu.

Man Gwyn: Salwch mab eto a hwnnw'n cael ei daro'n ddyn ifanc gan dyfiant ar yr ymennydd. Dyna'r tyfu arall sydd mewn sawl un o'r dilyniannau hyn. Mae'r ymgeisydd wedi gwylio'r plentyn yn datblygu – 'un gorwel ar y tro' – ac yna'n teimlo 'ofn naturiol y gyllell' yn troi'n 'ddyheu am finiogrwydd y metel' i wella'r aflwydd. Mae 'na addewid mewn amwyster fel'na ond dydi'r cerddi ddim wedi bod trwy wres y ffwrnais greadigol.

Glaslyn Llugwy: Mi fyddai angen meistr i ysgrifennu'n gofiadwy am ddiflaniad a marwolaeth y ferch fach o Fachynlleth, April Jones. Y pynciau mawr, yn aml, ydi'r rhai anodda'. Rhywsut, mae gan y cystadleuydd hwn syniad o'r hyn sydd ei angen ond heb y cynildeb a'r ymatal i gyflawni hynny. Mae'n gweld gobaith yng nghydymdrech y gymdogaeth: '... y mae cannwyll sydd â'i golau heno/ Yn pelydru'r tu hwnt i'r tywyllwch'. Ond gwanhau'r effaith y mae'r sŵn salm a'r cyfeiriadau rhy fwriadol at chwedloniaeth.

Crwydryn: Crwydro i Giwba wnaeth o – ymgeisydd arall sydd wedi dewis ysgrifennu am dalp amhersonol o hanes. Y chwyldro yng Nghiwba ydi'r babi ar y dechrau ond mae'r cerddi wedyn yn troi i gyfarch rhai o bobl Ciwba heddiw a'r bardd, mae'n ymddangos, ar ymweliad yno. Felly, siom sydd yma wrth i'r chwyldro fethu cyrraedd ei lawn dwf. Weithiau mae'n llwyddo i gyfleu hynny trwy ddarlun – er enghraifft, efo disgrifiad o hufen iâ'n cwympo o law un o'r cymeriadau i'r llawr 'cyn diflannu/ ar amrantiad/ dan bentwr o forgrug barus'. Ond, yn amlach, rhethreg sydd yma: 'Bradychi dy gyndeidiau am geiniog;/ am belydryn o olau o'r lampau sy'n wag o olew ...' Ôl straen sydd ar drosiad y babi yn hanner cynta'r dilyniant; mae'n cryfhau rywfaint efo'r darluniau mwy personol yn yr ail.

Y rhai mwy addawol
Rhywle yn fa'ma yr yden ni'n symud i ddosbarth uwch, lle mae'r arfau sylfaenol yn loywach ac ambell gerdd neu ddarn o gerdd yn addo gwell. Mae'r gafael ar fynegiant yn gryfach a theimlad fod yr ymgeiswyr hyn yn gyson yn dweud yr hyn y mae arnyn nhw eisiau'i fynegi.

Morys: Mae sawl cenhedlaeth yn tyfu yng ngherddi *Morys* a'u twf yn cael ei dorri hefyd. Mae'r prolog a'r epilog diangen yn dangos mai sôn am ryfel o oes i oes y mae a hynny trwy gyfrwng teulu o ardal Caernarfon, yn byw a marw o Normandi i'r Malvinas ac Irác. Y darluniau cartrefol ydi'r pethau gorau – plentyn, er enghraifft, yn chwarae heb amgyffred beth sy'n digwydd i'w dad yn Rhyfel y Falklands: 'Heb ddallt na all/ ei ddwylaw ddal/ y Suliau braf/a'u cadw nes i Dad ddod adref'. Neu Nain yn hiraethu wrth wneud marmalêd: 'Trwy wasgu'r llwy/ ei chymalau sy'n gwynnu,/ fel tasa'r cydio'n dynn/ yn nadu'r hiraeth/ rhag glynu/ ar waelod y sosban'. Er bod 'na sawl cyffyrddiad da o'r fath, mae 'na fwy o sgrifennu anarbennig a thraethu dryslyd braidd.

Petalau: Er gwaethaf elfennau chwithig a diafael yn y cerddi galar hyn am blentyn bach, mae 'na ambell gyffyrddiad sy'n cydio'n dynn ac un gerdd yn arbennig, 'Oerfel Haf'. Mae honno'n dechrau efo syniad da: 'Pe bai peiriant pelydr-x/ yn medru tynnu llun o alar ...' ac yn gorffen yn angerddol o

27

chwerw a'r dweud herciog yn cryfhau hynny, wrth i bobl ddweud wrth y rhieni y dylen nhw 'dynnu trwyddi': 'er na wyddom yn union/ beth yw'r hi/ y mae galw arnom/ i ymwroli/ er mwyn inni/ drwyddi,/ gael ein tynnu'. Naw cerdd arall fel'na ac mi fyddai'n llawer uwch yn y gystadleuaeth.

Sappho: Mae ganddo ambell gyffyrddiad da mewn cerddi sy'n cofnodi twf y bardd ei hun. Dyma un o'r penillion gorau: 'Nid wyf am wrando ar y lleisiau/ sydd yn rhwystro i mi godi/ fel Icarws tua'r haul,/ rhag ofn i'r haul ddiflannu'. Ac mae 'na hiwmor wrth awgrymu bod 'Mam yn gwybod/ rhai pethau,/ mae Mamgu yn gwybod/popeth'. Ond mae yma ormod o sgrifennu cyffredin – a rhyddieithol iawn ar adegau – heb y tynhau dwys a rhythmig sydd ei angen ar farddoniaeth.

Tad Gwael: Tad yn canu'n uniongyrchol i'w ferch ac yn amlwg yn gwneud ei orau i beidio â haeddu'i ffugenw. Mae 'na anwyldeb a phryder yn y cerddi ond, er gwaethaf awgrym y gallai'r syniad o dwf iaith fod yn llinyn rhyngddyn nhw, dydyn nhw ddim yn arwain i unman nac yn codi oddi ar y dudalen. Ond mi fyddai sawl tad (a rhagor o famau) yn adnabod y teimlad o fod yn 'goeden Nadolig/ o gewynnau, dymis a weips ...' a dydi gor-glyfrwch diwedd y gerdd 'Geiriau' ddim yn llwyr ddifetha'r dechrau: 'Rwyt ti'n ymbalfalu/ drwy'r düwch am fwlyn drws/ dy frawddeg gyntaf'.

Llithfaen: Tyfu yn y diwylliant Cymraeg ydi'r testun, am wn i. Mae'n cyfeirio at lefydd amlwg sy'n bwysig iddo – Bryn Cader Faner, Pennant Melangell, lle mae'r santes 'yn lapio'i hun amdanaf/ yn lloches rhag bytheiaid byd', a Chored Gwyrfai lle bu'n 'ffocysu' (yn eironig o fiwrocrataidd, gobeithio) ar ei waith, cyn gweld yr Eifl a'r Gwaith Mawr 'yn dân ac aur i gyd'. Ond ar wahân i amwysedd poenus dwy linell ola'r gerdd i 'Cilmeri' – 'a'r lle ei hun,/ am byth, yn siom' – rhyddieithol ydi'r mynegiant.

Dic Sion Dafydd?: Mae 'na fabi'n cael ei greu rywle yng nghanol y cerddi difyr yma ond y thema go iawn ydi ymdrech Cymro sy'n byw yn Llundain i gadw'r iaith. Prin ydi'r elfen o dyfu ond mi hoffais i ambell bennill. Mae'n sôn, er enghraifft, am arfer y Cymry Llundain go iawn o gyfeirio at Gymru fel 'y wlad': 'Neu 'falle'u bod nhw'n osgoi'n ofalus,/ yn ofergoelus. Rhag ofn,/ o lefaru'r gair,/ bydd y cyfan yn diflannu'. Yn sicr, mi ddylai'r Cymry cefn gwlad sydd bellach yng Nghaerdydd gywilyddio wrth 'nofio mewn tonnau o *fake tan*' a throi at y 'geiriau main' tra bo *Dic* yn 'dal i dreio/ cadw 'ngheg yn fras'. Cymysgedd anwastad sydd yma ond mi wenais a theimlo ambell gic.

Prosach: Cynnig uchelgeisiol, yn chwarae efo elfennau o gerddi concrid a dangos ychydig (ychydig!) o ôl dylanwad 'Awelon' Aled Jones Williams wrth ddisgrifio person mewn uned iechyd meddwl (dw i'n credu), yn edrych yn ôl tros golli tad a cholli ffydd, ac yn ceisio ailafael trwy fantra 'gobaith, rheolaeth, cymdogaeth'. Y peryg, wrth gwrs, ydi trio'n rhy galed a llithro i or-glyfrwch. Y llinellau gorau gen i ydi'r rheini'n disgrifio llun ei dad yn blentyn 'a'th hand-mi-down o dristwch / yn amlwg ar dy wyneb llwm'.

Rhandir Neb: Un arall sy'n ysgrifennu am ryfel ond, y tro yma, mae 'na fframwaith ehangach – a dyfnach – i'r cerddi am y Rhyfel Mawr. Fel y mae'r rhagymadrodd (maith braidd) yn egluro, roedd iau Promethews yn y chwedlau Groegaidd yn tyfu tros nos ond yn cael ei fwyta bob bore gan eryr. I'r bardd, dyna symbol o ryfel yn bwydo ar ddynoliaeth trwy'r oesau, ac yn dal i wneud hynny. Syniad cry', ond mae'r rhagymadrodd hefyd yn cynnwys cyfeiriad neu ddau at ganu Cymraeg cynnar, a gwendid y cystadleuydd ydi cynnwys cyfeiriadau felly'n ddiangen. Mae'n gwneud sŵn barddoniaeth a phentyrru geiriau, gan amharu ar symlrwydd effeithiol llinellau fel y rhain: 'A daeth deryn dierth i dw'llu'r ffenestri / fel cledr llaw' a 'llyn fel ffenest letraws lle y daw'r cymyle i fwrw prynhawne segur ...'

Y Capten Bach: Mae wedi defnyddio trosiad geni i drafod datganoli, trawsnewidiad Tiger Bay yn Fae Caerdydd ac effaith hynny ar yr ardaloedd Cymraeg, yn benodol cymoedd y glo caled. Mae 'na ambell gyffyrddiad sy'n dangos ein bod ar fin codi i dir uwch. Dyna i chi'r ciw y tu allan i Ganolfan y Milflwydd yn aros i gystadlu yn 'Mae Gan Brydain Dalent', er enghraifft, a'r ciw hwnnw'n 'ymestyn deirgwaith hyd at Sainsbury's / Mewn gwynt a glaw a gobaith mul'. Yn 'Porth Teigar', mae Shirley Bassey'n dal i 'browla'i chaets' a'i 'safnau'n rhwygo'r diniweidrwydd / O feddyliau'r dynion yn y docs'. Ond mae 'na ôl straen ar y trosiad, cymysgu negeseuon a delweddau, a diffyg cynildeb hefyd ac, er mor wych ydi ei sŵn, dw i ddim yn siŵr be ydi ystyr cwpled fel hwn: 'Mae pawb yn codi hwyl ar lan y môr / Pan fo Caerdydd yn disgwyl tacsi yn y glaw'. Fel y Cynulliad, addo tipyn ond heb ei tharo hi yn ei thalcen hyd yn hyn.

Y rhai go agos ati

Dyma symud at rai sy'n dangos bod ganddyn nhw rai o'r doniau i ddod o fewn golwg y Goron, ond bod angen gwaith caletach, meddwl cliriach a chwaeth sicrach weithiau.

Llamhidydd: Yn wahanol i lawer o'r dilyniannau, mae'r cerddi cyntaf yn gryf, yn croesawu babi – wedi methiant cynharach i genhedlu – ac yn disgrifio fel y byddwn yn ceisio cyfyngu ar ryddid ein plant: '... fe'ch sythwn a'ch tocio / rhag i'ch canghennau gyffwrdd â ffenestri / a tharfu ar gwsg / cymdogion'. Ond mae cerddi eraill yn addo mwy nag y maen nhw'n ei

29

gyflawni ac, weithiau, mae'r bardd yn methu'n anghynnil, fel y gwna wrth ddisgrifio plentyn yn Times Square, Efrog Newydd: 'Ynghanol gwarchae o bresennol/ does dim golwg ei bod hi'n nosi/ na throedle yn unlle ar lithrigfa ddiberthyn'. Mi allwn ei gicio am ychwanegu pennill am haul ag 'wyneb cimwch' ar ôl y cwpled yma: 'cwestiynau'n grychau y bydd raid eu gadael/ tan drannoeth neu dradwy heb eu smwddio'. Ar y llaw arall, mae'r modd y mae'r berthynas â'r plentyn bellach yn cael ei chywasgu i neges e-bost yn taro'r nod i'r dim. Fel plentyndod ei hun, anwastad.

Siena: Syniad dramatig. Mae un chwaer yn disgwyl babi a'r llall yn sylweddoli bod ganddi ganser. Mae yma ddarnau cofiadwy ond mae'r ffordd y mae'r cerddi wedi eu gosod fesul dwy, ochr yn ochr â'i gilydd, yn dangos bod peryg hefyd i ymdrechu gormod. 'Ellwch chi ddim peidio ag edmygu rhywun sydd, wrth ddisgrifio darpar-fam obeithiol yn aros am ddyfarniad nyrs, yn dweud:

> Tynnodd ei menyg a'u gollwng
> i'r gist ailgylchu,
> lle dychmygais gant o ddwylo
> erthyl
> yn gweddïo'n daer.

Mae dyfarniad y meddyg canser yr un mor iasoer ond ceir diffyg cynildeb weithiau ac, yn y pen draw, does dim byd mwy na disgrifio'r ddwy sefyllfa a'r diwedd amlwg.

Cilfynydd: Llond llaw o gerddi gwirioneddol dda sy'n codi *Cilfynydd* i le uchel yn y gystadleuaeth. Cerddi gan ŵyr i un o lowyr y Six Bells ger Abertyleri, lle bu un o drychinebau mawr olaf maes glo'r De. Yn rhyfedd iawn, y llinellau am ddifodiant diweddarach y diwydiant yw rhai o'r rhai lleiaf gafaelgar, wrth i *Cilfynydd* roi un troed ar focs sebon. Llawer cynilach ydi'r gerdd i fynwent Aber-fan a'r ffordd y mae'n cyplysu hynny gyda'i euogrwydd am beidio ag ymweld â bedd ei dad. I mi 'Y Fari' ydi uchafbwynt y dilyniant lle mae'r darlun llythrennol o ddod o hyd i hen benglog ceffyl a'i wisgo yn drwm gan ystyr ac arddull sydd bron yn rhyddieithol yn nwy linell gynta'r pennill ola'n cael ei throi'r tu chwith allan: 'A dyna i gyd – ffon, cynfas, cotwm/ a'r benglog fantach a ffeindiais ar y Twyn;/ ond, wrth gamu'n ôl, roedd ganddi enaid/ ac arswyd nos a chynfyd yn ei gwên'. Os nad ydi'r cysylltiad yn amlwg rhwng pob cerdd unigol â'r syniad o dyfu, mae yma hen ddigon i ddangos bod *Cilfynydd* yn fardd sy'n gallu cyffroi a siglo.

Gwesyn: 'Alla' i ddim bod yn hollol bendant pam y gwnes i gymryd o'r dechrau at y cerddi hyn i gofio am y bardd Gwyddelig, Seamus Heaney, ond mae rhywbeth yn gyfareddol yn sigl rhai o'r brawddegau hir a'i ysgrifennu amyneddgar. Pwyllog hefyd ydi'r delweddau garddio sy'n clymu'r dilyniant at ei gilydd ac yn clymu gyda'r broses o sgrifennu, neu o greu 'erw fechan o eiriau'. Yr hyn sy'n cryfhau deunydd y cerddi ydi'r berthynas rhwng *Gwesyn* a Seamus Heaney. Mae'r cardiau yr oedd wedi cofnodi rhai o'r cerddi arnynt fel 'cyfres o gerrig milltir at siwrne oedd i ddod' ac, os ydw i wedi deall yn iawn, mae'r gerdd olaf yn y dilyniant, 'Pair Dadeni', yn dangos fel y mae *Gwesyn* wedi cael ei ysbrydoli i ysgrifennu gan farwolaeth y bardd: 'O'm blaen mae llwybr i'w aredig,/ gwreiddiau i'w codi a'u troi, a'u swmpo nôl at hen bridd'. Yr hyn sy'n rhyfedd ydi fod y cerddi'n apelio er nad ydi pob delwedd yn gweithio a bod tuedd weithiau i ychwanegu geiriau lle nad oes rhaid. Un enghraifft ydi'r disgrifiad o filwyr ym Melffast 'yn cuddio rhag cysgodion'. Doedd dim angen dweud mwy.

Asoch: Does dim amheuaeth am gynildeb *Asoch*; mam sy'n gorfod wynebu cwestiynau mawr ac amheuon ystyr wrth fagu merch. Mae'n enghraifft dda o allu creu teimlad a darluniau heb braidd ddim ansoddeiriau. Mae 'na hefyd ddweud cofiadwy: am gario'r ferch i'r môr am y tro cyntaf 'a hithau'n cydio'n dynn yn fy ofn' neu'r plentyn yn gwneud darlun o'i mam: 'aeth fy mhen yn rhy fach/ i'm gwên'. Er bod nifer o'r cerddi'n troi o amgylch cwestiynau am ffydd a chred, dw i wedi methu gweld sut y mae ambell un o'r lleill yn perthyn na sut y mae'r cyfan yn cyrraedd y diweddglo. Mae un neu ddwy o'r cerddi hefyd fel pe baen nhw'n drysu delweddau ond does dim gwadu gallu bardd sy'n medru sôn am athrawes Ysgol Sul mewn 'hen festri boeth gan lwch' a'i 'llais yn marw wrth y ffenest'.

Grogyn: Diolch i Dafydd, fy ngydfeirniad, a wnaeth i mi edrych yn galed eto ar waith *Grogyn*. Ro'n i wedi fy siomi braidd gan gerdd gyntaf wan sydd, fel y gerdd olaf hefyd, fel pe bai'n trio'n rhy galed i fod yn ddechrau a diwedd i ddilyniant eisteddfodol. Ond, rhwng y rheiny, mae 'na ysgrifennu crefftus a sylwi miniog. Perthynas nain a'i hwyres ydi calon y dilyniant a'r fechan yn rhoi bywyd newydd i'r wraig hŷn wrth iddi hi 'dderbyn yn ddistaw/ mai myfi erbyn hyn/ yw'r eco'. Mae syniad iasol tebyg yn y gerdd 'Chwarae pêl', un o gerddi gorau'r gystadleuaeth, a bachgen (nid yr wyres, am ryw reswm) yn taro pêl yn ddiddiwedd yn erbyn wal, a hen wraig (nid y nain, am ryw reswm) yn clywed y sŵn fel tician uchel oriawr. Mae yma hiwmor hefyd wrth i'r nain ei dychmygu ei hun yn ymuno gyda'r plant i redeg y ffordd anghywir ar risiau symud, 'yn rhialtu yn erbyn yr anochel', neu wrth i'r nain fod yn llai parod na'r rhieni i geryddu. Dydi cerddi eraill fel 'Pashmina' a 'Tom-Tom' ddim mor llwyddiannus; y naill am ei bod yn pentyrru enghreifftiau yn lle cadw at yr un ddelwedd ganolog, y llall am ei bod yn rhy hir a, braidd fel y tom-tom ei hun, heb gyrraedd y lle iawn. Er hynny, ac er gwaethaf ambell linell lac, mae yma hanner dwsin o gerddi gwirioneddol werth chweil ac un neu ddwy gofiadwy.

Y ddau gwironeddol dda

Yn y diwedd, dau ymgeisydd oedd yn y stafell ffitio ar gyfer y Goron eleni.

Y Meddwl Annibynnol: Gwên o bleser oedd yr ymateb cyntaf. Mae'r cerddi hyn yn atgoffa dyn o Gwyn Thomas efo'u cymysgedd o led-ffurfioldeb chwareus ac iaith lafar, efo'u hodlau a'u hanner odlau. Deg cerdd wedi eu gosod mewn sw ydyn nhw a phob un yn disgrifio gwahanol greaduriaid. Trwy hynny, maen nhw'n dweud rhywbeth am y ddynolryw, a'n gwendidau ninnau. O'u darllen felly, mae llinellau sy'n ymddangos yn gwbl ffeithiol a moel yn magu ystyr newydd: 'Y mae mwy na thri chwarter holl anifeiliaid y byd / heb asgwrn cefn …' Ceidwaid yr anifeiliaid sydd fel rheol yn cyflwyno'r perlau gwybodaeth, yn sylwebaeth traed-ar-y-ddaear, graff, ar ddisgrifiadau a dychmygion lled ddiniwed y bardd. Yr effaith ydi gwneud inni chwerthin ac wedyn wingo wrth i'r ergyd daro.

Pan fo'r bardd ar ei orau, mae chwip y ceidwaid yn brathu. Dyna'r morlo unwaith eto'n cael 'ei fwydo o'r bwced gyhoeddus' neu'r camel sy'n 'gwybod o hyd / sut, a phryd, / i boeri'. A phan fydd y sylwadau'n agos iawn at yr asgwrn dynol, 'fydd yr ymwelwyr â'r sw ddim yn gwrando ar y ceidwad: 'Nid oes neb yn clywed adenydd ei ateb'. Ond dydi dyfynnu fel hyn ddim yn gwneud cyfiawnder â'r adeiladu rhythmig, gofalus, sydd yn y cerddi, yn ein harwain fel ŵyn at laddfa'r glec. A'r tyfu yn y cerddi ydi esblygiad yr anifeiliaid – a ninnau hefyd, wrth gwrs. Mae dwy gerdd yn torri ar yr arddull dywyllodrus o ffwrdd-â-hi; 'Ceisiwr lloches' i raddau, a 'Gaeafgysgu' yn llwyr. Gwaetha'r modd, mae honno, efo'i harddull fwy barddonllyd a'i mymryn o bregethu, fel pe bai wedi crwydro draw o ddilyniant arall. Ond nid dyna pam, chwaith, y mae'n rhaid i'r cystadleuydd hwn ildio'r Goron i ymgeisydd arall. Er mor ddifyr ydi'r cerddi, ar ddau ddimensiwn y maen nhw'n gweithio, a ninnau'n chwilio am drydydd.

Golygfa 10: O'r geiriau cyntaf, a chydag amwyster y ffugenw, roedd hi'n amlwg fod *Golygfa 10* yn sicr ei gam. Roedd y feistrolaeth amlwg yn golygu bod modd ymlacio i ddarllen a mwynhau ei waith, heb boeni am gaff gwag. Mae'r rhan fwyaf o'r cerddi'n gosod elfen o'n traddodiad ni ochr yn ochr ag elfen o Gymru heddiw – chwedl Blodeuwedd ac atomfa Trawsfynydd, Dafydd Nanmor a ffordd osgoi Porthmadog (a lorïau Mansel Davies), llifogydd Aberystwyth eleni a storm apocalyptaidd Gruffudd ab yr Ynad Coch – a gwneud hynny'n chwareus a chrafog. Mae hyd yn oed helynt cerddorion Eos a'u taliadau darlledu'n cael ei gosod yn feistrolgar o ffraeth wrth ochr crogi'r telynor Siôn Eos erstalwm o dan gyfraith Lloegr. Y grefft sy'n eich taro gyntaf. Does dim geiriau gwastraff, dim ansoddeiriau diangen ac mae pob cerdd yn gorffen yn ei phryd. Yn fwy na hynny, mae'r ergydion yn cael eu hamseru'n berffaith a'r mesur rhydd (y rhythm a hyd y llinellau) yn atgyfnerthu'r cynnwys. Mae hyd yn oed y defnydd o ambell air neu gymal 'sathredig' yn berffaith yn eu coegni. Mae'r tyfu – a'r diffyg tyfu, weithiau – i'w deimlo mewn gwahanol ffyrdd trwy'r cerddi; yn amlwg yn y gerdd gyntaf sy'n dychmygu merch yn gwaredu at orfod geni plentyn yn ein Cymru ni heddiw, yn gynilach yn y gweddill. Mae'r rheini'n holi sut fath o Gymru y mae ein plant am dyfu ynddi a sut fath o Gymru yr yden ni am ei hail-greu. Mae 'na awgrym, hyd yn oed, ei bod yn bryd i ni 'dyfu i fyny'. Yng nghanol y dychan deifiol am ein cyflwr ni, mae 'na elfen fwy oesol, yn y gwrthdynnu rhwng ennill tir gwleidyddol a cholli enaid, yn yr ymbalfalu i ddod o hyd i ffordd y gall ein diwylliant oroesi. Hynny sy'n codi'r cerddi i dir uwch na dim ond sylwadaeth gyfoes. Mae'r gerdd olaf, 'Trydar', yn cynnig gobaith trwy ddulliau newydd o greu cymdeithas – tyfu y tu hwnt i'n hamgylchiadau: 'Mae'r coed yn noeth ond ni bia'r awyr'. Mae awgrym o stori garu bersonol yn cael ei gweu i mewn i'r cyfan trwy ddwy neu dair o'r cerddi, a'r stori honno'n cyrraedd ei hanterth yn yr arddangosfa o lawysgrifau prin – Llyfr Coch Hergest ac eraill – yn y Llyfrgell Genedlaethol ynghynt eleni. Yr awgrym ydi mai trwy ein hymwneud â'n gilydd a chynnal ein diwylliant y bydd y traddodiad yn goroesi a thyfu. Does dim pwynt dyfynnu, er bod 'na ddigonedd o enghreifftiau o ddweud cofiadwy ac ambell gymhariaeth ysgytwol, fel cyfosod greddf ddigydwybod Blodeuwedd gyda grym direolaeth hollti'r atom. Maen nhw'n gerddi sy'n cyffroi wrth eu darllen ac wrth weithio yn y meddwl. Mae'n rhaid darllen y cyfan – ac mi gewch. O chwilio beiau, efallai nad ydi'r gerdd gynta'n clymu'n gwbl dynn yn y gweddill, o ran y 'person' sy'n cael ei chyfarch. Mae'r gerdd i'r rhaglen deledu am yr hanesydd John Davies yn rhan o'r dilyniant er nad ydi hi, ynddi ei hun, yn ymwneud â thyfu. Ac mae'n siŵr y bydd rhai'n teimlo bod y cerddi'n rhy gyfoes, yn yr ystyr fod rhai ohonyn nhw ynghlwm wrth ddigwyddiadau penodol a byrhoedlog a fydd, ymhen blwyddyn neu ddwy, yn gofyn am droednodiadau. Ond, i ddarllenydd heddiw, ychwanegu at y wefr a'r afiaith y mae'r elfen iasol o gyfoes yna a'r plethu rhwng ein hen hanes a'n cyflwr heddiw'n creu gwefr o bleser a chwithdod yr un pryd. Cerddi eleni ydi cerddi *Golygfa 10* ac, yn haeddiannol iawn, nhw ydi cerddi'r Goron eleni hefyd.

BEIRNIADAETH MARGED HAYCOCK

Gyda rhai eithriadau disglair, ni ddehonglwyd y testun mewn ffordd annisgwyl eleni: roedd twf y plentyn yn boblogaidd, tyfu (a diffyg tyfu) o ran deall neu amgyffred, tyfu yn y ffydd, a Chymru fel cenedl ar ei phrifiant. Yn anochel, cancr oedd pwnc nifer o'r dilyniannau. Aeth ambell fardd â ni allan o'n cynefin, i gloddio yn naear Iwerddon gyda Seamus Heaney neu am sbin ar fotobeic Ché Guevara. Ond yr oedd canu godidog wedi'i ysgogi, fel erioed, gan dir a daear Cymru – ei hafonydd a'i bryniau, ei mannau sanctaidd, amrywiaeth ei broydd a'u hanes, a phryder cynyddol amdani fel bod byw. Trafodir ar wahân y pum dilyniant a ddaeth i frig fy mhentwr i. Am y gweddill, mae rhyw addewid ym mhob un, a dyma air amdanynt yn y drefn y daethant i law.

Sappho: Darnau syml o safbwynt plentyn a 'Tîn Êjar' (teitl un o'r cerddi). Y llais henaidd yw'r anhawster yma: y crwt yn gofyn am 'Ei Ffôn' (teitl arall), y 'teclyn amhrisiadwy hwnnw', fel nad yw ar ei golled 'yn y ras/ am wybodaeth'. Treuliedig yw rhai o'r cymariaethau: 'y lleisiau' sydd yn ei rwystro rhag iddo godi 'fel Icarws tua'r haul', neu'r cyfaill o gi nad yw, meddai, yn 'ateb yn ôl/ ar unrhyw adeg o'n cyfathrach'. Niwlog yw'r dweud weithiau, ac anfwriadol ddoniol dro arall: y ci yna eto, sy'n 'sarnu lloriau,/ a chyfarth yn uchel ar brydiau/ yn enwedig yn ei gwsg./ Ond nid yw hyn oll/ yn amharu/ ar brydfethwch [*sic*] ein priodas'. Eto i gyd, o ddefnyddio llais hŷn, fel yn y gerdd 'Tad-cu', gall ganu'n ddilys ac yn effeithiol: marc y bensel ar y wal yn dangos 'hoedl dy ieuenctid/ ym Mabinogi/ y blac led'.

Rhys: Ffasiwn lenyddol gyfarwydd a welir yma wrth i'r bardd ddilyn afon Teifi o 'wely hesg' ei babandod i lawr hyd at 'freichiau agored Neifion'. Dyma ddilyniant cymen a'i lond o hanes lleol a chymeriadau lu: Seisyllt, abad Ystrad Fflur; Cayo Evans; yr Arglwydd Rhys, a'r lleill i gyd, heb anghofio Gwiber Emlyn. Ond prysuro ymlaen o hyd y mae'r afon hon, heb archwilio'i phosibiliadau ei hun nac oedi ychwaith i glywed lleisiau trigolion y glannau (yn null *Dart*, Alice Oswald).

Llithfaen: Dyma fardd sy'n adnabod tir a daear Cymru, ei hynafiaethau a'i llên. Yr iaith Gymraeg sydd wedi ei ddeffro i'r cydymdreiddiad rhyngddynt: i 'adladd seiniau cynnar', 'memrwn y tir/ yn balimpsest o eiriau'. Ceir yma gerddi unigol atmosfferig fel 'Pennant Melangell' lle y bu 'haul symudliw Chwefror/ ar fol a bronnau'r cwm' a'r 'ferch (o dduwies neu santes)' yn ei lapio'i hun amdano 'yn lloches rhag bytheiaid byd'. Ceir adleisiau pellach o'r hen destunau yn 'Cored Gwyrfai' ('fe garaf innau hefyd dir y gogledd', fel Hywel ab Owain Gwynedd), ac – wedi'u gorlwytho efallai yma – yn y gerdd 'Bryn Cader Faner' wrth iddo fynd 'o'r garreg uwchben y weilgi' gyda 'chydymaith o Sais' a 'setlo,/ fel y ffranc, i rythm/ rhyw gyd-gerdded mud'. Mae is-deitl y gerdd olaf yn cyfeirio at Nancy Gaffield, bardd sydd wedi'i hysbrydoli gan Heol Tokaido yn Siapan, i greu, fel y bardd hwn, 'ddilyniant y dirwedd yn ei phoen'. Mwynheais awyr ffres y cerddi tawel hyn.

Cilfynydd: Holi am natur y cof unigol a'r cof cymunedol a wneir wrth fwrw golwg ar lanast ôl-ddiwydiannol cymoedd 'y cyffuriau a'r *Bargain Booze*': 'Lle bu'r gêr, saif heddiw gofeb/ yn gawr o goliar,/ yn fendigeidfran dur i warchod cwm'. Awn draw o 'golofnau gwyn a'r bwâu main' yn Aber-fan i Ffynnon Fair ym Mhen-rhys: 'pan ochneidiwn/ yn ein dyffryn Baca hwn,//

edrych arnom', yw'r weddi yma fel yn yr oesoedd a fu. Er pob cynnydd, mae hiraeth am yr hen gymdogaeth – 'ennill byd a cholli bro' – ond nid oes ond 'arswyd nos a chynfyd' yng ngwên fantach y Fari leol arall.

Un wedi gorffen prifio: Geiriau R. L. Stevenson, 'Sing me a song of a lad that is gone,/ Say could that lad be I?' sy'n gosod y cywair yma gyda hiraeth am blentyndod gwledig 'pan oedd yr hafau oll yn hafau Ellis Wynne', ac yntau'n 'rhannu cyfrinachau cymeriadau brith' â'u 'milgwn dan y bwrdd'. 'Do,/ mi gefais ryddid/ i fwynhau,/ rhyfeddu/ a byw', meddai, fel petai angen dweud. Wrth gofio euogrwydd a siom a cholled, mae'n dechrau amau dilysrwydd yr atgofion melys sy'n creu'r tyndra y mae'n colli'r cyfle i'w archwilio yma.

Felinfran: Nid oedd y dechrau'n argoeli'n dda: 'Meddyliais pan yn dair mlwydd oed', na'r disgrifiad o'r meddyg ar ei brifiant a'r 'cwningod oedd dan fy lawnsed ... Digon gwael ond nid yw gymharu a blwyddyn ychwaneg/ Yn ystafell y meirw drewllyd, a ble nid oedd paned'. Fel y dywed y bardd ei hun, 'Rhaid tyfu mewn sawl maes da'i gilydd/ Er bod yn weddol llwyddiannus'.

Tan y Graig: Mab yn edrych yn ôl dros oes faith ei dad. Ac yntau o hil y teithwyr, dyma fwrw ei goelbren gyda'r Gorjos yn ardal y Berwyn; pen ei drac oedd y pentref lle y bu'n gweithio'r calchfaen. Er bod amrywiaeth o ran y ffurfiau a ddefnyddir (mae graen neilltuol ar y sonedau), braidd yn undonog yw'r dilyniant ar ei hyd.

Mabon: Dysgwr brwd sydd yma a barnu oddi wrth y llinell gyntaf: 'Pan darodd cloc yr eglwys Rhiwabon un' ac, yn wir, rhwystredigaeth ieithyddol yw ei destun. Dyma'r disgybl O3 'dieithr i fy hun' wedi'i ddal rhwng Clawdd Wat a Chlawdd Offa, rhwng dwy iaith, rhwng byd yr ysgol ramadeg a byd y pyllau glo. Llais dewr ac unigryw.

Allt Wen: Dameg yr Heuwr yw echel y dilyniant rhyddieithol hwn am ddyddiau mebyd, 'pawb a'i "satchel" ar ei ysgwydd/ mewn iwnifform nefi blw', am dyfu'n ddyn, am daith i'r Aifft 'mewn gwres tanbaid', a'r boddhad o 'ddyfal ddyfrio'r egin' ym mhob ffordd ddaionus, fel y tybia, drwy 'adnabod y rhai ar ochr y ffordd', a 'gweld y gwerthoedd/ sy'n bodloni bryd'.

Llamhidydd: Mae'r iaith yn ffres a'r dweud yn gafael mewn mannau.'Shades of the prison-house' sy'n cyniwair yn yr ail gerdd a'r rhieni'n lapio'r plentyn 'ym mhinc neu las' eu 'rhagfarnau' cyn y daw'r byd â'i hud a'i helynt. Yn y llofft 'amgueddfaol o daclus' (yn rhagfynegi ystafell Anne Frank mewn cerdd arall), mae'r 'delyn fud' a'r llyfrau plant – y 'Benja, Lleucu, Guto' a'r lleill i gyd (mae'r rhestr yn faith). Bydd rhieni'n gallu dychmygu'r gweddill

– 'nofel hollbresennol dy fyw' yn teneuo 'yn gyfres fympwyol o fwletinau …"Heia! Mewn parti! Caru chi! ☺"' nes cyrraedd yr *endgame,* 'dwy gadair freichiau / …/ ar lwyfan y stafell fyw'.

Coetmor: Tad-cu arall dan gyfaredd 'Dere fy mab' Dafydd Rowlands: 'Tyrd i'r dref / yn nwylo taid./ Cei weld hen gastell / a chrwydro'r tyrau,/ cei ddeall rhyfeddodau hanes / a dewrder dy hil'. Mae cerdd drawiadol am jig-so'r mab bychan, a 'Homs ac Aleppo' / yn llithro'n braf / i gôl Damascus', a sawl darn lle mae anwyldeb y berthynas rhwng hen ac ifanc wedi'i fynegi'n syml effeithiol. Ond daw melodrama wrth gofio'r 'ysictod penysgafn' o ddarganfod nad teulu gwaed a'i magodd, a chloff yw'r llinellau clo: 'Beth bynnag yw gwirionedd,/ nain a taid yw nain a taid i mi'.

Glaslyn Llugwy: Pwerau'r Fall a fu ar gerdded ym Machynlleth 'fel llaw drwy'r ffenestr yn dwyn ein trysorau', 'sathru pob ffrwyth a difa daioni': tŷ'r llofrudd a'i 'wyngalch fel colur dros y düwch', ac 'arogl gwaed ar y gwynt'. Iasol yw'r darluniau o gribo'r fro am gorff April, a chogau Abercuog, fel cynt, 'yn holi, heno "Ble? Ble?"'. Gogr-droi mewn haniaethau a wna rhannau eraill o'r dilyniant, gwaetha'r modd, cyn annog 'ailffurfio muriau ein gwerthoedd / Yn nhrefi ei gwareiddiad./ Yn y gwyll, mae cannwyll yn olau'.

Petalau: Darnau dirdynnol am golli merch fach, am y 'twyll ein bod / yn *tynnu trwyddi*' a'r fam yn y Cwrdd Diolchgarwch yn cyfrif 'rhwng nodau'r gweinidog / pob clust o wenith ar y dorth' a magu'r llyfr emynau 'fel baban'. Ond nid oes yr un ymatal yn y gerdd 'Nadolig': y Doethion a'u rhoddion o 'ipad, ipod ac i-phone5s … wedi dilyn y *sat nav* i Fethlem', ac yn y blaen.

Hisht: Llais pregethwr yn taranu'n ddramatig sydd yma, yn embaras o ymdrech i fod yn gyfoes: 'Xbox, facebook, blueray, twitter,/ java, ruby, c#, math, php – / cysylltu â phawb ond Efe'. Dychmyga'r rhai sy'n 'ergydio'r adar angau' heb 'glywed y gwewyr na gwynto'r cnawd': iawn, ond nid y sôn am 'lygaid pell, bochau esgyrnog a/ chroen memrwn yn syllu'n/ hiroshimaidd arnom'. Daw'r pethau arferol dan ei lach – y fasnach ryw, materoliaeth a'r rhaib ar fyd natur (mae sillafu 'crau'r nodwydd' yn hytrach na 'crai'r nodwydd' yn awgrymu na all hwn fod yn weinidog go iawn). Rhyddhad yw ei glywed erbyn y diwedd yn ymdawelu wrth y bwrdd cymun, 'Ninnau ar ein prifiant mewn gardd / sy'n gysgod a noddfa, sy'n ddisgleirdeb / yng nghannwyll ein llygaid'.

Bro Deulyn: Diniwed finimalaidd yw'r canu: 'Gwyn dy fyd / Yn dy bram / Faban bach,/ Ni chei gam'. Try'n ingol wrth inni weld y plentyn yn clafychu, yn 'bwyth brau rhwng dau a'u helynt'. Ond llethol o drwsgl yw'r manylion am drawsblannu a dialysis, 'yn ailgylchu'r gwaed a lygrwyd /

Yn wrtaith i ti dyfu', ac mae angen cyffyrddiad sicrach na hyn i fentro i 'theatr y llawdriniaethau, / I'r meddygon ymbalfalu'n dy berfedd', ac i drin marwolaeth plentyn.

Y Garreg Lwyd: 'Nid darfod cynnar yw'r trychineb ond dechrau byw hwyr', meddai'r is-deitl, gan ddyfynnu o ryw ddoethineb hunangymorth. Darnau amrywiol sydd yma – am ddyddiau mebyd dilyffethair, pyllau glo sir Gâr, 'y naw rhyfeddod, a gladdodd ein cyndeidiau niwmoconiotig', 'y chwalfa sydyn drodd y pwll yn afon', ac am siom a diflastod gyrfa athro: 'Darllenaf eu llygaid anghyfeillgar, / Darwthiaf eu dryslwyd atgasedd'. Nid yw'n gafael bob tro: 'Heddiw bellach fel dodo, / Llwyr wedi mynd ar ffo'.

27+: Dilyniant uchelgeisiol sy'n bwrw golwg dros erchyllterau'r ugeinfed ganrif. Mae tuedd i estyn am y delweddau cyfarwydd: y 'bwystfil', y 'crafangau braw', y 'malu gwydr ffenestri / Mewn amgueddfa dlos' (yn y gerdd 'Leningrad'), a'r 'ffau anifail gwyllt glwyfedig' (Führerbunker Hitler ym Merlin). Fe dalai i'r bardd ddweud llai, nid mwy: mae egin rhywbeth addawol yn y llinellau am 'droed gam' Stalin yn llywio 'llwybrau tywyll cerddediad' ei wlad ond mae'r cwbl wedi'i gladdu dan bentwr o eiriau ac esboniadau diangen sy'n gogr-droi am bedair llinell ar ddeg.

Man gwyn: Rhieni wedi colli'u mab i gancr yr ymennydd. Mae'r canu syml, ataliol yn cyffwrdd â'r galon gyda'i symudiad araf a'i rythmau di-feth. Gwelwn y bachgen y mae pryder amdano o'r dechrau yn prifio, yn 'llonni a llenwi aelwyd', ac yn mynd rhagddo i'r coleg. 'Y cur pen creulon' wedyn, a'r 'bendro a'r cyfogi. / Ac ofn parhaus y lledu gwyllt'. Llai llwyddiannus yw myfyrdod y pedair cerdd olaf, er bod soned 'Hap' yn gaboledig glasurol: 'Nid oes un wobr, nac enillydd chwaith –/ â'r gêm ymlaen hyd dragwyddoldeb maith.'

Morys: Gŵyr y bardd yma rym huawdl y pethau distadl, domestig wrth lefaru am yr hen wae – rhyfeloedd pell y Malvinas, fel Normandi gynt, ac eto yn Affganistan, am golli tad, a thaid, a mab, a baban. Dyna eu llun 'ger y popty, / mewn fframiau aur smal' lle 'Syllai Nain ar y ddau / sy'n wrol ar y *woodchip*'; a dyna 'chwythu swigod yn yr ardd', neu 'Niwl marmalêd / yn hongian drwy'r tŷ. / Yn ddagrau / o oglau oren', 'Sevilles chwerwfelys Maesincla'.

Pelydr: Cefais fy nrysu gan sawl darn ond roedd fflach o athrylith yma hefyd, yn y gerdd 'iCloud', 'lle nad yw diflannu'n bod', neu yn y gerdd gyntaf, 'Yn y ffrâm', gyda'r 'droed fach noeth' fel 'bol pysgodyn', a 'bysedd siâp sinsir' y fam.

Crwydryn: Mae gormod o ansoddeiriau yma, a'r tempo'n araf a llafurus: os bu antur erioed, wel Fidel a Raoul Castro a Ché Guevara yn hwylio yn y cwch 'Granma' i danio'r Chwyldro yng Nghiwba yn 1956 oedd honno. Ond beth sydd yma? 'Tithau'r teithiwr tramgwyddus,/ sy'n camu o gysur dy gerbyd [!]/ i gymryd dy gamau cyntaf/ ar dywod anwadal dy wladgarwch ... a daw sawl cwymp/ cyn iti ffeindio dy draed'. Mae rhywun yn blino ar yr holl gwestiynau cyhuddgar a deflir at Castro wedyn, a'r awydd i gondemnio, doed a ddêl: 'Rhwng adfeilion dy furiau,/ sy'n frith o rwbel dy freuddwydion ... yn gwywo'n dy gywilydd'.

Rhandir Neb: Ar yr olwg gyntaf, doedd y testun eleni ddim yn rhyw gydnaws â'r Rhyfel Byd Cyntaf ond mae'r bardd hwn wedi darllen ei Wilfred Owen ('geiriau Kodak ei gerdd') a'i Edward Thomas, ei Hedd Wyn a'i Heledd, a'r chwedl Roeg am Promethews a'i afu'n aildyfu bob nos yn fwyd i'r eryr. Tipyn o gybolfa yw'r gerdd 'Wilfred Owen' gyda'i chyfeiriadaeth at y llun 'Gassed' gan John Singer Sargent, 'nod Cain', 'symffoni Wagner', 'Adar Rhiannon', oll yn cystadlu â'r hen eryr rhyfel eto, 'yn golchi ei big o'r gwaed/ fel ysgrifbin yn ei botel inc'; ac mae ôl straen ar ambell gerdd arall hefyd.

Prosach: Mewn ystafell gyda 'walia gwyn digortyn' y mae'r llefarydd, mewn ysbyty meddwl â 'llygaid llonydd yn cadw golwg bob awr'. Mae'n ail-fyw'r ffarwél olaf â'i fam, ac yn sôn am febyd ei dad yn Scotland Street, Llanrwst, gynt. Yn gymar i'r gerdd, y mae llun trawiadol o bum brawd yn sefyll un y tu ôl i'r llall, a 'cyw llwyd ola'r nyth', yn union fel y dywed y mab: 'a'th *hand-mi-down* o dristwch/ yn amlwg ar dy wynab llwm'. Mae'r cerddi'n rhaflo dros y tudalen: 'Ciwio./ Tatws mash a semolina ... amser brecwast,/ heb gysgu dim', a'r iaith, fel y meddwl, yn ymddatod.

Siena: Roedd y diptych hwn yn cyfuno dwy driniaeth fwyaf poblogaidd y gystadleuaeth, sef cancr a thwf baban hirddisgwyliedig yn y groth, a hynny mewn ffordd yr oeddwn i (yn wahanol i'm cydfeirniaid) yn ei chael yn afiach o stroclyd gyda dwy golofn yn cynrychioli profiadau'r ddwy chwaer. Gallwn edmygu deheurwydd y rhythmau: 'Llifai'r llais dros dermau/ Groeg a Lladin y llawylyfrau/ nes cronni'n ddedfryd fain:/ *Six months./ I'm so very sorry. Maybe nine'*. Ond roeddwn yn cael y cyfan yn anghynnil: 'Sut yr oedd hi rhyngom, nawr –/ minnau â blagur yn y bru;/ hithau, fy chwaer, a'r angau'n/ wancus ynddi?'

Tad Gwael: I Wlad y Rwla a Dadi Mochyn yr awn yma gyda chanu afieithus tad ifanc sy'n dathlu'i berthynas gariadus â'i ferch fach. Dechreuodd hi 'yn gusan/ wrth i ddau awdur gwrdd/ a'u hinc ar wefusau/ i greu dy stori' (dyfalwch chi!), ond nid cydawduron cyfartal mohonynt bellach: 'Pwy yw hon nad yw'n poeni/ am ddim ond am belydrau/ haul y fron, yng nghastell/ fy mreichiau'. A oes rhaid inni edmygu ei ddidoreithwch yn y gerdd 'Mwynha dy ddiwrnod', ac yntau'n 'goeden Nadolig/ o gewynnau, dymis a weips'? Wel na. Y gerdd orau i mi yw 'Ar gyfeiliorn', a'r tad ifanc cyfrifol erbyn hyn yn cofio sut y bu ei ben 'yn rhacs / â mwg a chemegau'n / ffatri baranoia i gynhyrchu / cerbyd y llwybr cul', a sut y bu iddo redeg 'drwy strydoedd / budron a dysgu iaith yr isfyd' er mwyn i'r mab 'beidio gorfod gwneud'.

Dic Sion Dafydd?: Heb fod yn amlwg destunol, canodd y cystadleuydd hwn 'fel cân yr aderyn' o'i gangen yn Llundain: 'gwn nad oes angen tir / i deyrnasu'. Cystal lle i ysgrifennu yw'r *Hammersmith and City Line* ag unman arall. Nid yw'n gweld eisiau Caerdydd: 'y bois yn ymbincio, / yn tynnu *t-shirts* rhy dynn / o gwmpas eu cyhyrau *creatine* / … geiriau main sy'n dod / o'u genau bas'. Ac mae'n mynegi ceidwadaeth yr alltud sydd am i'r iaith aros yn ei hunfan fel mam-gu, fel 'craig yr oesoedd' tan ei ymweliad nesaf. Mae'r syniadau'n ddiddorol ond nid y mynegiant.

Dyma'r pum dilyniant a ddaeth i frig fy mhentwr:

Gwesyn: Marwolaeth Seamus Heaney yn Awst 2013 a ysgogodd y dilyniant anghyffredin hwn. Mae cerddi Heaney yn 'tasgu ar dudalennau cof' y bardd. Bu'r *Gwesyn* ifanc wrthi'n copïo cerddi cynnar Heaney ar gardiau, yn 'gyfres o gerrig milltir at siwrnai i ddod', a dyna rybudd inni fod ar ein gwyliadwriaeth fel darllenwyr. Ai 'squat pen' y gerdd enwog 'Digging' yw'r 'llafn ddur bigfain / yn crafu'n araf ar hyd cysgodion y llinellau llwyd'? Ai cysgod 'the delta's reed beds / And cold bright-footed seabirds always wheeling' sy'n symud dros y llygaid wrth wylio o ffenestr y trên '[g] enau'r aber yn llacio'u gafael ar y llanw / a'r pibyddion yn heidio'? 'Roedd hydref i ninnau hefyd / yn ddyddiau mwyara', meddai ar ddechrau'r gerdd 'Ar yr Hewl rhwng Bronwydd a Brechfa', gan wneud cyfeiriad pendant at 'Blackberry Picking' Heaney. Mae'r ffrwyth 'fel gemau drudfawr' ond mae 'slwtsh llwydni' yma hefyd, fel 'fur, / A rat-grey fungus' yng ngherdd Heaney. Yn yr un ffordd, mae 'grifft cynta'r tymor / yn glafoerio hyd ffosydd Cwm Gwili' yn dwyn i gof 'Death of a Naturalist'. Wedi imi benderfynu poeni llai am yr hyn a gloddiwyd yng ngardd Heaney ac am y penglogau yn y fawnog, dechreuais ymlacio ar y daith i Ogledd Iwerddon, heibio i'r "sguboriau o groeso / rhwng y fferi a'r ffin', heibio i'r 'tanc swrth, a swatiai fel scarab blin', draw i 'bentiroedd distaw Donegal' a'u 'bryniau'n codi'u hysgwyddau mewn anobaith', a'r 'tir main, a'r bobl arno, / yn drwch gewin rhwng dau ehangder maith'. Hoffais y darlun o Heaney'n creu ei 'erw fechan o eiriau, / bob yn dipyn, fesul cyfrol', 'gwerth deunaw haf o dalar'; a'r gerdd am y neges destun olaf, 'Noli timere'. 'Y papur yn gaeau' sy'n parhau'r ddelwedd gynhaliol hyd y diwedd, a'r 'bysedd yn igam-ogamu / nes tyfu tirweddau o'r newydd ar draws yr erwau hyn'. Tystia'r cerddi hyn i afael llenyddiaeth arnom, a'r ffordd y gall geiriau megis o hirbell drydanu ein ffordd o weld ein cynefin a'n pobl ninnau.

Y Capten Bach: Twf y Gymru Newydd, a'i Senedd yn enwedig – y 'babi bach/ A fu mor hwyr yn dod ... ers dyddiau siom erthyliad '79' – yw pwnc y dilyniant hwn. Does dim byd annisgwyl o newydd yn y driniaeth: 'Nid o degwch grug y bryniau' y ganed Bae Caerdydd ond 'o'r glafoer a'r llysnafedd'. Cofir am y ffilm *Tiger Bay*, Joe Erskine, Billy Boston, a swn y sianti sy'n ei 'suo'n dawel draw i gwsg y Caribî'. Ond y rafins sydd ar gerdded yma bob nos Wener: 'Dewch, ferched bach y Rhondda', meddai'r bardd o ael ei falconi yng Ngwesty Dewi Sant, i 'wasgu'ch cyrff/ I limos pinc a ffrogiau papur crêp'. Geiriau Guto'r Glyn yn gofyn i Risart Cyffin am lwyth o deils i'w do sydd 'ar femrwn aur' ei gof wedyn, yn cwffio am sylw rhwng *Dirty Dancing*, ac 'Mae Gan Brydain Dalent/ Sy'n ymestyn deirgwaith hyd at Sainsbury's/ Mewn gwynt a glaw a gobaith mul'. Dim ond cylchu o gwmpas posibiliadau'r Gyfnewidfa Lo, a 'pris yr anthraseit' a wneir yma, a cherdd arall sy'n cloffi wrth fynd yn ei blaen yw 'Adeilad y Pierhead' a'i 'gloriau teracota' fel rhyw Lyfr Coch Hergest. Ond 'pan fo Caerdydd yn disgwyl tacsi yn y glaw' wedi'r gwydrau 'Stag neu G'wennod', mae'r pentre glofaol yn y gorllewin fel hen wraig y mae 'ei phlant yn cefnu arni yn ei gwaeledd olaf' a'r genhedlaeth hŷn yn 'ildio/ ... / I garco'r plentyn newydd yn y bae'. A fydd hwnnw'n cerdded yn 'dalog i'r dyfodol' a thorri ei gwys ei hun' ynteu'n 'claddu'r fam yn y gorllewin/ A ddaeth â thi i'r byd'? Er imi fwynhau'r dilyniant ar ei hyd, a'i gael yn hawdd mynd ato a'i ddeall, doedd dim gweledigaeth newydd yma na haenau dyfnach o ystyr yn dod i'r golwg wrth ddarllen am yr ail a'r drydedd waith.

Golygfa 10: Cydiodd y gwaith eithriadol hwn ynof o'r dechrau'n deg. Mae'r teitl cyntaf, 'Fy Un Twyll', o farwnad Lewys Glyn Cothi i'w fab Siôn, yn cynnau'r ffiws: 'ydi hi'n deg/ geni hwn yn un o bobl sy'n diflannu?'. Teganau, efallai, fydd 'geiriau nobl ein parhad' pan fydd y plentyn yn 'driblo cerddi yn Sycharth/ heb ddallt ei fod yn fwy na bryncyn glas', 'bildio wal â'r Bruce a'r *Oxford Book*'; oferedd fydd 'codi caer yn Ninas Dinlle' a 'rhedeg ras â llanw ynys Llanddwyn' ac eto, 'o ddarnau Lego'n gweddillion ni' mae gobaith adeiladu tŷ. Twf yr adeilad hwnnw – tŷ ar y tywod, efallai – yw pwnc y dilyniant ar ei hyd wrth holi a fydd ein perthynas arwynebol â llên a hanes ein gwlad yn ddigon i'w gynnal ynteu a oes angen inni greu o'r newydd, codi estyniad modern? Adlais o farwnad Gruffudd ab yr Ynad Coch, un arall o ddeg uchaf ein llên, sy'n dechrau'r gerdd 'Llanw' am y noson pan 'anghofiodd y môr/ ei le', pan 'neidiodd y rhyferthwy'n/ gynddaredd hallt i fyny sgertiau'r dre'. 'Pan soniem am y llif yn merwino'r wlad/ ... / doedden ni ddim o ddifri: chwarae/ â thywod delweddau'r oeddem ... / tra oedd y dŵr yn brochi'n saff/ y tu ôl i forglawdd metaffor'. Annelwig oedd ein pryderon, ac 'ofn y dileu'n troelli'n wymonllyd yng nghantrefi/ gwaelod un ein dychymyg'. Parodd y ddwy gerdd hyn imi ddal f'anadl, a phob un o'r lleill hefyd. Pam? Yn gyntaf, mae'r bardd yn chwarae mig â'n tipyn gwybodaeth dosbarth canol, yn gadael inni 'nodi ar feirdd, dwstio Hanes Cymru' a meddwl ein bod yn sbotio'r bron-â-bod-yn-gynganeddion damweiniol (Dylan a Dafydd a'u gwelodd, nid 'yfi) a'r llawysgrif a luchiwyd i wardrob; mae'n ein gwahodd i werthfawrogi 'yn theatrig-ddeallus' gyda chynulleidfa *Blodeuwedd* yn Nhomen y Mur pam y mae 'ochr y waun yn dragwyddol Chesterfield' a 'chancar ym mynwes y tir'. Yn ail, mae'r iaith yn gyfoes naturiol. 'Ni bia'r awyr' o hyd, y 'trydar diarbed'; 'hegar' sy'n briodol, felly, nid 'egr', 'sbïa nhw', 'gwatsia gredu bod hyn yn bownd o ddigwydd', 'ddim cweit yn gweithio', 'stici gan oglau chwys', 'Dydy'n telynorion ni/ ddim yn dueddol o gwffio mewn pybs' [fel Siôn Eos Dafydd ab Edmwnd gynt]; ac felly dyw'r clyfrwch amlwg ddim yn codi gwrychyn. *Champion*. Mae ef, fel ninnau, 'yn dawnsio i Bryn Fôn mewn ffordd eironig', yn 'picio i Gaer' i gael tán, a phrynu 'swper chwarel Tesco Finest' (+ ystyr gudd *chwarel*, amrywiad ar 'cwarel' yn cyfeirio at 'baen y seloffen', iefe?). Yn drydydd, mae amrywiaeth naws a thôn a lleoliad megis tawelwch amheuthun 'Yng Nghlochdai Bangor' (cyfeiriad at frad 1282) a'r amheuon yn cyniwair ar yr union adeg pan oedd 'y tŷ'n llys a sôn am ehangu'; neu'r gerdd ddirdynnol am John Bwlch-llan, un o'r dynion 'llwyd fel ffenestri arosfannau bws': 'pe bai gan un o'r rhain/ hanes gwlad yn gyflawn yn ei ben/ a thŷ tu hwnt i'r ddinas lle mae'r awyr yn lanach:/ sylwet ti?' Yn bedwerydd, fel y mae'r ddau ddyfyniad olaf hyn yn ei ddangos, mae'r dilyniant yn un siambr atsain fawr a phob cerdd ar ei hennill yn arw o fod yng nghwmni'r lleill: mae tonnau newydd o ystyr yn cael eu rhyddhau wrth ddarllen ac ailddarllen.

Asoch: Cyfanwaith go iawn sy'n canu'n ffres ac yn gyfoes am lanw a thrai ffydd a bod yn rhiant. Er bod cwpl o fân frychau iaith ('Pe allwn fagu'r haul') ac ambell fan anodd, cefais y canu'n ysgytwol o gelfydd. Ar y traeth, 'Gwyliwn/ yn deulu o gadeiriau llonydd./ Mam-gu,/ a'i thraed yn nhywod ei gorffennol/ a'i modrwy briodas yn ddwfn yn ei bys'. Sut mae dweud wrth blentyn fod pobl, fel y sêr 'o'r eiliad y cânt eu creu/ yn gorfod/ dod i ben ...'? Sut mae casglu ynghyd ddarnau gwydr 'ffenestri'r meddwl'? Dim ond ar yr ail ddarlleniad y gafaelais yn y gerdd 'Beth yw mesur glas y nen' a'r cymedr euraid, 'yr 1.618/ yn hawlio corneli dy ben/ wrth iti fesur pob sgwâr a hirsgwar'; y plentyn wedyn yn mynd ati i dynnu llun o'r fam 'i ddangos ei fod Ef ynof innau hefyd': 'Ond aeth fy mhen yn rhy fach/ i'm gwên'. Mae'r canu'n symud o bromenâd Porthcawl i Disneyland, o luwchfeydd eira i dwyni tywod 'a chicio'r machlud o un i'r llall', o'r 'hen festri boeth gan lwch' i hoe yn 'llonyddwch marmor di-blant' Monreale yn Sisili: 'Teg edrych/ a gweld eisiau' – dyma un enghraifft o blith nifer lle mae'r galon yn colli curiad.

Grogyn: Mam-gu yw'r llais annwyl yma, un sy'n gweld, gyda Rilke, y 'byw drachefn' yn y brigau, a'i merch bellach yn fam i ferch ei hun. 'Rwy'n gwrando ar ei hanes,/ a llais y lleiaf yn eco/ yn y cefndir'. Gwrando 'hyd yn oed ar y seibiau,/ gan dderbyn yn ddistaw/ mai myfi erbyn hyn,/ yw'r eco'. Daw lluwch o atgofion yn y gegin gyda'r blawd a'r burum a'r siwgr eisin, tra bo delweddau'r siôl fagu, 'mwswg a charlwm' cadachau tynn mamau gwlad y Lap, a'r pashmina 'yn perarogli/ o sawrau bergamot a'i orennau gwyllt' hefyd yn fodd i fyfyrio ar ofal mamau sawl cenhedlaeth a chyfandir. Hoffais y gerdd amdani wrth y llyw dan gyfarwyddyd y Tom-tom – 'pwy yw ef i'm cywiro i?' – a'r llais main yn y cefn, 'Ife'r môr sy' o'n bla'n ni, mam-gu?' gyda geiriau 'Twmi' Nantlais wedyn i gloi, 'Rhyw deid yn dod miwn a theid yn mynd ma's'. Mae rhywbeth o ysbryd 'When I am Old I Shall Wear Purple', Jenny Joseph, ar y gerdd 'Esgynfa ddur', a'r rhyddhad wrth godi'r Prosecco 'ar gynnig', a 'rhoi'r fasged ddur/ yn dwt yn ei chorlan', fod 'dyddiau'r ceryddu ar ben'.

Y Meddwl Annibynnol: Dyma lais mwyaf hyderus y gystadleuaeth ar un olwg, ac yn sicr yr un doniolaf, fel pe bai Ogden Nash, Roald Dahl, Gwyn Thomas a Gwyneth Lewis wedi dod ynghyd am y prynhawn. Rydym yn y sw yn darllen alegori. Mae'r trigolion i gyd wedi esblygu yn eu ffyrdd gwahanol: mae'n ffaith fel y dywed 'yr ofarôls' o geidwad, fod 'mwy na thri chwarter holl anifeiliaid y byd/ heb asgwrn cefn,/ ac y maen nhw i'w cael ym mhob man'. Mae'r swricat 'yn sganio'r pellteroedd,/ yn fregus, ar bigau o wyliadwrus,/ am elynion': hyd yn oed yn ei '[b]wll-tywod-gwneud' nid yw 'wedi anghofio/ beth ydi cyfrifoldeb perthyn'. Ymlaen heibio i'r aligator a'i 'wên sefydlog' a'i 'siaced o liw sleim' i ryfeddu at y morlo'n breuddwydio, yn yr egwyl rhwng ei berfformiadau, am 'taid yng Nghaliffornia/ yn gorfod codi'n y boreau/ i hela pysgod, sgwid ac octopws'. Ni fydd hwn yn llwgu ac yntau'n cael ei fwydo 'o'r bwced gyhoeddus'. Y camel wedyn, 'yn garafán o urddas' ond yn 'gwybod o hyd/ sut, a phryd,/ i boeri hefyd.' A'r gerdd fwyaf crafog i gyd, 'Wedi mynd', lle mae arwydd dwyieithog yn cyhoeddi un ar bymtheg o resymau – 'y cof rhy hir', 'y cachu trwm', 'yr ofn llygodlawn' a'r 'hiraeth diddiwedd' – pam nad oes 'yn sw y pethau prin,/ le i eliffantod mwy'.

I mi, roedd *Y Meddwl Annibynnol* a *Golygfa 10* mewn cae gwahanol i'r lleill. Ac er fy mod yn ffoli ar wreiddioldeb ac asbri *Y Meddwl Annibynnol*, dyfnder a dawn eithriadol *Golygfa 10* sydd yn gosod y dilyniant hwnnw gryn bellter ar y blaen eto.

Ymgeisiodd 32. Mae nifer o'r rhain wedi cael eu siomi cyn hyn, mae'n debyg, a hynny, yn achos y mwyafrif ohonynt, yn gwbl haeddiannol. Nid oes modd deall sut mae rhai mor anystyriol o'r syniad y gall beirniaid y gystadleuaeth hon ddisgwyl rhyw fath o safon. Ond dyna fo, clwy' *Britain's Got Talent*, mae'n siŵr.

Gofynnwyd am 10 cerdd eleni. Yn bersonol, 'alla i ddim gweld unrhyw reswm na gwerth yn hynny o beth. Os gwelwch yn dda, peidiwch â gosod unrhyw hualau ychwanegol diangen fel hyn ar y cystadleuwyr. Mae nodi 10 cerdd yn gwbl artiffisial.

Yn gyffredinol, yr un yw'r cwynion eleni eto. Mae'r diffyg menter o ran mynegiant ac arddull mor siomedig a rhwystredig. Mae'r hen arddull bryddestlyd yn mynnu glynu fel gelen wrth y gystadleuaeth hon, a does dim digon o newydd-deb yn perthyn i'r canu. Ar y cyfan, hefyd, prin iawn yw'r hiwmor. Yn rhyfeddol, fodd bynnag, fe gefais fy mhlesio'n llwyr yn hynny o beth wrth inni ddod at y brig. Ac mae'r goreuon, eleni eto, yn ddigon o ryfeddod.

Dosbarth y rhai sy'n methu cyfri'

Tan y Graig: Dilyniant taclus, ychydig yn hen ffasiwn ei arddull, yw hwn, er cof am berson a dreuliodd ei oes wrth odre'r Berwyn. Mae yma gerddi odledig a sonedau hefyd, rhywbeth prin iawn yn y gystadleuaeth hon eleni. Ond mae yma bymtheg cerdd! Roedd canu'r cerddi hyn yn bwysicach i'r bardd na chystadleuaeth. Diolch am hynny.

Y trydydd dosbarth

Felinfran: Rhyw ymgais i athronyddu a holi yw'r dilyniant hwn. Gwaetha'r modd, prin iawn yw'r farddoniaeth ac mae'r mynegiant, y gystrawen a'r ramadeg yn feichus a gwallus – e.e. 'Rhyfedd yw bod cancr ond ar adegau'n carlamu bant'. Digon diawen yw teitlau rhai o'r cerddi hefyd, fel yn achos y seithfed gerdd: 'Tyfiant ariannol a'i berygl'. Gocheler, bob amser, rhag llunio llinellau fel: 'Tyfu trist, trist dyfiant, o mor drist'. Ar hyn o bryd, nid yw'r adnoddau ieithyddol nac awenyddol gan yr ymgeisydd hwn.

Mabon: Dilyniant hoffus o gerddi yn seiliedig ar blentyndod yn y gogledd-ddwyrain. Yn fwyaf arbennig, ceir portread o berthynas agos y bardd â'i löwr o dad. Y mae'r dilyniant yn awgrymu mai rhywun a ddysgodd y Gymraeg yw'r bardd ac, yn anffodus, mae gwallau iaith a gramadeg niferus iawn yma sy'n tarfu ar y cerddi.

Allt Wen: Nid oes amau diffuantrwydd yr ymgeisydd hwn. Dilyniant o gerddi sy'n cyfeirio at droeon yr yrfa, at brifio a thyfu ac at y colledion hynny sy'n dod i ran pawb ohonom. Ond, ni lwyddodd y tro hwn i droi'r cyfan yn farddoniaeth. Cyfansoddodd ormod o lawer o linellau llipa, llac fel y rhain wrth sôn am yr Aifft: 'Profiad, nid pleser yw'r darlun yn y cof,/ profiad ysgytwol,/ o filoedd yn dlawd, yn gaeth i grefydd/ nas gwyddwn ddim amdano'.

Coetmor: Prin yw'r farddoniaeth yn y dilyniant hwn, er bod rhywun yn ymwybodol o angerdd y bardd. Y tu ôl i'r cyfan, mae'r berthynas rhwng taid a nain â'u hwyrion a'u hwyresau ond mae cynllun y dilyniant yn llac a'r cyfan yn tueddu at fod yn rhyddieithol.

Hisht: Dyma bregethwr y gystadleuaeth. Neu'r rantiwr, efallai! Cyfres o gerddi sy'n ein colbio am gyflwr crefydd a chyflwr y byd. Bocs sebon nid cystadleuaeth y Goron yw'r llwyfan gorau i'r ymgeisydd hwn ar hyn o bryd. Mae'n gwbl ddidwyll, mae'n siŵr, ond nid yw didwylledd ar ei ben ei hun yn creu barddoniaeth o fath yn y byd.

27+: Gwaetha'r modd, dyma un arall nad yw'n meddu ar yr adnoddau angenrheidiol i greu dilyniant o gerddi ar hyn o bryd. Ei destun yw rhyfel ac ideoleg. Dyma enghraifft o'r canu wrth iddo drafod y Rhyfel Mawr yn Ffrainc: 'Drewdod eu marwolaeth/ Yn staenio'r tudalennau/ Rhwng cloriau'r beiblyn newydd.'

Yr ail ddosbarth

Gan fod cynifer yn y dosbarth hwn, nid oes ymgais i'w gosod mewn unrhyw drefn teilyngdod.

Sappho: Llais merch sydd yma yn nodi rhai digwyddiadau a theimladau ac emosiynau a ddaeth i'w rhan wrth iddi dyfu. Yr hyn sy'n nodweddu'r pethau hyn ym mhlentyndod pawb yw rhyfeddod, a'r rhyfeddod hwnnw, neu'r rhyfeddu hwnnw, sydd ar goll yn y dilyniant hwn. Y mae'r cyfan yn gymen a glân ond prin eithriadol yw'r fflachiadau yn y cerddi sy'n ein symud oddi wrth y tir gwastad. Y mae rhywun yn disgwyl rhyw gymaint o 'sterics' gan ferched ifanc ar adegau ond, ar y cyfan, ni chafwyd dim o hynny yn y cerddi hyn, er gwaetha'r gerdd 'Rhedeg' sy'n gorffen fel hyn: 'Nid wyf am wrando ar y lleisiau/ sydd yn rhwystro i mi godi/ fel Icarws tua'r haul,/ rhag ofn i'r haul ddiflannu'.

Rhys: Defnyddir taith Afon Teifi i ddilyn troeon yr yrfa yma. Nid yw hynny'n beth newydd, wrth gwrs, a does dim byd newydd iawn yn y defnydd a wneir o'r ddyfais yn y dilyniant hwn. Ond mae'r bardd yn gallu cyflwyno darluniau a chreu awyrgylch digon byw. Nid wyf yn hoffi pethau fel: 'A'r holl ramant bell/ Yn denu'r acenion dieithr/ Sy'n plannu Macdonalds a Coca-Cola/ Yn forderi/ I lwybrau ein cyfnod'. Gellir cyhuddo'r bardd o ganu yn arddull pryddestau'r '70au a'r '80au ond mae ganddo afael sicr ar grefft a mwynheais ddarllen ei gerddi.

Un wedi gorffen prifio: Dyma ddilyniant cymen o gerddi sy'n nodi'r elfennau hynny sydd wedi dylanwadu ar y bardd drwy gydol ei oes – magwraeth, crefydd (i raddau), dysg a llenyddiaeth, a serch, a nodi rhai. Nid yw pob cerdd cystal â'i gilydd. Gwaetha'r modd, mae'r gerdd olaf, 'Ildio', yn anghynnil ac yn glo siomedig i'r dilyniant. Yn y gerdd 'Calon', mae'r bardd yn dychwelyd at goeden lle gadawodd unwaith ei farc yn nhwymyn serch ond o ddychwelyd yno, siom oedd yn ei aros a siomedig yw'r dweud: 'Seithug fu fy siwrnai./ Roedd Amser [*sic*] wedi erydu'r nod/ ysgythrais gynt/ pan oedd ein dyddiau ni ein tri yn las.' Fel yn achos llawer iawn o feirdd eraill y gystadleuaeth, teimlaf fod y bardd hwn wedi'i ffrwyno'i hun yn ormodol.

Llamhidydd: Pan oedd Gerallt Lloyd Owen yn Feuryn, byddai'n dweud o bryd i'w gilydd fod 'na ormod o eiriau mewn ambell gerdd. Dyna fy nheimlad i yma. Hanes magu plentyn hyd at yr amser y bydd yn rhaid gollwng gafael sydd yn y dilyniant hwn. Ond mae yma gerddi – 'Helfa fore' a 'Gwagio silffoedd' yn eu plith – sydd yn llawer iawn rhy hir o ystyried yr hyn sy'n cael ei ddweud. Hynny yw, nid yw'r cynnwys neu'r sylwedd yn cyfiawnhau'r ymdriniaeth estynedig. Wedi dweud hynny, teimlaf fod yma ddawn ond bod angen cynildeb ac ymarfer ar y ddawn honno.

Y Capten Bach: Y mae llais rhywun profiadol yn y fan hon, rhywun a all lunio cerddi unigol a saernïo dilyniant. Mae'r cyfan yn dechrau gyda refferendwm '97, ac mae cyfres o gerddi'n dilyn sy'n dadlau'n bennaf mai hanes diwydiannol Cymru a arweiniodd yn y pen draw at lwyddiant y refferendwm hwnnw: 'Nid o degwch grug y bryniau/ Ond o'r glafoer a'r llysnafedd'. Mae'r disgrifiadau a gawn ganddo o Tiger Bay yn ogleisiol. Ond mae'r arddull, a'r wers rydd saff, braidd yn dreuliedig.

Bro Deulyn: Dilyniant o gerddi sy'n ymwneud â salwch plentyn. Mae'n agor ar Ynys Llanddwyn, sy'n rhyw fath o *leitmotif* i'r casgliad i gyd. Yna daw'r gwaelu cyntaf, sy'n arwain at driniaethau yn yr ysbyty a thrawsblaniad aflwyddiannus, sy'n golygu fod y dilyniant yn dod i ben mewn ansicrwydd a gofid mawr. 'Wn i ddim ai gwir yr hanes ond, os ydyw, efallai fod y testun wedi bod yn rhy anodd ei grisialu'n gwbl lwyddiannus yn y cerddi hyn a bod emosiwn wedi bod yn drech ar y gynneddf lenyddol.

Y Garreg Lwyd: Dilyniant sy'n marwnadu ffordd o fyw pan oedd Cwm Gwendraeth yn fwrlwm a'r pyllau glo ar agor. Dyma enghraifft arall o gerddi'n drymlwythog gan eiriau ac ansoddeiriau. Unwaith yn rhagor, dyma ymgais ddidwyll ond mae'n rhyddieithol yn aml. Mae'n gymysglyd ar brydiau hefyd: 'Crynhoi/ yn yr isymwybod/ fel hedyn mwstard yn barod i ffrwydro/ nes dal yr eryr anweledig yn ei breichiau'. Mae'n dathlu cyfnod yn yr ugeinfed ganrif ond yng nghystadleuaeth y Goron eleni dylid bod wedi ceisio gwneud hynny fel rhywun sy'n ysgrifennu yn ail ddegawd y ganrif hon.

Man gwyn: Stori drist arall am blentyn (myfyriwr yn Aberystwyth) yn cael ei daro'n ddifrifol wael. Mae'r cerddi agoriadol yn cofio'n ôl i'r adeg pan oedd yn iau ac yn prifio ac mae'r dilyniant hwn eto'n gorffen mewn ansicrwydd am y dyfodol. Mae'r bardd yn sicr yn meddu'r ddawn i adrodd stori ond nid oes dim syfrdanol yn y mynegiant. Tybed a yw'r dilyniant hwn hefyd yn enghraifft o geisio ymgodymu â thalp o brofiad sydd y tu hwnt i'w droi yn ddarn o lenyddiaeth – hyd yn hyn?

Morys: Dyma ddilyniant diddorol sy'n trafod un genhedlaeth ar ôl y llall mewn rhai teuluoedd yn ymuno â'r fyddin, yn cael eu hel i wledydd pell i ymladd ac, yn aml, i gael eu lladd. Mae deunydd bardd effeithiol yma dim ond iddo lwyddo i dynhau pethau ymhellach. Mae 'na bethau da yn y casgliad ond mae pethau nad ydynt cystal hefyd. Rhaid cael cysondeb. Hoffais yn arbennig y gerdd 'Tŷ Nain, Caernarfon 1986', lle mae'r ŵyr yn cadw cwmni i'w nain yn ei hiraeth wrth iddi wneud marmalêd: 'niwl marmalêd/ yn hongian drwy'r tŷ/ yn ddagrau/o oglau oren'. Byddai'r dilyniant ar ei ennill gyda rhagor o linellau fel: 'Chwerwfelys yw Sevilles Maesincla'.

Crwydryn: Mae lleoliadau egsotig yn nilyniant y cystadleuydd hwn, sef Canol a De America. Mae'r gerdd gyntaf yn cyfeirio at enedigaeth bachgen ar balmant yn Santiago de Cuba ym 1953, adeg dechrau'r chwyldro yng Nghiwba. Hanes y chwyldro, i bob pwrpas, sy'n dilyn. Mae'r bardd yn mynegi siom mewn llawer o'r hyn a ddilynodd y chwyldro. Gwaetha'r modd, mae'r mynegiant yn bedestraidd ac yn fwy fyth felly o gofio testun y dilyniant ac, yn hynny o beth, fe siomwyd y darllenydd hwn. Mae gormod o ddarnau rhyddieithol yma hefyd.

Prosach: Nid oes diffyg uchelgais yma ac, yn sicr, mae adlais o waith Aled Jones Williams yn y dilyniant gwahanol hwn. Yn ogystal â'r cerddi eu hunain, y mae yma ddau lun a bocs – neu ffrâm wag. Y mae'n ddilyniant am deulu ac am salwch. Rwy'n gwerthfawrogi'r ymdrech i greu rhywbeth gwahanol, gwreiddiol ond, yn fy marn i, ni fu'r bardd yn llwyddiannus y tro hwn. Nid yw'r iaith na'r mynegiant yn llwyddo i gyffroi nac argyhoeddi'n llwyr.

Enillwyr Prif Wobrau
Eisteddfod Genedlaethol Cymru
Sir Gâr, 2014

Dyma gyfle i ddod i adnabod
enillwyr gwobrau mawr
yr Eisteddfod

Cyflwynir Cadair Eisteddfod Sir Gâr gan yr Athro Stuart Cole, er cof am ei fam a'i dad, David a Gwennie Cole. Gwnaethpwyd y Gadair gan y crefftwr lleol, Robert Hopkins, a ddywedodd ei bod wedi'i gwneud 'o goedyn ywen o ardal Llandysul a gwlân o Lanfihangel yr Arth ger Pencader' gyda'r bwriad o ddangos 'nodweddion y sir, yr arfordir, y bryniau, y tirwedd, a nodweddion eraill fel y rygbi a'r Scarlets, a'r 'corols' ys dywed trigolion Sir Gâr'.

CERI WYN JONES
ENILLYDD Y GADAIR

Brodor o Aberteifi yw Ceri Wyn Jones, ond mae ganddo gysylltiadau agos iawn â chartre'r Brifwyl eleni. Yn Llanelli y priododd ei rieni, Dafydd a Helen, a hynny yng nghapel Tabernacl, lle'r oedd taid Ceri, y Parchedig R. Gwynedd Jones, yn weinidog, a'i dad-cu, Hubert Thomas, yn ysgrifennydd. Yno hefyd roedd ei nain, Eleanor a'i nan, Peggy, yn aelodau amlwg. A diolch i'r cysylltiad teuluol agos hwnnw, mae Ceri yn para'n gefnogwr brwd o dîm rygbi'r Scarlets!

Tynnwyd y llun gan Emyr Rhys Williams, Aber-porth

Ond mae'r awdl eleni yn Aberteifi o'i chorun i'w sawdl, wrth i'r bardd geisio rhyw loches lle y caiff ddarganfod a diogelu ei Aberteifi bersonol ef, a hynny yng nghanol holl gymhlethdod cymdeithasol a diwylliannol y dre hanesyddol hon heddiw. Mae'r awdl hefyd yn deyrnged anuniongyrchol i'r sawl a weithiodd mor ddiflino i adfer Castell Aberteifi, cartref ysbrydol yr Eisteddfod Genedlaethol.

Enillodd Ceri y Gadair yn Eisteddfod Genedlaethol Meirion a'r Cyffiniau ym 1997, a'r Goron pan ddychwelodd yr Eisteddfod Genedlaethol i'r Bala yn 2009. Cyrhaeddodd ei gyfrol *Dauwynebog* y rhestr fer o dri ar gyfer gwobr Llyfr y Flwyddyn yn 2008, ac mae ei gerddi'n destunau gosod ar gyfer cyrsiau Lefel A a Gradd. Bu'n Fardd Plant Cymru ac er 2012 ef yw Meuryn cyfres radio *Y Talwrn*.

Mae'n gweithio rhan o'i amser yn olygydd llyfrau i Wasg Gomer, a'r gweddill fel awdur a darlledwr ar ei liwt ei hun. Mae'n briod â Catrin ac mae ganddynt dri phlentyn, Gruffudd, Ifan a Gwilym

Cyngor Sir Gâr sy'n cyflwyno Coron yr Eisteddfod eleni. Cynlluniwyd a gwnaed y Goron gan yr artist lleol, Angharad Pearce Jones, a eglurodd: 'Mae'r cynllun ar ffurf coeden, sy'n tyfu o'r tu blaen tuag at y cefn. Daeth yr ysbrydoliaeth o hanes coeden Myrddin, o ble mae tref a Sir Caerfyrddin wedi cael eu henwau'.

GUTO DAFYDD
ENILLYDD Y GORON

Daw Guto'n wreiddiol o Drefor ond mae bellach yn byw ym Mhwllheli gyda Lisa'i wraig. Ar ôl mynd i Ysgol yr Eifl, Ysgol Glan-y-Môr a Choleg Meirion-Dwyfor, graddiodd yn y Gymraeg ym Mhrifysgol Bangor, lle cwblhaodd draethawd hir ar waith Wiliam Owen Roberts ac Iwan Llwyd. Erbyn hyn, mae'n gweithio i Wasanaeth Ymchwil a Dadansoddeg Cyngor Gwynedd. Mae arno ddyled i'w deulu (a chyda llaw, daw ei fam yn wreiddiol o Bencader, Sir Gâr) ac i athrawon a llu o'i gyfeillion am ei gefnogi a'i ysbrydoli.

Bu'n cystadlu mewn eisteddfodau mawr a bach ers blynyddoedd, gan lwyddo i lenwi dresel ei Nain ag ambell dlws a Chadair. Enillodd Goron Eisteddfod yr Urdd Sir Benfro 2013, ar ôl cael sawl siom, a daeth yn agos at frig y gystadleuaeth hon yn Ninbych y llynedd. Ac yntau'n 24 mlwydd oed, ef yw un o'r beirdd ieuengaf erioed i ennill y Goron.

Mae'n drydarwr brwd, yn aelod o dîm Talwrn y Tywysogion a thîm ymryson Caernarfon, ac yn mwynhau darllen, darlithio ac adolygu. Mae'n un o golofnwyr *Y Glec*, ac yn cyfrannu'n rheolaidd i *Barn, Barddas, Tu Chwith* a chyhoeddiadau eraill. Mae *Jac*, ei nofel dditectif gyffrous i bobl ifanc, newydd ei chyhoeddi gan y Lolfa, a chyhoeddir ei gyfrol gyntaf o farddoniaeth gan Gyhoeddiadau Barddas yng ngwanwyn 2015.

Pan nad yw'n llenydda, mae'n hoffi bwyta, loncian, mynd gyda ffrindiau i *gigs*, a diogi.

LLEUCU ROBERTS
ENILLYDD GWOBR GOFFA DANIEL OWEN
A HEFYD
ENILLYDD Y FEDAL RYDDIAITH

Magwyd Lleucu Roberts yn ardal Bow Street, Ceredigion, ond mae hi wedi bod yn byw yn Rhostryfan, ger Caernarfon, ers dros ddwy flynedd ar hugain. Mae'n briod â Pod, ac mae ganddyn nhw bedwar o blant, Gruffudd, Ffraid, Saran a Gwern. Cafodd ei haddysg yn Ysgol Rhydypennau, Ysgol Penweddig, a Choleg Prifysgol Cymru Aberystwyth lle graddiodd yn y Gymraeg, ac ennill gradd doethur yn 1989 am ei gwaith ar 'Y Saith Pechod Marwol yng Nghanu Beirdd yr Uchelwyr'. Enillodd Gadair Eisteddfod Genedlaethol yr Urdd ym Mhwllheli ym 1982 tra oedd yn yr ysgol.

Tynnwyd y llun gan Geraint Thomas

Bu'n gweithio fel golygydd yng Ngwasg y Lolfa cyn troi ei llaw at ysgrifennu a sgriptio cyfresi teledu a radio. Bellach, mae'n awdur ac yn gyfieithydd amser llawn. Cyhoeddodd chwe nofel i oedolion a phum nofel i blant ac oedolion ifanc. Enillodd wobr Tir na-n-Og ddwywaith.

Mae'n disgrifio'r broses o ysgrifennu *Rhwng Edafedd*, a enillodd iddi Wobr Daniel Owen eleni, fel un organig iawn. Bu'n gweithio ar sawl fersiwn o'r nofel dros rai blynyddoedd – ond y llynedd, bwriodd iddi i'w hailysgrifennu o'r dechrau. Mae'n dweud am y broses ysgrifennu fod y darnau, weithiau, yn disgyn i'w lle yn weddol sydyn, ond dro arall, mae'n rhaid i amser wneud ei waith.

Tyfu o un stori a wnaeth *Saith Oes Efa*, cyfrol y Fedal Ryddiaith eleni, ymgais i ysgrifennu monolog ar gyfer y radio, na ddaeth o hyd i adenydd. Ond wedyn, daeth y syniad o gyfrol o straeon am Efa Cymru yn ei holl amrywiaeth hardd, ac nid oedd pall ar y ffynnon syniadau. Mae'n dweud mai'r gyfrol hon yw'r gwaith y mae hi wedi mwynhau ei greu fwyaf o bopeth a ysgrifennodd.

Mae ei diolch yn ddi-ben-draw i bawb sydd wedi cefnogi ei gyrfa fel awdur, gan gynnwys staff gwych y Lolfa, a'i chyn-athro Cymraeg, Alun Jones, sydd wedi golygu sawl un o'i nofelau.

DEWI WYN WILLIAMS
ENILLYDD Y FEDAL DDRAMA

Ganed Dewi ym Mhenysarn, Sir Fón, a'i fagu ar fferm Glanrafon ym mhlwyf Llaneilian. Mae'n fab i'r diweddar actor Glyn Williams (Glyn Pensarn) a'i wraig Kitty. Cafodd ei addysg gynnar yn Ysgol Gynradd Penysarn ac wedyn yn Ysgol Uwchradd Syr Thomas Jones, Amlwch, lle'r oedd yn Brif Ddisgybl. Mynychodd Goleg y Brifysgol, Bangor, gan raddio gydag Anrhydedd mewn Cymraeg a Drama. Yn 1980, ymunodd â'r BBC fel is-reolwr llawr cyn cael ei ddyrchafu'n fuan i'r Adran Sgriptiau dan arweiniad Gwenlyn Parry – yn un o'r *'mwyar duon'*, chwedl Gwenlyn – pob un yn *'hand-picked'*! Bu'n

gweithio'n bennaf ar y gyfres 'Pobol y Cwm', yn ystod y cyfnod pan ddatblygodd y gyfres i'r hyn ydyw heddiw. Ar ôl un mlynedd ar bymtheg, ac yntau'n Bennaeth yr Adran Sgriptiau, ymunodd ag S4C yn 1996 fel Golygydd ac Ymgynghorydd Sgriptiau. Gadawodd ddwy flynedd yn ôl ac mae bellach yn awdur llawn amser. Mae Dewi wedi ysgrifennu nifer fawr o benodau 'Pobol y Cwm' yn ogystal á dramáu megis 'Marathon' (y ddrama sengl gyntaf ar S4C) – a'r ffilm 'Lois'. Mae ei waith llwyfan yn cynnwys 'Rhyw Ddyn a Rhyw Ddynes', drama fuddugol Medal Ddrama'r Urdd yn 1981; y ddrama hir 'Leni', a 'Difa' (a ddaeth yn ail yn y gystadleuaeth hon y llynedd ac sy'n cael ei chynhyrchu gan Gwmni Bara Caws y flwyddyn nesaf).

Mae'n aelod o sawl rheithgor Drama rhyngwladol. Eleni bu ar reithgor yr Emmys yn Efrog Newydd (am y seithfed tro) ac yn gadeirydd rheithgor Gŵyl Deledu Banff yng Nghanada. Bu hefyd ar reithgorau Rose d'Or yn y Swistir, Prix Europa ym Merlin a'r Golden Chest ym Mwlgaria. Bu hefyd yn diwtor sgriptio rhan amser yng Ngholeg y Brifysgol Caerdydd. Ei ddiddordebau yw cefnogi Manchester Utd, mynychu'r sinema a'r theatr, cerdded mynyddoedd, teithio ac yfed gwin da!

SIONED ELERI ROBERTS
ENILLYDD TLWS Y CERDDOR

Clarinetydd ydi Sioned Eleri Roberts, ac mae hi'n byw yn Mangor. Graddiodd o Brifysgol Cymru Bangor gyda B.Mus. yn 2003, ac yn 2005 cafodd ysgoloriaeth i astudio cwrs perfformio ôl-radd yng Ngholeg Cerdd y Drindod, Llundain. Yn 2011, derbyniodd ysgoloriaeth KESS i astudio gradd Meistr ym Mhrifysgol Bangor. Yn ystod ei chyfnod astudio, derbyniodd hyfforddiant cyfansoddi gan Pwyll ap Siôn a Stephen Montague.

Mae Sioned yn berfformwraig, a'i phrif ddiddordeb yw gweithiau cyfoes ar gyfer clarinét unigol. Mae hi wedi perfformio dramor droeon, ac yn 2012 cafodd gyfle i fynd ar daith gyda Dweezil Zappa (mab y cyfansoddwr Frank Zappa) a'i fand, Zappa Plays Zappa. Mae Sioned yn gweithio'n aml gydag Ensemble Cymru fel perfformwraig ac fel arweinydd gweithdai (cerdd a chyfansoddi), a phan gaiff gyfle mae hi'n yn mwynhau perfformio rhai o'i chyfansoddiadau hi ei hun ar gyfer clarinét unigol.

Mae Sioned yn diwtor clarinet ym Mhrifysgol Bangor a hefyd gyda Gwasanaeth Ysgolion William Mathias. Mae wedi wedi ymddangos ar lwyfan yr Eisteddfod Genedlaethol yng nghystadleuaeth y Rhuban Glas Offerynnol (2005), ac wedi bod yn llwyddiannus yng nghystadleuaeth yr Unawd Chwythbrennau droeon yn y gorffennol. Dyma'r tro cyntaf iddi roi cynnig ar gystadleuaeth gyfansoddi yn yr Eisteddfod Genedlaethol.

Rhandir Neb: Mae uchelgais yn y fan hon hefyd. Ceir rhagarweiniad hir ar y dechrau sy'n adrodd hanes Promethews ac mae'r gerdd gyntaf, *'Da ich ein Kind war ...'* (sy'n golygu 'Pan oeddwn yn blentyn'), yn cyfeirio at ran o'r gerdd 'Promethews' gan Goethe. Y Rhyfel Mawr yw testun cerddi'r dilyniant. I mi, mae'r gerdd 'Man Canol' yn dangos prif wendid y casgliad. Y mae'n drymlwythog – yn ormodol felly – gan ddelweddau, a dydw i ddim yn credu fod pob un o'r rhain yn ddigon manwl i fod yn gwbl lwyddiannus – er enghraifft: 'hi yn afrlladen yng ngenau'r sagrafen'. Mae rhyw amwysedd cyffredinol yn y mynegiant sydd yn creu pellter rhwng y darllenydd ac erchyllterau'r testun.

Tad Gwael: Dilyniant hoffus dros ben gan dad sydd wedi gwirioni'n llwyr ar ei ferch fach. Mae'n rhyfeddu at ei champau ac yn benderfynol o'i gwarchod rhag pob drwg. Ond nid yw'n farddoniaeth fawr. Mae'n dda pan ddywed: 'Rwyt ti'n ymbalfalu/ drwy'r düwch am fwlyn drws/ dy frawddeg gyntaf'. Mae'n methu'n llwyr pan ddywed: 'Tra fry uwch y rhos,/ fel iâr fach yr haf/ llawn dymuniad demonig,/ sleifia aderyn angau heibio ...' Yn fy myw, ni allaf weld sut y mae chwyrnu – hyd yn oed chwyrnu babi – yn 'gynganeddol'. O weithio'n galetach, fe allai'r ymgeisydd hwn ysgrifennu rhywbeth o werth.

Dic Siôn Dafydd? Cafwyd dilyniant difyr a gwahanol gan yr ymgeisydd hwn. Un o Gymry Llundain sy'n llefaru. Mae'n sensitif iawn i feirniadaeth ei gyd-Gymry tebyg iddo yntau sydd wedi troi cefn ar eu gwlad ac ymgartrefu yn Llundain. Ond mae'n ysgrifennu, mae'n fardd, ac yn y weithred honno mae'n cynnal traddodiad. Mae un o'r cerddi'n disgrifio'r profiad o ddychwelyd adref i ennill Cadair mewn eisteddfod leol. A rhan o'r cyfiawnhau hwn yw ymosod ar Gymry Cymraeg Caerdydd yn y gerdd 'Prifddinas?': 'Ac er bod eu hysgwyddau llawn/ mor llydan â'u cyndeidiau/ yn Aberteifi a Phentrefoelas,/ geiriau main sy'n dod/o'u genau bas'. Ond diddorol yn hytrach na llwyddiannus yw'r dilyniant hwn, ac mae arnaf ofn, *Dic*, na fydd Coron Llanelli yn croesi Pont Hafren eleni.

Llithfaen: Dyma ymgeisydd sydd o ddifrif. Mae'n agor â cherdd am gyfarfyddiad â merch ifanc ddeniadol yn Nolgellau ym 1978. Mae'r ail gerdd, 'Erthyl', i mi, yn gyfeiriad at Refferendwm 1979. Wedyn, ceir cerddi am Fryn Cader Faner, Pennant Melangell a Chored Gwyrfai. Yna, daw'r gerdd 'Awen', sy'n cyfeirio at gyffes eglwysig ei orffennol, a sut y darganfu system well mewn cerddi. Yn sgîl hynny, daw'r cerddi 'Ystrad Fflur', 'Cilmeri' ac 'Ystrad Yw'. I gloi, ceir y gerdd 'Llif'. Dyna'r patrwm. Ond rwy'n cyfaddef nad yw'r cyfan yn gwbl glir i mi – ac rwy'n eithaf siŵr nad fy mai i yw hynny i gyd. Nid yw'r mynegiant yn argyhoeddi'n llwyr. Trueni nad oes mwy o ganu diriaethol yma, yn enwedig yn y gerdd olaf.

Cilfynydd: Dilyniant hiraethus arall ond gan un sydd ag eithaf syniad beth yw beth. Mae'n wir, efallai, ei fod yn fwy o gasgliad nag o ddilyniant ond nid wyf am ei gollfarnu ryw lawer am hynny. Mae ar ei orau pan fydd yn canu'n syml, uniongyrchol ac yn adrodd stori. Dyma sut mae'r dilyniant yn agor: 'Ein tad-cu/ yn codi'i bac o'r Six// a ni'n dau'n cael mynd/ i ochr lân yr hen gantîn/ am *Wagon Wheel* yr un a phop'. Mae'n tueddu i bregethu wrth sôn am ei ardal fel y mae hi heddiw ac mae cryn dipyn o rethreg yn perthyn i rai cerddi hefyd. Ond ymdrech deilwng.

Gwesyn: Dilyniant o gerddi a gyfansoddwyd yn dilyn marwolaeth y bardd Seamus Heaney. Mae yma gerddi personol a cherddi sy'n fwy ymwybodol gynrychioladol o waith a bywyd Heaney. Mae 'na bethau da iawn yma, fel hwn yn y gerdd agoriadol a'r bardd ar drên yn teithio'n ôl o Gaer ar ôl clywed am y farwolaeth ac wrth gyfeirio at ei gerddi: 'a chlecian gweill y cledrau min-nos/ yn eu gwau unwaith eto/ yn rhesi tynn o ddelweddau a geiriau/ sy'n bachu a chlymu am yn ail'. Ac yn y gerdd 'Pe Na Bawn I': 'y gwenoliaid yn hel ar ddiwedd haf/ yn haid o wehyddion galar'. Un o nodweddion mawr gwaith Seamus Heaney yw ei gynildeb a'r diffyg gwastraff. Pe bai'r cystadleuydd hwn wedi anelu am hynny, fe allai fod wedi creu dilyniant teilwng iawn o'r gwrthrych.

Glaslyn Llugwy: Dilyniant o gerddi sy'n cyfeirio at lofruddiaeth April Jones ym Machynlleth. Nid cerddi coffa yw'r rhain, fodd bynnag, ond cerddi sy'n waedd o'r enaid am gyflwr y byd. Er bod hynny'n gwbl ddealladwy, nid yw'n debygol o greu barddoniaeth effeithiol, ac ni wnaed hynny yma. Er fy mod yn barod i gydnabod bod gan y bardd ei gryfderau, nid wyf yn hoffi darnau o'r dilyniant hwn o gwbl – y salm agoriadol, er enghraifft. Wedi'r cyfan, merch fach a lofruddiwyd ac nid yw tôn y cerddi'n adlewyrchu'r ffaith sylfaenol honno'n llwyr.

Petalau: Dilyniant trist arall am golli plentyn. Nid peth hawdd yw mynd ati i feirniadu gwaith fel hwn, ond y gwir yw fod yma bethau da ac effeithiol. Peth anodd yw ffrwyno emosiwn bob amser ond, ar y cyfan, fe lwyddwyd i wneud hynny yma ac mae nifer o'r cerddi unigol yn effeithiol dros ben. Mae 'na gynildeb yma hefyd, fel yn y gerdd 'Medi (Y Prom, Paned a Facebook)' lle mae'r bardd (a'r fam) yn dweud: 'Un ffenest fach yr achau/ yn agor, a dyna ni'n dau'. Daeth y dilyniant hwn yn agos at gael ei gynnwys yn y Dosbarth Cyntaf.

Pelydr: Yr hyn a wnaeth ddarllen y gwaith hwn yn ddifyr oedd fod y bardd wedi mentro defnyddio mesurau a lled-fesurau, odlau a lled-odlau a phenillion mewn mydr neu led-fydr. Ac mae hynny i'w groesawu, pan fo'r mwyafrif yn fodlon gorffwys ar rwyfau gwers rydd pryddestau'r gorffennol. Nid yw'n llwyddiannus yn aml, mae'n wir, ond gwerthfawrogais yr ymdrech yn fawr.

Y dosbarth cyntaf

Ond nid, o reidrwydd, ddosbarth teilyngdod.

Siena: Sleifio i mewn trwy ddrws cefn y Dosbarth Cyntaf wnaeth y cystadleuydd hwn. Mae hi yno gan fod tystiolaeth ddigamsyniol yn y dilyniant hwn fod ganddi'r ddawn i ysgrifennu. Hanes dwy chwaer a gawn ni a dau fath o dyfiant a ddarganfuwyd tua'r un pryd; y naill yn beichiogi a'r llall yn dioddef o ganser. Mae cerddi lleisiau'r ddwy'n cael eu gosod gyferbyn â'i gilydd nes i'r ail chwaer farw, sy'n dileu'r llais a gadael bwlch gwyn ar ochr dde'r tudalen. Mae modd dadlau bod hynny'n stroclyd braidd ond nid yw hynny'n fy mhoeni. Y gwendid pennaf yma yw nad oes digon o ddeunydd neu ddyfnder i rywun elwa ar ail neu drydydd darlleniad. Ond 'allwn i ddim anwybyddu rhywun sy'n gallu ysgrifennu rhywbeth fel hyn: 'Tynnodd ei menyg a'u gollwng/ i'r gist ailgylchu,/ lle dychmygais gant o ddwylo/ erthyl/ yn gweddïo'n daer'. Yn anffodus, nid dyna'r safon drwyddi draw neu byddai *Siena* yn aelod llawn o'r dosbarth hwn.

Asoch: Mae'r safon yn codi erbyn hyn. Dyma artist o fardd sy'n creu cyfanwaith o ddilyniant tawel a myfyriol ond sydd ychydig yn aflonyddol hefyd. Mam sy'n llefaru ac mae'n ymdrin yn ddeheuig ryfeddol â holl natur bod yn fam – ac yn aelod o deulu ehangach na hynny – yn ogystal â'r ymholi parhaus ynghylch ffydd. Mae gen i gwestiwn am y ffordd y mae'r bardd yn llusgo Duw, braidd, i mewn i ddiwedd y gerdd agoriadol. Ac efallai mai'r gerdd olaf yw'r wannaf yn y dilyniant. Ond manion yw'r amheuon hynny. Gwirionais ar y darlun yn 'Mam-gu' yn gwylio: 'Gwyliwn/ yn deulu o gadeiriau llonydd.// Mam-gu,/ â'i thraed yn nhywod ei gorffennol/ a'i modrwy briodas yn ddwfn yn ei bys'. Yn yr un gerdd, mae'n sôn am ei merch a'i '...byd yn troi/ heb iddi sylwi'. Yn y gerdd 'Siom', mae cynildeb aruthrol yn y ffordd y mae hi'n cyflwyno – ac ateb – cwestiynau anorfod plant ar ôl i'w merch glywed fod hyd yn oed y sêr yn marw: 'Methaf â'i siomi/ dim ond ei gadael,/ yn blentyn,/ i edrych am y nefoedd'. Y mae'r cerddi sy'n trafod ffydd, hwythau, at ei gilydd, yn llwyddiannus, ac mae'r elfen aflonyddol y soniais amdani yn amlwg yn y gerdd 'Ymarfer Gweddi'. Ond rwyf yn dechrau cael fy nhemtio i ddyfynnu'n ormodol bellach. Gobeithio y bydd y bardd yn fodlon cyhoeddi'r dilyniant hwn yn fuan. Roedd yn ddilyniant oedd yn gwella gyda phob darlleniad.

Y Meddwl Annibynnol: A fu ffugenw mwy addas erioed yn hanes cystadleuaeth y Goron? Dyma beth yw meddwl annibynnol, a dyma'r dilyniant (llwyddiannus!) mwyaf gwahanol erioed, siŵr o fod. Ymweliad â sw sydd yma, a sylwadau doeth a blinedig ceidwad y pethau prin sy'n rhoi lliw i'r cyfan. Mae'n reiat o ddilyniant ar un ystyr, ac eto mae yma islais o sylwebaeth ar gyflwr y byd fel y mae o heddiw. Efallai nad 'tyfu' yw'r gair gorau i gynrychioli esblygiad ond pwy ar ôl darllen y cerddi hyn sy'n mynd i falio am hynny? Mae'n agor gyda'r creaduriaid nad oes ganddynt asgwrn cefn: 'Y mae mwy na thri chwarter holl anifeiliaid y byd/ heb asgwrn cefn,/ ac y maen nhw i'w cael ym mhob man'. Wrth drafod y swricat, mae'r ateb i'r cwestiwn pam mae'n rhaid iddyn nhw boeni yn y fan hon lle nad oes gelynion ganddynt yn syml o ysgubol: 'nid ydi'r swricat, eto,/ wedi anghofio/ beth ydi cyfrifoldeb perthyn'. Mae'r ateb hwn, a'r 'maen nhw i'w cael ym mhob man', a'r gerdd 'Gaeafgysgu' sy'n trafod arth yn chwyrnu dros y gaeaf gan beri i'r bardd ddweud: 'y mae ofn yn cronni'n ardal ynof', yn gwneud inni feddwl am y cyd-destun Cymreig, yn enwedig gan fod y gerdd olaf yn dangos nad oes lle i'r eliffant bellach yn y sw oherwydd gwendidau a nodweddion stereoteip yr anifail hwnnw. Hynod o braf oedd dod ar draws ymgeisydd mor hyderus sy'n gallu canu mewn modd mor ysgafn o sylweddol, a hynny o fewn cystadleuaeth sydd yn ôl ei harfer yn hynod o ddi-wên a dihiwmor. Edmygwch ei grefft hefyd.

Grogyn: Trueni mawr fod cerdd agoriadol a cherdd glo'r dilyniant hynod hwn yn siomedig. Gorymdrech, mae'n siŵr, i saernïo'r cyfan. Llais aeddfed, nain yn wir, sydd yma (yn bennaf) ac fe ddiffinnir ei lle yn y byd, bellach, wrth iddi siarad gyda'i merch ar y ffôn a honno'n gorfod rhoi hanner ei sylw i'w merch hithau. Mae 'Galwad ffôn' yn gerdd drawiadol dros ben. Ac mae rhagor ohonyn nhw, 'Y Glorian' a 'Telesgôp' sydd ill dwy yn dal awyrgylch a natur perthynas nain a'i hwyres i'r dim. Nid yw'n glir ai'r un person yw'r hen wraig yn y gerdd 'Chwarae pêl', ond dyma un o bethau gorau'r holl gystadleuaeth. Ynddi, mae'r hen wraig yn gwylio bachgen yn cicio pêl yn erbyn wal: 'A bydd yno/ yn perffeithio'r grefft/ o daro pêl,/ dro ar ôl tro,/ yn erbyn talcen/ o frics coch/ at wal, at wal/ yn ddiatal'. Gwych. Ond tristwch yw hyn i'r hen wraig, oherwydd: '... chwyddlais/ o'r oriawr/ ar ei garddwrn yw,/ sydd hefyd/ yn taro, taro,// yn colli amser hefyd/ wrth fynd heibio.' Cerdd annisgwyl yw 'Y ceryddu ar ben', lle mae'r nain yn cael pleser rhyfedd o weld plant yn cael eu ceryddu'n gyhoeddus: 'Rwy'n gwenu'n foddhaus,/ yn oedi'n hwy yn yr ale lle bydd/ y gynnen yn ei gogoniant'. Ac yn 'Esgynfa ddur' mae hi'n dychmygu cambihafio gyda'r plant. Cefais bleser anghyffredin yn darllen y dilyniant gwreiddiol hwn.

Golygfa 10: A dyma ddod at yr un a hawliodd ei le ar y brig o'r darlleniad cyntaf un. Dyma'r bardd sydd â'r adnoddau i gyd. Mae'n demtasiwn i ddyfynnu'n helaeth o'r cerddi hyn ond ble i ddechrau? Ac o ddechrau, pryd i stopio? Does dim pwrpas gwneud hynny.

Prin iawn yw'r dilyniannau a'r casgliadau a'r pryddestau sydd ag afiaith hwn. Yn y gerdd agoriadol, mae 'na amheuon am degwch geni plentyn sydd yn y groth a'i adael i wynebu'r byd cymhleth sydd ohoni. Y mae gweddill y cerddi'n darlunio'r math o fyd, y math o Gymru, y bydd y plentyn hwnnw'n tyfu ynddynt. Ac y mae'r cerddi hynny'n ddoniol, yn rhybuddiol ac yn llawn consýrn am yr hyn sy'n wynebu'r plentyn. Dyma fardd praff a sensitif sydd yn gwybod yn iawn sut i ddefnyddio hiwmor i bwrpas. Mae o hefyd yn fardd diwylliedig, sy'n gwneud defnydd o hanes a llenyddiaeth Cymru drwy'r casgliad ond mewn modd nad ydi o'n mynd i golli sylw pobl, gan iddo gynnig digon o gymorth bob amser. Hyd yn oed pan fydd yn cynnwys cerdd nad yw hi'n hollol amlwg i mi beth yw ei phwrpas yn y dilyniant ('Bwlch-llan'), mae hi'n gerdd arbennig. Oherwydd yr afiaith sydd yma, mae'n hawdd i rywun beidio â rhoi sylw dyladwy i grefft y bardd. Mae ganddo glust hynod o fain sy'n dal rhythm llinell i'r dim, ac mae'r rhythm hwnnw'n unol â naws y gerdd unigol a'r dweud yn gyffredinol. Mae *Golygfa 10* wedi chwysu dros y gwaith hwn i sicrhau bod pob gair a phob llinell yn eu lle. Wedi darllen cymaint o gynigion di-fflach, gall rhywun wirioni'n ormodol o dan yr amgylchiadau hynny, ond ar ôl ail a thrydydd ddarllen (a rhagor!) y dilyniant, roedd yr ymateb greddfol cyntaf yn gywir.

Diweddglo digon tywyll sydd i'r dilyniant, mewn gwirionedd, ond mae'r bardd yn herio'i blentyn ac yn herio pawb: 'Mae'r coed yn noeth ond ni bia'r awyr'. Does dim pwrpas i mi ddweud rhagor. Roedd modd ystyried coroni hyd at dri arall oedd yn y gystadleuaeth hon eleni ond nid yw'n bosib peidio â choroni'r un a ganodd y llinell anfarwol: 'dawnsio i Bryn Fôn mewn ffordd eironig'. Sodrwch y Goron, felly, ar ben *Golygfa 10*; a gwenwch, bawb.

Y Dilyniant

TYFU

*Ac eto, erys o hyd yn y rhanbarth hwn gymdeithas [na] wna faint bynnag o
ymwthio iddi gan boblogaeth newydd ddi-Gymraeg ddim oll i ddileu'r cof am
ei chyfanheddiad mwy cyflawn ar y tiriogaethau hyn.*

Simon Brooks a Richard Glyn Roberts,
Pa beth yr aethoch allan i'w achub?

Fy un twyll

Weithiau,
yn wystl i hormons
neu â'i hanadl yn drewi o chwd y bore
neu â'i bol afrosgo'n gwneud ei chwsg yn gam,
byddai'n gofyn: ydi o werth hyn?

Ac weithiau,
byddai'n holi: ydi hi'n deg
geni hwn yn un o bobl sy'n diflannu –
ei fagu mewn pentre sy'n dywyll yn y gaeaf,
ei yrru allan i chwarae â phridd a gro
a'i suo i gysgu ag emynau cnebrwng?

Byddai'n pesychu chwerthin wrth glywed
geiriau nobl ein parhad: dydi traddodiad
yn ddim ond moeli'n ifanc fel tad a thaid;
dydi etifeddiaeth yn ddim ond mynd, yn frain
ryw bnawn wedi'r angladd, i dŷ oer
i fachu llestri a dodrefn retro,
troi trwyn ar ornaments.

Ond wedyn,
er bod y darfod yn cicio'n hegar yn y nos,
pa obaith sydd ond hwn?

Caiff ddriblo cerddi yn Sycharth
heb ddallt ei fod yn fwy na bryncyn glas;
caiff fildio wal â'r Bruce a'r *Oxford Book*;
caiff godi caer yn Ninas Dinlle
a rhedeg ras â llanw ynys Llanddwyn.

Efallai y gwnaiff o dŷ
o ddarnau Lego'n gweddillion ni.

Llanw
Ceredigion, Ionawr 2014

Pan soniem am y llif yn merwino'r wlad
a'r môr yn cnoi a llyncu'r tir o'n gafael,
doedden ni ddim o ddifri: chwarae
â thywod delweddau'r oeddem –
gwneud cestyll â'n hiaith i'w chwalu'n rhybudd –
tra oedd y dŵr yn brochi'n saff
y tu ôl i forglawdd metaffor,
ofn y dileu'n troelli'n wymonllyd yng nghantrefi
gwaelod un ein dychymyg,
a'r tonnau'n ddim ond poer tafodau beirdd.

Ond un noson, anghofiodd y môr
ei le; neidiodd y rhyferthwy'n
gynddaredd hallt i fyny sgertiau'r dre
heb hidio am ffenestri, na fflachiadau'r camerâu,
a rhwygo defnydd y wal sy rhwng y môr a'r stryd.

Drannoeth, gorweddai'r dŵr yn ôl yn fodlon,
wedi cael ei damaid, yn sbeitio'n defodau
a'r rheiny'n rhwd: coffi'r bore, cicio'r bar,
diogelwch machlud y gorllewin;
y dre'n llai, yn crynu'n eiddil
â thywod yn ei chorneli,
yn sbïo dros ei hysgwydd.

Ar drai un bore, dyna weld bonion duon
ac olion llwybr milenia oed, a meiddio
meddwl bod yr eigion yn difaru, yn dychwelyd ein tir.
Daeth llanw wedyn.

Blodeuwedd
Tomen y Mur, 18-07-2013

Mae'r tir hwn yn gwneud sens eto, rŵan,
ar ôl diflastod mileniwm o bori:
y mynyddoedd yn setlo yn siâp hen diriogaethau
wrth i fydrau Saunders ddisgyn yn berffaith
o gwmpas cwymp y graig i'r brwyn,
ac ochr y waun yn dragwyddol Chesterfield.
Mae ofn a nwyd yn gynhenid yn y pridd
fel oglau sigaréts yn lledr y parlwr,
a'r rhos a'r awyr yn glawstroffobig.

Awn dros ael y bryn yn theatrig-ddeallus
gan sugno anesmwythyd haul Ardudwy
nes gweld lympiau concrid
fel cancar ym mynwes werdd y tir.

Yn y tir hwn, roedden nhw'n cymryd
gronynnau lleiaf bodolaeth,
hollti'r elfennau'n rym
a gobeithio bod y grym yn anwybyddu'i gynneddf –
yn dewis gwrthod ei ryddid anystywallt:
peidio â rhedeg yn noeth i'r nos
na ffrwydro'n ddarfod llachar
na glynu gwefusau wrth gnawd
na gollwng gwenwyn yn slei hyd y mêr.

Yma, ar drugaredd grym diarth,
mae'r mynyddoedd yn gwingo.

Yng Nghlochdai Bangor

Roedd popeth yn solet:
ein cariad yn wladwriaeth o'n cwmpas,
y tŷ'n llys a sôn am ehangu
nes clywais i sibrwd slei
yng nghlochdai Bangor fy nghalon –
mwmial sy'n sigo cynghreiriau
a simsanu ffyddlondeb:

> *Doeddet ti ddim yno*
> *pan fuodd hi'n nofio'n y môr:*
> *pan daflodd ei chywilydd a'i sgert ar y tywod*
> *a rhedeg heb ildio i oerni*
> *dŵr oedd yn halltach na'r tequila slammers:*
> *dŵr sobri'r bore bach.*

Yng nghlochdai Bangor fy nghalon,
mae cwyr y golau gwan yn caledu'n amheuon,
yn troi gwirionedd hanner oes yn gelwydd:

> *Mae ei rhyddid yn dy ddychryn di:*
> *ysgafnder ei hewyllys yn y tonnau,*
> *ei chryndod hebot – fel yr holl nosweithiau gwin*
> *pan na allet hawlio'r*
> *gusan oedd yn dawnsio ar ei gwefus,*
> *isio denig.*

A dyna 'nghael fy hun yn styc: mewn gwely tywyll
yn poeni ai bod efo hi 'ta peidio ydi'r pechod,
yn trio ffiltro 'mreuddwydion
cyn eu breuddwydio, rhag ofn;
yn sâl amdani, yn berwi'n sych o serch;
yn dyfeisio ffyrdd o guddio cariad
mewn caredigrwydd i'w smyglo ati
heb hawl.

Fu gen i erioed hawl
ar oleuni ei henaid na swildod ei gwên:
y cwbl ohoni sy'n eiddo i mi
yw'r naid yn fy nghalon wrth glywed ei henw,
y gobaith sy'n brifo ar y lôn laith,
y diferion hallt o beryg
sy'n llosgi fel dagrau.

Ond yng nghlochdai Bangor fy nghalon,
mae lleisiau sy'n mynnu gamblo
holl gadernid ein gwladwriaeth fach
am hynny ...

Ni

Mae'n shibolethau ni'n iawn yn eu lle, wrth gwrs:
nodio ar feirdd; dwstio Hanes Cymru; gwisgo'n drwsiadus
i fynd i roi trefn ar glipiau papur ein gwareiddiad brau;
aberthu cysuron er mwyn y diwylliant (wel, cysgu mewn carafán);

codi llais Cymraeg y peiriant hunanwasanaeth
wrth brynu'r swper chwarel Tesco Finest; picio i Gaer
i guddio'n gwelwder gwladaidd â thán ffug Lloegr;
dawnsio i Bryn Fôn mewn ffordd eironig;

parcio'r Audi (a'i rif personol sy ddim cweit yn gweithio)
yn huawdl yn ymyl picyps y diwylliant disl coch
wrth bicio i'r festri i ganmol y plant; crwydro Eryri cyn *cappucinos*
heb deimlo'r glaw drwy'n cotiau oel byddigions.

Ar ôl i'n teidiau grafu byw ar wyneb craig
a lladd lloi tenau mewn tyddynnod llwm
pwy all warafun inni odro cyflog hufennog
o bwrs y wlad a'n ciciodd? *Champion.*
Dangoswn i'r werin mai yn Gymraeg mae llwyddo.

Ond yn yr eiliadau slei o ddiogelwch
pan fo bybls y *prosecco*'n cosi,
wrth bwyso'r PIN heb ofid am botel arall,
fiw inni feiddio teimlo'n saff.

Eos

> *Y swydd, pam na roit dan sêl*
> *i'th Eos gyfraith Hywel?*
>
> Dafydd ab Edmwnd

Dydi'n telynorion ni
ddim yn dueddol o gwffio mewn pybs,
bellach.

Dydyn nhw ddim fel Siôn,
fu'n berwi yng nghornel tafarn
oedd yn stici gan oglau chwys, llwch lli a chwrw,
a'i fysedd yn baglu'n flêr
dros dannau tynn ei dymer.

Dydyn nhw ddim
yn taflu'r stolion
a ffrwydro i'r ffeit fel dynion o'u co;
dydi'u dwylo cerdd dant
ddim yn clymu'n ddyrnau
i daro'n wyllt. Dydyn nhw ddim
yn gorfod edrych, mewn eiliad,
ar gorff yn oeri'n rhy waedlyd, sydyn.

Crogwyd Siôn
mewn darn o dir rhwng dwy drefn
lle'r oedd dwy gyfraith yn ymrafael,
dwy genedl fel oel a dŵr
yn bygwth toddi'n un.

Fe'i crogwyd
yn ôl deddf nad oedd yn ein dallt ni;
ac mae'n telynorion ni'n nabod y teimlad,
bellach.

Ar ffordd osgoi Porthmadog
A thraeth sydd rhyngof a thraw,
im nid rhydd myned trwyddaw.
Dafydd Nanmor

Bu'r traeth hwn yn *big deal*, yn gagendor ym mhen Cymro.

Ond wedyn codwyd Cob i droi ehangder
tywod yr aber yn ddaear at iws. A bellach,
gan fod trefi'n peri traffig, gwnaed lôn newydd dros y traeth –
un sy'n diflannu mewn eiliadau wrth ffidlan â'r radio,
lôn lydan sy'n gwatwar
y marchogion byrbwyll a garlamodd i'r tywod,
y beirdd ar frys i gyrchu llys yn Arfon,
y crwydrwyr di-ddallt a sugnwyd gan y llanw.

I un bardd, y traeth hwn oedd trothwy'r byd:
ffin ei alltudiaeth am ddweud y gwir am garu. Y tu hwnt i hwn
torrai enw'i gariad yn gain o gylch ei gerddi
â'i ddefnyn olaf o inc; canai ym mhlasau bro ddiarth;
criai 'os' anobeithiol am gorff yn Is Conwy.

Un bore araf, wrth ddilyn Mansel drwy'r glaw,
gwelais y traeth yn hawlio eto'i le:
y dŵr yn codi'n byllau dros y gwellt tywodlyd,
yn bygwth gwyrddni'r caeau ffwtbol,
yn sibrwd mai dros dro yn unig y gall neb alltudio'r môr.

A phan fo'r Cob ar chwâl, ei feini'n dipiau
a'r môr yn sgubo eto hyd Aberglaslyn,
bydd Gwen o'r Ddôl mor bell, mor farw ag erioed.

Bwlch-llan
Gwirionedd y Galon: John Davies, S4C, 29-12-2013

Fe'u gweli di nhw'n aml, heb sylwi:
y dynion sy'n llwyd fel ffenestri arosfannau bws,
ac sy'n crwydro'r ddinas – o fainc i dŷ teras
i gornel siop lyfrau – gan afael mewn bagiau plastig.

Mi ddalian nhw'r drws i ti yng nghysgod canolfan siopa,
â chyfarchiad bach llachar; mi safant o'r neilltu
yn siop gornel Ashghani, â fflach yn eu llygaid;

ei dithau heibio ar frys, gan wenu'n swil
ac anadlu pnawniau o gwrw cynnes
yn llwch tafarnau sy'n gweld eisiau oglau'r mwg.

Beth pe bai gan un o'r rhain
hanes gwlad yn gyflawn yn ei ben
a thŷ tu hwnt i'r ddinas lle mae'r awyr yn lanach:
sylwet ti?

Y Llyfr

Tyrd efo fi, cariad, i anadlu ar y gwydr;
pwyso'n trwynau ar y glendid
sy rhyngon ni a'r godidowgrwydd coch.
Tyrd, cariad, i drio cyfri'r tudalennau,
chwibanu'n ddistaw ar goethder y clawr
ac ynganu straeon o drybestod du'r inc.

Ond, wrth i'r llyfr ddwyn dy anadl
yn hymian trydan y cyflyryddion aer,
gwatsia gredu bod hyn yn bownd o ddigwydd.
Yn sgîl damweiniau na ddaru ddigwydd
y cawn ni sefyll yma'n syllu
ar iaith ein fflyrtio wedi'i phuro'n
farwnadau a chwedlau:
gwas yn gollwng ei gannwyll yn y gwellt;
chwiw chwil uchelwr yn cau'i bwrs
ar ôl helfa giami; lluchio'r llyfr i wardrob.

Gwatsia gredu'n bod ninnau'n anochel;
dydi'n cusanau ni ddim wedi digwydd eto –
does dim byd rhyngom. Wnaiff ein chwedlau ni
mo'u creu eu hunain; wnaiff cerddi'n cariad
ddim cynganeddu o'r aer heb inni dorri gair.

Felly, cariad, gawn ni sôn am win gwyn sych,
caru'n y pnawn a siocled ar draethau?
Gawn ni sibrwd yng nghlustiau'n gilydd
a gadael i'r stori droi'n draddodiad i ni'n dau?
Gawn ni slyrio awdlau blêr yn fawl dan olau'r stryd,
a chau'r cwbl rhwng cynfasau godidog, coch?

Trydar

Sbia'r lympiau du
sy'n crafangu at frigau tywyll, tenau'r coed:
nythod a wnaed yng nghysgod cynnes yr haf
pan oedd y dail yn bentref am y canghennau
cyn i'r hydref eu dychryn, a gadael y nythod
yn ddi-adar, ddigysgod, ddiddim.

A sbia'r tai: cysgodion carreg yn y tir gwag,
a golau'r bylbiau noeth yn bŵl drwy'r cyrtans les,
lle mae pobl unig, yn oerni letric-ffeiars,
yn tiwnio'u radio i donfeddi stalwm.
Sbia nhw: y tai trist ymysg tai tywyll
a dail y pentre wedi cwympo – capel, ysgol, siop,
y pethau sy'n gwau'n ei gilydd
i guddio noethni'r tir.

Ond cau dy lygaid ar wacter y coed,
a gwranda ar y trydar diarbed:
ein sŵn ni – ein canmol cynhennus,
cynganeddion damweiniol ein delfrydau,
ymrysonau ffraethineb y boreau bach –
yn gwibio'n drydan drwy oerni'r aer.
Mae'r coed yn noeth ond ni bia'r awyr.

Golygfa 10

Englyn: Wyneb

O'r 59 a gystadlodd, doedd dim un pennill gwael yn y pentwr, na chwaith un gwych. Roedd trwch y cynigion yn daclus, nifer ohonynt yn grefftus, ond prin oedd y rhai cynhyrfus. Y beirniad, felly, nid y beirdd, fydd yn penderfynu pwy fydd yn mynd â hi eleni!

Dosbarth 3

Er na chafwyd penillion gwael, cafwyd llond dwrn o englynion gwallus, gan gynnwys un cwbl ddigynghanedd gan *Y dyn cyffredin*. Roedd gan *Cloc yr hen ŵr* ddwy ymgais, a phedair allan o'r wyth llinell yn gywir. Roedd un llinell yn anghywir yn englynion y rhai a ganlyn: *Yma Eto, Poenydiwr, Cadi, Tomos, Amheus* a *Dylan*, tra oedd englyn *Coco* (1) yn gynganeddol gyfreithlon ond dim ond oherwydd iddo beidio â threiglo gair cynta'r llinell olaf: 'Drwy y sŵn ni welwn ni / dagrau yr wyneb digri.'

A beth a wnâi anoraciaid yr acen ag englyn *Mona Lisa*?

> Down i'w gweled hi'n gwylio – a'i golud
>   Yn ei golau yno
>   Drwy lygad Leornado
>   A rhown wên a'i gwên ar go'.

A yw'r sain 't' sy'n dod o gyfuno'r 'd' a'r 'h' yn 'gweled hi' yn ateb y 'd' yn 'Down' mewn rhyw fath o linell groes a hanner o gyswllt? Ond go brin fod modd cyfiawnhau newid sillafiad enw'r artist er mwyn cyflawni'r gynghanedd lusg yn llinell tri!

Anghyflawn yw'r gynghanedd lusg yn nhrydedd linell *bodlon*: 'sawl cymal ar ei dalcen', a thrueni wedyn am y bai trwm ac ysgafn yn llinell gyntaf *Jones*, sef 'Os di-wên ydyw'r ennyd', gan fod yr englyn yn gorffen yn gryf: 'Rhowch y bai ar ddrych y byd'.

Dosbarth 2c

Cywir ond cyffredin yw ymdrechion *O'r ddaear* a *Bore newydd ddaw*, tra oedd englyn *Crwtyn Bach* braidd yn gymysglyd. Mae *O'r Pelydrau* yn disgrifio dyfodiad canser y croen, 'O bair haul, heb yr oelio', ond daw'r gynghanedd yn rhy rwydd wedi hyn. Canodd *Coco* (2), fel sawl un arall, i wyneb y clown ond, er cael trawiad da iawn i ddechrau, sylwch ar yr ailadrodd syniadol yn y cyrch a'r ail linell, ynghyd â'r berfenw llanw a'r diffyg atalnodi ar ddiwedd y drydedd linell sy'n awgrymu diffyg uchelgais a gofal y bardd:

> Yn ei gylch o wyngalchu – mae 'na hwyl,
> Mwynhad a difyrru,
> Clown a syrcas i'w blasu
> Ar ôl hyn ceir dagrau lu.

Dosbarth 2b

Englynion derbyniol yw'r rhain i gyd: *Theomemphus, Crwydryn, Ceibiwr, Allt-y-Grug, â gofal, 1966* ('Brifo fyth mae Aberfan'), *Gwener, Janus* ('a'r Ne' biau'i saernïaeth'), *Enfys, Wyneb y Graig, Cwm Bach, Tywod, Morfa, Crych, dwrn, 27+, Ianws, Hedd, Mabon, Non, Tom y Foel,* a *Siôn.*

Mae ymdrech *Mabon* yn cynrychioli camp a rhemp y dosbarth hwn:

> Os yw brudd a'i grudd yn graith – a'i heinioes
> gan henaint yn artaith,
> gweled a wnaf hen afiaith
> enaid yn y llygaid llaith.

Mae'r syniad yn un da, sef bod y dagrau yn llygaid yr hen wraig yn arwydd bod ei hysbryd hi'n para ynghynn er gwaethaf yr holl ddioddef. Mae'r cynganeddau a'r dweud yn ddi-fai ar yr wyneb, a'r adeiladu tuag at uchafbwynt yr ymadrodd 'llygaid llaith' yn effeithiol. Ond mae'r cynganeddu hefyd mor ddiymdrech – ac nid *compliment* mo hwnnw. Does bosib fod y bardd yn credu mai ef neu hi oedd y cyntaf i greu llinell o gynghanedd sain o'r elfennau 'prudd', 'grudd' a 'craith', neu'r cyntaf i ddwyn 'einioes' a 'henaint' ynghyd? Does bosib nad yw'r bardd yn gwybod y gellid bod wedi osgoi'r 'gweled a wnaf' barddonllyd, a chwilio am ffurf fwy uniongyrchol ar ferf yn y person cyntaf? Does bosib nad oedd yn ymwybodol o beryglon defnyddio gormod o eiriau haniaethol (rwy'n cyfri pedwar, heb sôn am un neu ddau o eiriau eraill sy'n ddigon annelwig neu amlbwrpas)? Mae angen i'r bardd ddelweddu, neu ddiriaethu neu gyfleu'r 'artaith' ac 'afiaith', nid eu crybwyll. A beth bynnag, mae geiriau fel 'afiaith' yn llawer rhy gyfleus i gynganeddwyr, heb sôn am yr hollbresennol 'hen' (er 'mod i'n derbyn ei ddefnydd yn y cyswllt hwn). O barch at y grefft – ac i osgoi rhoi *ammunition* i'r sawl sy'n dilorni cerdd dafod fel cyfrwng – mae'n rhaid i gynganeddwr/aig fod yn llawer mwy hunanfeirniadol na hyn. Ac nid *rant* yn erbyn *Mabon* yn unig yw hwn o bethau'r byd!

Dosbarth 2a

Mae mwy o siâp 'ma nawr!

Gweithiodd *Dant am ddant* englyn un-frawddeg, dywyllodrus o syml, yn ein hatgoffa o'r tebygrwydd sydd rhyngom ni a'n gelynion. Mae esgyll *Ci du* wedyn yn haeddu gwell paladr nag a gafodd: 'Yn golur rhag datgelu/ Iselder y dyfnder du'; felly hefyd *Ifan* a ddywed 'Y wên glws sy' mwy dan glo/ a'r rhamant wedi'i fframio.'

Yn wahanol i nifer, roedd *Rhys* yn awyddus i waredu ei wyneb, er mwyn 'bodloni'n/ anwel, heb neb i'm henwi;/ bod yn neb, a dyna ni'. Dw i ddim yn hoff o'r cymal llanw olaf, er ei fod e'n rhoi croes o gyswllt o glo i'r englyn.

Un o'r golygfeydd a godai ei phen yn aml gan yr englynwyr eleni oedd sefyll o flaen drych a sylwi ar eu henaint nhw eu hunain! Gwaetha'r modd, ni wnaeth *Coed-y-brain* na *Marc* (1) fawr mwy na sylwi, yn wahanol i *anna*, er enghraifft: 'Heno yn nrych fy anian/ Acw y mae craciau mân'.

Mwy annisgwyl wedyn oedd ail gynnig *Marc*, hyd yn oed os yw'r llinell olaf yn hen iawn: 'Yr un fath â'r hyn a fu'. Annisgwyl hefyd oedd clywed Tutankhamun yn siarad yn Sir Gâr eleni, wrth i'r bardd (sef *Tutankhamun*) weld mwgwd mewn amgueddfa yn Nghairo: 'un oes hir dragwyddol sy'/ yn fy aros yfory'.

Ond prin fod englyn rhwyddach yn y gystadleuaeth na hwn gan *Dy Frawd*:

> Ynot, roedd geiriau'n gwenu, ac alaw
>   O'th galon yn canu;
>   Ond roedd dagrau'r dyddiau du
>   Ynot hefyd yn tyfu.

Daeth englynion *Etifedd* a *Mochno* o fewn dim i'r dosbarth cyntaf: y cynta'n gweld 'gwg yr hil' yn wyneb crwt bach, ond yn gorffen gyda hen linell: 'yn ifanc; yn hen hefyd'; a'r ail gyda'r mwyaf iasol ei gynganeddu ('Mor wyn y cnawd morwynol') ond dw i ddim yn hollol siŵr o arwyddocâd y ddelwedd.

Dosbarth 1

Rhwng saith y mae hi eleni, felly. Dyma nhw i chi, gan obeithio y cewch chithau ben tost tebyg i mi!

> Y Gyrn:
> Wyneb fy nhad sydd yno – yn y drych
>   pan edrychaf heno;
>   yn ei drem wele fi, dro;
>   a'i wedd – myfi'n heneiddio.

Syniad da; paladr llyfn; esgyll mwy herciog.

Cain:
Ym mhob torf, yn anorfod, daw dyheu
   am dy wên fel cawod
   o haf oer; dagrau dy fod
   yn rym oes mewn ffrâm osod.

Ymgais lew iawn i ddarlunio pwl o hiraeth, hyd yn oed os yw'r goferu o'r paladr i'r esgyll ac wedyn yr hanner colon o doriad o fewn tair sill fymryn yn lletchwith. Ond mae'r llinell ola'n gwneud yn iawn am hynny.

Leisa:
Yn y bedd y gorweddi – a hunaist
   cyn hon, cyn ei geni.
   Yng nghofeb ei hwyneb hi
   dy rith sydd yn diriaethu.

Esgyll syfrdanol, ond mae'n amlwg fod y bardd am ddweud 'cyn i hon gael ei geni' yn yr ail linell, ond wedi deall y byddai hynny sill yn ormod.

Gog:
Anwylodd ei anadl ola' – ar graig
   yr Iger, ac yna
   ôl gwaed oer ar lygaid ia,
   gêr yng nghosmetig eira.

Cynganeddwr cyffrous yn rhoi paladr ac esgyll dramatig i ni, ond heb eu cysylltu'n gystrawennol dynn, rywsut.

Tryweryn:
Drych i weld yr ucheldir – dŵr caled
   Yw'r Celyn a welir,
   Ac o'i waelod datgelir
   Adlewyrchiad gwlad yn glir.

Englyn grymus ei gynghanedd a'i ddweud, ond rwy' bron yn siŵr i mi glywed yr esgyll o'r blaen. (Mae'n amlwg o'i ffugenw, gyda llaw, nad oedd gan y bardd ffydd yng ngallu'r beirniad i ddeall y gyfeiriadaeth yn yr englyn!)

Tic toc:
Nid eiliad o bendilio – yn ifanc
   I'r arafwch yno,
   Ond henaint yn gweld heno
   Gyflymder ei amser o.

Englyn chwareus ac arswydus yn yr un gwynt sy'n trin yn hyderus iawn y paradocsau sydd ymhlyg yn y gymhariaeth rhwng oes dyn ac wyneb cloc. 'Pendilio ... i'r arafwch' yw'r unig ymadrodd sy'n fy anesmwytho i: yn ôl ac ymlaen yw symudiad pendil, wedi'r cwbl.

> *Lliw Haul:*
> A'r tywy'n dal yn galed, mae'r Gymraeg
> am roi i lwydni'i hwmed
> liwiau Awst, drwy fynd ar led
> yn wirion o agored.

Dyma'r englyn a greodd yr argraff fwyaf arna' i ar y darlleniad cyntaf; dyma ddelwedd wreiddiol i gyfleu'r modd y mae'r Cymry Cymraeg yn gorfod arddangos ychydig o wyneb (neu 'wmed' yn nhafodiaith gogledd sir Benfro a de Ceredigion), yn gorfod esgus bod pethau'n fwy llewyrchus arnyn' nhw nag y maen nhw go iawn, a pha well esiampl o hyn na'r Eisteddfod Genedlaethol ei hun bob mis Awst. Yn wir, mae disgwyl i liw haul yr wythnos honno bara blwyddyn! Ac rwy'n hoff o'r ymadrodd 'yn wirion o agored': dyw dyn ddim yn siŵr ai condemnio sydd yn y gair 'gwirion' ynteu dychanu neu herio'r sawl sy'n gondemniol. Dw i ddim yn gwbl hapus gydag aceniad yr ail linell: gellid dadlau bod 'llwydni' yn dwyn yr acen oddi ar 'roi', yn enwedig gan fod yn rhaid i'r 'rhoi' hwnnw lyncu'r 'i' sy'n ei ddilyn er mwyn cadw at y chwe sillaf angenrheidiol. Ond, o bwyso a mesur y cwbl, *Lliw Haul* sy'n mynd â hi.

Yr Englyn

A'r tywy'n dal yn galed, mae'r Gymraeg
am roi i lwydni'i hwmed
liwiau Awst, drwy fynd ar led
yn wirion o agored.

Lliw Haul

Englyn Ysgafn: Twyll

Derbyniwyd 26 o gynigion ond yn anffodus mae sawl un yn wallus o ran cynghanedd ac yn mynd i waelod y pentwr. Diffyg gofal yn hytrach na diffyg gwybodaeth o reolau'r gynghanedd yw'r bai gan amlaf. Rhuthro ar y munud olaf yn hytrach na phwyllo a darllen y gwaith yn ofalus cyn postio.

Mae *Cael Gwyliau* yn gwybod beth yw siâp englyn a'r nifer sillafau sydd eu hangen. Aed ati'n awr i ddysgu'r cynganeddion. Cyflwynodd *Cloc yr hen ŵr* ddau gynnig, ac er bod sawl llinell wallus yn y gwaith a bod y cystadleuydd wedi llithro gyda'r odl, ni ddylai anobeithio gan iddo lunio llinell fel hon: 'Gŵr a gewch â geiriau gau'. Blerwch sydd i gyfrif am y gwallau yng nghynigion *Casablanca* a *Noti Boi 2* gan fod un gytsain heb ei hateb yn y ddau gynnig, *Casablanca* yn y llinell gyntaf a *Noti Boi 2* yn y cyrch. Yr un bardd yw *O'r Bryniau*, *Yn cysgu* a *Diffyg dynol*. Mae 'na fai bychan yn y tri englyn ond mae cryn addewid yma. Yn y llinell 'Ond daeth llid a'i newid hi' (*O'r Bryniau*), rhaid cael yr orffwysfa ar ôl 'daeth' i gael cynghanedd draws ond mae'r ystyr yn mynnu bod yr orffwysfa ar ôl 'llid'. Mae bron yn gynghanedd sain ond nid yw'n gywir felly chwaith. Mae *Yn cysgu* yn anwybyddu'r ffaith fod dwy 'd' yn caledu'n 't' yn y llinell olaf. Yn ymdrech *Diffyg dynol*, mae dwy gytsain heb eu hateb. Mae gan *Garn Lwyd* afael da ar y gynghanedd ond mae wedi llithro gyda'r llinell 'Ffoniwch os gwelwch foelyn'.

Rwy'n hoffi englyn *Cwi*, yn enwedig y llinell glo, a byddai'n weddol uchel yn y gystadleuaeth oni bai am ei linell gyntaf, 'Piciais o Tai i Pakistan'. Mae'r 't' yn meddalu'n 'd' ar ôl 's' ac felly nid yw'n dderbyniol ei hateb gyda 't'. O ddweud y gair 'Pakistan' yn uchel, rwy'n gobeithio y bydd *Cwi* yn cytuno.

Dosbarth 3

Nid yw paladr *O dan yr wyneb* cystal â'r esgyll. Mae'r syniad y tu ôl i englyn *Jo* yn ddiddorol ond trwsgl yw'r mynegiant. Cafodd *Esau* syniad da, sef rhywun cefnog yn manteisio ar y Banc Bwyd ond siomedig yw'r llinell glo. Annelwig yw englynion *Jiorj* a *Gobeithiol* ac ni allaf weld y twyll yn y naill na'r llall. Er i *Craig y Gogledd* geisio fy ngoleuo trwy danlinellu'r gair 'giro', rwy'n dal yn y tywyllwch, mae arnaf ofn.

Dosbarth 2

Mae'r goreuon yn y dosbarth hwn yn curo'n galed ar ddrws y dosbarth cyntaf. Ei wraig sydd wedi twyllo *Wps* ond naw mis yn ddiweddarach y daeth y dystiolaeth, un 'Bore Sul yn Abersoch'.

Cynnig twrci i'r beirniad y mae *Hwntw* os wyf yn ei ddeall yn iawn ond nid wyf yn gweld bod y cyrch a'r ail linell yn berthnasol i weddill yr englyn. Mae *Y Foel* yn gynganeddwr rhwydd iawn ac yn arbennig o onest:

> Nid f'englyn i ydi hwn – un ydyw
> a godais mewn ocsiwn
> yn onest a di-gwestiwn;
> mae o werth pob dimai, mwn.

Mae *G Major* yn beirniadu'r unawd soprano yn Yr Hendy ac yn cael cynnig 'secs' a ffowlyn. Nid yw'n datgelu pa un y mae'n ei ddewis! Pledio na ddylai gael ei gosbi a wna *Diffynydd* oherwydd 'Wir, Syr, rwyf un o'r Seiri'. Go brin ei fod yn twyllo gan ei fod mor agored am y mater. Mae *Noti Boi 1* yn cael ei dwyllo go iawn wrth fynd i dalu am gysur gan ferch a gweld mai 'Gwryw o ochrau Gaerwen' ydoedd.

Dosbarth 1

Dyfynnaf y pedwar englyn sy'n cyrraedd y dosbarth hwn ond nid mewn unrhyw drefn arbennig.

Dyma ymgais *Ei bwtler*:

> Am fy mod yn fy nhlodi – a hithau'n
> Gyfoethog, lawn crychni,
> Yn warthus dwedais wrthi,
> 'Wyryf deg, fe'th garaf di.'

Fe: Eglura i'w bartnar sut mae twyllo ar y rhaglen 'Siôn a Siân' ac mae wedi mynegi hynny'n rhwydd iawn:

> Rhyw arwyddion iti roddaf; – tuchan
> Reit uchel yn gyntaf,
> Ac yn ail, fel hyn y gwnaf,
> Dau besychiad besychaf.

Beth Amdani: Nid wyf yn siŵr beth i'w wneud efo'r englyn hwn. O'i wobrwyo, byddai'r beirniad yn dod yn rhan o'r twyll!

> John Glyn, rho fy englyn i – yn orau
> A daw arian handi
> I nodded dy bocedi,
> Hanner a hanner fydd hi.

Haeddaf Oscar: Disgrifia sefyllfa sy'n gyfarwydd iawn i wyliwr pêl-droed, a hynny mewn englyn syml un frawddeg. Mae hynny'n dipyn o gamp.

> Fe ddysgais fodd i ddisgyn – yn y cwrt
> I gael cic o'r smotyn
> A chodi yn iach wedyn
> Yn falch ohonof fy hun.

Wedi pwyso a mesur, a newid fy meddwl fwy nag unwaith, englyn *Haeddaf Oscar* sy'n dod i'r brig eleni.

Yr Englyn Ysgafn

TWYLL

> Fe ddysgais fodd i ddisgyn – yn y cwrt
> I gael cic o'r smotyn
> A chodi yn iach wedyn
> Yn falch ohonof fy hun.

Haeddaf Oscar

Telyneg: Cylch

BEIRNIADAETH MARI GEORGE

Daeth tair ar hugain o delynegion i law ac maen nhw'n amrywio o ran mesurau. Cafwyd sawl un mewn mydr ac odl ac ambell un yn y wers rydd. Mewn gwirionedd, beth bynnag yw'r ffurf, her y bardd yw cyfleu teimlad neu emosiwn penodol mewn cyn lleied o eiriau ag y bo modd. Teimlais, wrth feirniadu, mai'r cynildeb hwn oedd ar goll yn nifer fawr o'r cerddi. Roedd 'na ddiffyg awgrymu ac roedd y beirdd weithiau'n defnyddio odl amlwg yn hytrach na gweithio'n galed i chwilio am yr union air yr oedd arnyn nhw ei wir angen. Perygl hyn yw bod 'na linellau ystrydebol yn codi. Cafwyd cylch natur fel thema yn y mwyafrif o'r cerddi a thasg heriol oedd dod o hyd i fardd oedd wedi gallu cyfleu'r hen thema hon mewn ffordd wreiddiol.

Trafodaf y telynegion yn ôl y drefn y darllenais i nhw:

Gochelwch y ci: Ychydig yn fyr a chlogyrnaidd oedd y pennill hwn. Byddai'n well pe bai'r bardd wedi datblygu mwy ar ei syniadau.

Er Cof: Cerdd syml am deulu yn gylch o gwmpas gwely ysbyty sydd hefyd yn defnyddio delweddau o fyd natur. Yn sicr, mae yma ddawn i gyfleu tristwch sefyllfa o'r fath.

eto: Cerdd yn y wers rydd am henwr yn edrych ar lun ohono'i hun yn ifanc ac yn methu'i adnabod ei hun. Mae yna rywbeth ysgytwol o syml yn y gerdd hon.

Cymunedwr: Hoffais y delyneg syml hon lle mae'r bardd yn gresynu bod rhod yn troi a thir wedi ei feddiannu gan ddieithriaid.

Hafan: Pum pennill swynol yn disgrifio natur drwy'r tymhorau a geir yma. Mae'r bardd hwn yn gwybod sut i drin geiriau.

Lloerwen: Mae'r bardd hwn yn ei bedwar pennill yn disgrifio golau'r lleuad ar hyd y byd. Hoffais symlder y syniad.

Yr Ehedydd: Pedwar pennill yn olrhain hanes diwydiant yn tagu'r iaith, ac yna mae'r rhod yn troi a cheir 'iachâd i dirlun y De'. Cerdd ddiddorol.

Hafddydd: Dau bennill syml yn sôn am gylch hapus o ffrindiau a'r pleser o rannu sgyrsiau â'i gilydd.

Tre Dde: Cerdd hir wahanol iawn yn dathlu darganfod yr arwydd 'pi' ym myd mathemateg. Clymodd y bardd y syniad hwn gyda'r ddamcaniaeth nad yw plant y dyddiau hyn yn hoff o astudio'r pwnc. Er bod y syniad yn wreiddiol, braidd yn anfarddonol oedd y gerdd.

Dolafon: Cerdd fer yn disgrifio olwyn bywyd o'n geni hyd at ein marwolaeth. Mae yma ddweud da gan fardd naturiol.

Bertram: Mae'r bardd yn sôn am droseddwr yn dilyn yr un patrwm o droseddu drosodd a throsodd ac yn cael ei garcharu. Doedd dim digon o fflach yn y gwaith i'w osod gyda'r goreuon.

Dal i fynd: Dynodi'n ffeithiol beth yw cylch bywyd a wna'r bardd hwn. Mae hi'n delyneg swynol, syml, syml, ac effeithiol iawn.

Dada: Cerdd syml arall yn dynodi rhyfeddod cylch bywyd drwy ddarluniau o fyd natur. Hoffais symlrwydd hon hefyd ond doedd dim digon o fflachiadau o wreiddioldeb.

Chwrligwgan: Mae'r bardd hwn eto yn ymdrin â chylch bywyd a'r syniad nad oes dechrau na diwedd i ddim. Hoffais y llinell: 'haid o bysgod yn ariannu'r lli'.

dis: Cerdd rydd ddirdynnol yn sôn am ddiwrnod angladd un ferch a pharti pen-blwydd merch arall. Cyferbynnu'r ddwy sefyllfa a wna'r bardd ac y mae, fel y rhai sydd wedi ymgynnull ar y ddau achlysur, 'yn derbyn cylch y rhod'.

Mailiw: Gwnaeth hon argraff arnaf o'r darlleniad cyntaf am ei bod yn ymdrin â'r testun yn fwy uniongyrchol na'r lleill. Beichiogrwydd a genedigaeth plentyn sydd yma ac mae yma gynildeb a dawn i ymdrin â geiriau.

Esyllt: Telyneg draddodiadol yw hon, sy'n drawiadol o syml, gyda dweud annwyl fel hyn:

> Addewid y Gwanwyn
> I dymor yr had,
> Agorwyd y cwlwm,
> Fe ddeffrodd y wlad.

Sam: Ceir dau bennill sy'n llifo'n rhwydd, yn sôn fel y mae plant y dyddiau hyn wedi colli eu diniweidrwydd yn oes y cyfrifiadur a theclynnau cyffelyb: 'Nid tylwyth teg mewn cylch a ddaw / wrth glicio'r botwm sy'n ein llaw.

Medwyn: Hoffais hon o'r dechrau. Dyma ddarlunio cylch bywyd mewn ffordd gynnil a syml. Darlun o fam a phlentyn sydd yma ac wrth i'r gair 'Mam' ddod o geg y plentyn mae'n deffro emosiynau o orffennol y bardd. Mae yma dristwch yn llechu yn y cefndir ac mae'r gerdd yn dweud llawer mwy na'r hyn a welwn ar y darlleniad cyntaf.

Gofalwr: Sefyllfa wedi angladd a gawn ni yn y delyneg hon. Y cyfan sy'n weddill yw'r gŵr sy'n gofalu am y fynwent yn dilyn yr un drefn arferol bob tro.

Llywarch: Colli'r iaith ym milltir sgwâr y bardd yw thema hon. Hoffais y llinellau:'Diffoddodd y gaeaf oleuni'r tai/ A Llywarch a'i gamau eleni yn llai'.

Naturiaethwr: Disgrifiad tyner o hedyn yn tyfu sydd yma cyn i'r hydref ddod 'â'i sawdl greulon' i fwrw'r hedyn yn ôl i'r pridd. Hoffais symlder hon yn fawr.

Ffilws: Cawn ddisgrifiad o berson yn mynd i bysgota. Mae'r delweddau o'r dŵr yn y bore yn hyfryd:

> cwmwl glas uwchben y borth
> yn aros ennyd, cyn mynd am byth
> i garu hefo'r awel,
> er y deil ei sawr.

Daeth *Medwyn*, 'eto' a *Mailiw* i'r brig ond y mae gwaith cwtogi ar gerddi'r ddau olaf a enwir. Yr un yr ydw i wedi closio ati fwyaf yw telyneg gynnil ond ingol *Medwyn*, ac ef neu hi sydd yn haeddu'r wobr. Llongyfarchiadau calonnog iawn.

Y Delyneg

CYLCH

Mae'r llun yn felyn
Ar y silff ben tân,
A rhychau henaint hyd y wyneb main;
Rwyt tithau'n holi bob rhyw hyn a hyn,
'Pwy ydi hon?'
Ac er mai prin y gwelais i dy nain,
Dim ond y llun
A'r olwg sarrug yn ei llygaid mawr,
A theimlo'r hen euogrwydd
Yn fy mrifo i.

Ond ddoe
Am eiliad
A Mai yn sglein ar ddagrau'r lawnt,
Wrth iti gydio yn fy llaw
A chlywed tinc dy lais yn galw 'Mam',
Mi dybiais imi weled gwên
Ar len y llun,
A thinc chwerthiniad
Yn goleuo'r ffrâm.

Medwyn

Pum englyn milwr: Taith

Ymddengys fod yr hen fesur hwn yn bur boblogaidd ymhlith y beirdd o hyd. Mentrodd un ar ddeg i'r maes ac mae'n dda gweld nad yr englyn unodl union yn unig sy'n mynd â bryd y beirdd y dyddiau hyn. Mae goreuon y gystadleuaeth wedi cyrraedd tir pur uchel a chefais foddhad mawr yn eu cwmni.

Sipsi: Mae gan y cystadleuydd hwn afael da ar y mesur o ran llinellau ac odlau ond mae yma amryw o wallau iaith. Tybed ai un yn dysgu'r Gymraeg sydd yma? Os felly, dalied ati ar bob cyfrif. Mae naws hyfryd mewn ambell bennill ond ofnaf mai un llinell o gynghanedd gywir sydd yma.

i'r criw: Cerdd yw hon am daith y rhai a fu'n ymgyrchu dros ein hiaith a'n hetifeddiaeth. Mae yma gynganeddu rhwydd a chywir ond braidd yn ddiafael ar dro, fel yn 'criw a'i sain yn creu synnwyr'. Mae angen mwy o ymdrech a dewis gofalus ar air yma ac acw. Mae'r bardd wedi ennill meistrolaeth ar y grefft o gynganeddu, felly aed ati i rymuso'r dweud. Mae'r clo'n gadarn, hyderus.

Pa ffordd: Cyfres bersonol am daith bywyd a gawsom. Mae rhyw dinc annwyl a diffuant yma:

> Dyddiau cynnar a garwn,
> a'm rhieni, mi rannwn
> siwrnai bur ddi-fai, fe wn.

Mae un llinell yn swnio'n chwithig iawn i mi yn ei chyd-destun, sef yr ail linell yma: 'O gynnwrf fy ugeiniau, / mi heglais i fy maglau'. Mae angen gofal efo'r atalnodi hwnt ac yma, ond mae hwn yn gynganeddwr medrus iawn.

Y Lôn Fawr: Braidd yn anaddawol yw'r agoriad: 'Weithiau fe af i deithio / O frys blith draphlith y fro'. Y nodyn personol a gawn yma eto, a theimlaf fod gan y bardd rywbeth o bwys i'w ddweud. Chwilio y mae am fodlonrwydd a heddwch ar lôn sy'n arwain `I'r mynydd a'r tir mewnol'. Cafodd yr hen gynghanedd y gorau ar gywireb iaith yn y llinell 'a lôn y sandalau'n lwch', mae arnaf ofn. Nid oes angen treiglo 'llwch' yma. Mae angen cryfhau'r englyn cyntaf ond dyma ymgais sy'n darllen yn hyfryd.

Syndans: Dyma gyfres sy'n taro nodyn gwahanol, gyda'r bardd yn rhoi ffrwyn i'w ddychymyg wrth ddisgrifio'r 'gloch sy 'nghlwm â'r glaw' yn galw arno'n ddi-baid: 'Ond ynof i nid â'n fud:/ glaw a haul, mae'n galw o hyd'. Mae yma bentyrru disgrifiadau byw, cyffrous o sŵn y gloch a'i heffaith arno:

> yn ddwndwr eigion aflonydd
> a dŵr yn y landerydd,
> yn dwrw trên, neu draed rhydd.

Gyda llaw, wrth lefaru'r llinell gyntaf uchod, ni allaf yn fy myw ei chael yn seithsill. Nid wyf yn hoff iawn ychwaith o ail linell yr englyn cyntaf "nrws y tŷ, yn aros taw', er bod sillgolli fel hyn yn arferiad gan nifer o feirdd. Yn sicr, mae 'na naws ddirgel yn y gerdd, sy'n rhoi cryn fwynhad i mi. Y drwg yw na welaf lawer o gyswllt â'r testun.

Y Garnedd: Mae'r ddelwedd o daith wedi'i chynnal yn gyson gan y cystadleuydd hwn, y troadau, y rhiwiau, y goriwaered, ac yna'r gwastadedd ar y diwedd. Mae'r dweud yn syml ac uniongyrchol fel yn yr ail englyn:

> Bydd tafliad rhai troadau
> yn gofyn pwyll gaeafau,
> a gwyro am y gorau.

Ac eithrio yn yr englyn cyntaf a'r trydydd, mae'r odlau i gyd yn ddiacen. Mae hynny o fewn y rheolau, mae'n debyg, ond gwell gen i fyddai amrywio'r acen – y glust wedi hen arfer, mae'n siŵr! Hon sy'n dweud wrthyf hefyd nad yw'n rhy hoff o'r sain 'a' yn y llinell `a gwae yn awr yw gwanhau'. Yng nghwmni'r bardd hwn, fodd bynnag, rydym wedi codi i dir dipyn uwch yn y gystadleuaeth.

Rhys: Dyma gynganeddwr naturiol ac ymddangosiadol rwydd. Y nodyn lleddf sydd amlycaf yn y gyfres hon:

> Bu rhai ar hyd llwybyr oes
> o ofid, ffrindiau cyfoes
> garia o hyd clamp o groes.

Nid wyf yn hoff o'r gair `clamp' yn y cyd-destun hwn, beth bynnag am y treiglad, ond ychydig iawn o feiau a welaf yng ngwaith *Rhys,* ac mae'n gorffen ar nodyn personol a diffuant iawn:

> Wedi oes o rannu'r daith
> yn ymyl fy nghydymaith
> Y mae ofn y düwch maith.

Mae'r naws bersonol sydd yn yr englyn hwn yn ei osod ychydig ar wahân i'r gweddill o'r englynion. Byddai'r gyfres ar ei mantais o gynnwys mwy o'r elfen hon drwyddi draw, oherwydd mae pob englyn yn tueddu i sefyll fel gosodiad ar ei ben ei hun ac mae hyn yn atal llif y gerdd. Diolch i *Rhys*, fodd bynnag, am roi hwb arall i'm gobeithion.

Ewyn: Mae'r ymgais hon yn codi fy ngobeithion yn uwch eto, gyda'r disgrifiad o daith i Ynys Enlli. Dyma englynion llyfn gan fardd sy'n feistr ar greu awyrgylch. Hoffais yr ail englyn yn fawr:

> At orwel y tawelwch,
> dynesu, camu o'r cwch
> ar gilan o ddirgelwch

Caf y teimlad fy mod yno gyda'r bardd. Amheuaf, rywsut, ai'r gair 'miri' a ddewisai'r bardd yn ail linell y trydydd englyn oni bai am yr hen feistres gaeth unwaith eto! Ond ni chafodd honno lawer o'i ffordd ei hun ganddo, diolch am hynny. Â ymlaen i greu'r awyrgylch sydd yn 'rhoi ias i'r antur hon':

> Udo cyfrin ganiadau
> o'r eigion ac o'r creigiau
> yno'n befr roedd morloi'r bau.

Onid 'bae' a ddylai fod yn y llinell olaf?

Lleu: Taith afon Teifi o'i tharddiad i'r môr sydd gan y bardd hwn, o'i phurdeb ifanc ac yn `chwim, barablus ei chân' hyd nes 'Ei henwi yn frenhines'. Ar y diwedd, cawn `Hunodd ar ddolydd henaint'. Dyma'r englyn clo:

> A'n hwyr fe'i rhown yn dirion
> O dan sêl dawel y don
> I ofal bythol Neifion.

Tybed a fyddai modd i'r bardd newid 'A'n hwyr' ar ddechrau'r llinell gyntaf? Cefais fy swyno, fodd bynnag, gan y gerdd delynegol a diwastraff hon sydd ymhlith goreuon y gystadleuaeth.

Amos: Taith wahanol iawn a gawn yma, gyda disgrifiad cignoeth o daith yr Iddewon ar drên i wersylloedd carchar yr Ail Ryfel Byd. Mae pob englyn yn llwyddo i ychwanegu at y darlun yn ddi-feth, gyda sŵn y trên, hyd yn oed, yn ein paratoi at y diwedd erchyll (er y llithriad yn y drydedd linell):

Y trên fu ddoe'n taranu
A'i gaban yn chwibanu
A drodd ei hun yn neidr ddu.

a hefyd 'Sŵn creulon y pistonau/ Yn adrodd gwae o'r cledrau'. Yna'r daith olaf o'r orsaf i'r 'lle eithaf,' a grybwyllir yn yr englyn cyntaf:

Y degau a fidogwyd
Yn rhes flin o'r orsaf lwyd
I dywyll wersyll arswyd.

Mae'r llinell olaf yn un gref iawn, gyda'r gynghanedd sain yn hawlio'r pwyslais ar y tri gair sy'n llwyddo i ail-greu'r digwyddiad erchyll. Dyma gyfres arall a wnaeth argraff fawr arnaf.

ar y ffordd: Hanes personol iawn sydd am golli cymar o lenor, a hynny oherwydd afiechyd creulon. Rydym ym myd llên drwy gydol y gerdd ac mae'r ddelwedd o daith yn cael ei chynnal i'r diwedd. Mae yma gyfres gron a chryno. 'Hud geiriau fu dechrau'r daith' yw'r llinell gyntaf, a'r geiriau hynny sy'n arwain y bardd ymlaen ar y diwedd:

Os ingol ei thaith olaf
ei geiriau'n fap a gariaf;
â'r rhain, yn fy mlaen yr af!

Cerdd ddwys yn cyfleu colled fawr ond gyda dewrder a gobaith ar y diwedd.

Diolch i'r un ar ddeg a fentrodd i'r maes eleni. Mae rhywbeth i'w edmygu yng ngwaith pob un. Mae pedwar, fodd bynnag, wedi gwneud argraff arbennig arnaf, sef *Ewyn, Lleu, Amos* ac *ar y ffordd*. Bûm yn darllen a darllen cyn dod i'r penderfyniad mai *ar y ffordd* sy'n cael y lle blaenaf, am lwyddo i lunio cerdd ar nodyn mor bersonol ac eto gyda meistrolaeth lwyr ar y mynegiant.

Y Pum Englyn Milwr

TAITH
er cof am SO

Hud geiriau fu dechrau'r daith;
gweld rhyfeddod ym mrodwaith
y llaw rhwng llinellau iaith.

Ar y lôn, bu barddoni,
ystyried hanfod stori'n
rhan o nod ein siwrnai ni.

Ond y rheibiwr dirybudd
yn ei gwaed fu'n turio'n gudd
a'n troi ymhell o'n trywydd.

Fesul cam, fesul tamaid,
cilio o'n rhodio fu'n rhaid,
a'i chân yn troi'n ochenaid ...

Os ingol ei thaith olaf,
ei geiriau'n fap a gariaf;
â'r rhain, yn fy mlaen yr af

ar y ffordd

Cywydd: Neuadd

BEIRNIADAETH KAREN OWEN

Daeth pedair ymgais i law, nifer syndod o isel ar destun digon eang ei bosibiliadau, debyg. Ar y cyfan, cystadleuaeth ddigon fflat a gafwyd eleni, a theimlaf fod 'na ddiffyg gweledigaeth gan y cywyddwyr. Ychydig iawn o linellau cofiadwy a gafwyd ac mae diffyg darluniau diriaethol.

Robin Goch: Cywydd digon twt, gydag ychydig lithriadau cynganeddol, a gormod o beth wmbreth o linellau sy'n caniatáu 'n' wreiddgoll. Mae'r pennill agoriadol yn amwys iawn hefyd, lle'r hoffwn i'r dweud fod wedi bod yn llawer cliriach. Gwaetha'r modd, dydi ei bennill olaf, chwaith, ddim yn llwyddo i'm hargyhoeddi o'r union ddarlun yr oedd ganddo yn ei feddwl wrth fynd ati i lunio'r gerdd hon.

llenni'n cau: Cerdd a'm gwnaeth yn ddigalon sydd gan y cywyddwr hwn, ond eto mae yma lawer o bethau yr ydw i'n hoff ohonyn nhw. Yn y gerdd 36 llinell hon, sydd wedi'i rhannu'n chwe phennill chwe llinell canadwy iawn, mae'r bardd yn annerch ar lwyfan Neuadd Bentref. Mae'r dweud yn rhwydd iawn ac, yn bwysicach, mae'r darluniau'n glir ac yn ddiriaethol. Mae'r pumed pennill yn darogan gwae a dydi'r chweched pennill ddim yn glir nac yn ddiweddglo teilwng, ac mae yna ôl brys ar y dweud.

Bwlch: Ychydig ddyddiau wedi dyddiad cau'r cystadlaethau llenyddol ar Ebrill 1, fe ddigwyddodd rhywbeth sydd wedi tanseilio rhyw fymryn ar gywydd *Bwlch* – ond nid bai'r cywyddwr ydi hynny, ac nis collfernir. Cywydd yn canu clodydd Neuadd Pantycelyn, cartref i genedlaethau o fyfyrwyr Cymraeg Prifysgol Aberystwyth, ydi'r gerdd, ac mae'n dadlau pam y mae'n bwysig ei chadw'n agored. Ond ym mis Ebrill, fe ddaeth tro pedol gan y rheolwyr. 'Adeilad oedd i deulu / I roi tân Cymreig i'r tŷ...', meddai'r cywyddwr hwn. Ac mae'n ddweud da. Ond wedi hynny, mae tyndra'r gerdd yn llacio, ac mae'r cynganeddu'n colli'i fflach a'i ddisgyblaeth. A dydi rhestru'r cyfraniad a wnaeth y Neuadd a'i phreswylwyr i wahanol agweddau o ddiwylliant a bywyd Cymru, ddim yn ddigon wrth geisio creu barddoniaeth i symud eraill. Wedi dweud hynny, hoffais yn fawr y llinell unigol o ormodiaith, yn y traddodiad gorau, 'A chraith fawr fel Sycharth fydd'.

Byw: Nain a'i hŵyr yn mynd am dro o gwmpas hen fro ei mebyd sydd yma. Mae hi'n siarad Cymraeg, ond yr arddegyn yn cyfathrebu yn Saesneg. Mi hi'n cofio, wrth weld y Neuadd Goffa, am hwyl a chymdeithasu'r blynyddoedd a fu. Mae yntau'n methu deall yr ymwneud hwnnw, ac yn byw ei fyd yn ôl y ffôn llawn aps sydd ar gledr ei law ac yn llywio ei fynd a dod. Am hynny, mae yma ddwy farn; dau begwn; dwy ddealltwriaeth wahanol o hanes

Cymru a'r byd; ac mae yma ddwy Gymru hefyd. Mae'r cywydd yn dangos ychydig o ôl straen yn yr ail bennill a'r dweud yn troi'n fwy o stori nag o farddoniaeth. 'Palladium fu'r cwt yma,' meddai, cyn mynd ati i egluro i mi, yn hytrach na gwneud i mi deimlo, mai yno hefyd y bu 'oes aur ei huchelgais iau'. Ac yn yr un ffordd, y mae'r pennill pedair llinell olaf yn ormod o epilog yn hytrach na bod yn benllanw cân. Do, mi ddeallais mai anodd ydi hi i brif gymeriad y gerdd – fel y mae hi i hynafgwyr profiadol yr oes hon – egluro cyfoeth diwylliant Cymraeg y dyddiau fu yn wyneb technoleg ac Eingl-Americaneiddio byd pobl ifainc. Ond a deimlais i'r peth? Naddo. Ond, cywydd *Byw* ydi cerdd orau'r gystadleuaeth, a *Byw* sy'n haeddu'r wobr.

Y Cywydd

NEUADD

To sinc, a'r rhwd yn rhincian
yn y gwres:
　　'Wat's that then, Gran?'
Mae'n trio esbonio'r sbort –
hi *has-been,* Nain ddi-basport –
i un â'i fyd dan ei fawd,
hwn a impiwyd ar gwmpawd
ei ffôn,
　　Mae'n disgrifio'r ffair,
canu iau yn cyniwair,
hwyl 'steddfod. Yntau'n nodio.
Gwell hafan ei wefan o
na chyngerdd mewn blwch angof,
muriau cul, mieri'r cof.

Ond yr 'Hol' oedd hyder hon,
neuadd hud ei breuddwydion.
Palladium fu'r cwt yma,
A'r rhwd sydd yn creithio'r ha'
yn llwyfan, gwefr bonllefau,
oes aur ei huchelgais iau …

Mae ei hŵyr yn rhwym o hyd
i'w nythfa ym mhlu'r rhithfyd;
hithau'n canfod, wrth godi'n
ddi-*app,* mai 'hedydd yw hi.

Byw

Soned: Storïwr

BEIRNIADAETH HYWEL GRIFFITHS

Derbyniwyd pedair ymgais ar ddeg a phrofiad diddorol a phleserus oedd eu tafoli gan fod y safon ar y cyfan yn uchel. Mae'r soned (Shakespearaidd) fel mesur wedi dod yn fesur poblogaidd tu hwnt unwaith eto gan feirdd Cymru, yn enwedig ar Dalwrn y Beirdd. Fodd bynnag, ni ddylid casglu o hynny fod cyfansoddi soned yn hawdd. Mae'n wir fod ei phatrwm odli a'i rhythm o acenion o fewn y llinell yn gosod llwybr clir i'w ddilyn ond y gamp yw osgoi syrthio i rigol o rythm, patrwm ac awyrgylch gorgyfarwydd. Yn y gystadleuaeth hon, gobeithiwn ddod ar draws soned a oedd yn canu'n wahanol.

Marc Clark: Rhigymau, nid soned, a gafwyd ac felly ni ellid ystyried y gerdd yn y gystadleuaeth.

Mae gweddill y sonedau'n ymrannu'n dri dosbarth.

Dosbarth 3

Mae sonedau'r dosbarth hwn yn wallus o ran rhythm neu batrwm odlau ond mae yma arwyddion o botensial o ran delweddau. Dylai'r beirdd ddarllen ac adrodd sonedau'r meistri er mwyn dod yn gyfarwydd â sŵn a rhythm y mesur.

Berach: Mae syniad gan y bardd sut y dylai soned edrych, os nad sut y dylai swnio. Mae'r patrwm odli'n gywir ond, gwaetha'r modd, mae'r bardd yn odli geiriau acennog a diacen ac mae hynny'n torri rhythm y mesur. Er mai niwlog yw'r cynnwys, ceir fflachiadau addawol.

Mo'r Mynydd: Dyma un arall a ŵyr sut beth yw soned ac sydd yn dangos mwy na fflach o botensial yn ei eirfa a'i ddelweddau ond nid yw'r patrwm odli'n gywir drwyddi draw.

Y Cerddwr Traeth: Soned braidd yn orgymhleth a rhodresgar yw hon. Dyma'r llinell gyntaf: 'Hud yw dull dy ddweud, O ton, dy hanes'. 'O don' fyddai'n gywir, wrth gwrs, a rhyw ddiffyg gofal am fanylion felly sy'n britho'r gerdd. Ni wrandawodd ar ei glust yn y cwpled olaf, gan odli 'Duw' a 'gloyw.'

Ann Obeithiol: Dim o bell ffordd! Mae'r soned yn dechrau'n addawol: 'Wrth alw i weld cymydog lawer tro/ Fe'm hoeliwyd yno gan storïau'r dydd'. Ond wrth fynd ymlaen i ddisgrifio'r ymgais i ddianc rhag y cymydog parablus, mae rhythm y llinellau'n mynd ar goll.

Dosbarth 2

Mae'r beirdd nesaf yn sicrach o'u crefft ac o ofynion y mesur, a chyda mwy o ofal a meddwl hunanfeirniadol, byddai'r sonedau'n rhai llwyddiannus dros ben.

Tom: Soned i storïwr mawr y genedl sydd yma, sef T. Llew Jones, wrth gwrs. Er bod llais y bardd yn sicr drwy'r soned ac er bod delweddau hyfryd yma a thraw (er enghraifft: 'Cymerai linyn arian llên a dysg / A'i ail-wehyddu'n frethyn newydd sbon / I'n lapio ...'), mae ôl straen yma a thraw. Y brif enghraifft o hyn yw ei ddefnydd o 'in' yn lle 'inni' oherwydd gofynion rhythm y mesur. Ond mae'r diweddglo, sy'n sôn am y 'crwtyn a wrthodai dyfu'n hŷn', yn llwyddiannus iawn.

Sam: Soned arall i T. Llew Jones, yn debyg iawn i soned *Tom* o ran cryfderau a gwendidau. Mae'r delweddau'n fywiog – mae'r storïwr yn arwain y plant at 'ogofeydd a chistiau trysor llawn, / Lle'r oedd dihirod gwaetgar yn ymguddio'. Fodd bynnag, go brin y byddai'r bardd wedi dymuno defnyddio'r gair 'mentergarwch' pe na bai'n odl hawdd ei chael, a disgynnodd i'r fagl fawr mewn soned o roi ansoddair o flaen yr enw, eto er mwyn bodloni gofynion y rhythm.

Cilborth: Y drydedd soned i T. Llew Jones, 'yr hen storïwr' a oedd yn 'twyllo'r' plant 'Mai sipsiwn neu forladron oeddynt oll'. Ar wahân i ambell fflach (er enghraifft, y darlun o'r plant yn gwrando ar y storïwr yn 'gwrthod gadael gair i fynd ar goll', ac yna Carreg Bica'n 'gwylio'n grwm ei gwar' wrth i seiadau'r Pentre Arms fynd i hwyl), nid oes digon o gyffro na newydd-deb ynddi.

I'r 'wylan wen': Cyfarch storïwr mawr arall ein cenedl, Hywel Teifi, a wna'r soned hon. Diffyg gofal, yn hytrach na diffyg cyffro, sydd yma. Mae'r soned fel pe bai'n llawn i'r ymylon, a'r delweddau sydd ar eu pennau eu hunain yn effeithiol, yn brwydro yn erbyn ei gilydd er mwyn cael sylw. Er bod rhai llinellau'n pefrio gyda dawn dweud ('roedd tyndra'r siew yn pingad dros ei min'), mae llinellau eraill fel 'pan gefais gyfle gwych rhyw hir brynhawn', yn gofyn am fwy o hunanfeirniadaeth.

Dosbarth 1

ap Bob: Rydym yn codi i dir ychydig uwch gyda'r soned hon. Tad yw'r storïwr anfoddog ('Rhyw hanner stori gefais i bob tro') yn y soned hon, mi dybiaf, a phrofiadau yn y Somme yn y Rhyfel Byd Cyntaf yw'r stori nad yw byth yn ei hadrodd yn llawn: 'Dim ond rhoi enwau hen bentrefi talch / Wrth sôn am ffrind, ac am y gwynt a'r glaw'. Yn y cwpled olaf yn unig, pan ddatgelir 'y creithiau dan yr amdo gwyn' y daw'r stori lawn. Syniad clyfar, wedi ei gyflwyno'n fedrus, er bod angen mwy o gynildeb yn y chwechawd.

Y Fronllwyd: Soned dda iawn yn canu clodydd Daniel Owen. Mae unoliaeth y trosiad estynedig a geir yn yr wythawd yn addawol dros ben:

> Ar derfyn dydd o drin brethynnau main
> nodwyddai'r teiliwr edau geiriau'n rhydd,
> i'w pwytho maes o law'n storïau cain.

Gwaetha'r modd, yn hytrach na chynnal y trosiad hwn hyd ddiwedd y gerdd, mae'r bardd yn tynnu delwedd 'sêr yr hwyr, / yn aros fyth i'n cyfareddu'n llwyr' i'r cwpled olaf. Trueni am hynny oherwydd, fel arall, mae llais sicr iawn gan y bardd a gall drin y mesur yn gelfydd.

Dyfed: Roedd hon yn dipyn o ffefryn gen i oherwydd gwreiddioldeb ac anwyldeb y syniad, sef mai plentyn bach siaradus yw'r storïwr, yn llinach storïwyr Cymru drwy'r canrifoedd a'i 'draed ar gadair hen benteulu'r ach / Ac yn parablu gyda sobrwydd sant'. Â'r bardd yn ei flaen: 'Dilynem ef wrth lyw awyren hud / Ar lwybr ei ddychymyg hwnt i'r ardd'. Hoffais yn fwy na dim y cyswllt gyda chwedlau'r oesau, a'r holi beth yw'r awydd sydd ynom, hyd yn oed yn blant, i adrodd straeon. Diofalwch yw'r gwendid fan hyn a fan draw – 'troi'r teledu bant' yn lle 'diffodd y teledu', ac ambell gywasgiad a chamgymeriad gramadegol y byddai'n hawdd eu cywiro.

gwrandäwr: Soned ymddangosiadol syml ond effeithiol ac annwyl dros ben. Dw i'n tybio mai storïwr mawr arall, sef Eirwyn Pontshân, yw'r gwrthrych (er na ddywedir hynny'n uniongyrchol) a'r ffordd y câi ei ddifrïo (ei 'alw'n iob') gan y rhai a ddychanwyd ganddo. Mae tinc yn yr eirfa, yr hiwmor a'r arddull, o rai o sonedau Dic Jones, ac nid gor-ddweud yw hynny. Dyma'r bardd ar ei fwyaf diddorol a bywiog:

> Nid oedd ond boi cyffredin, mab i saer
> yn mynd o fan i fan i ddweud ei ffras
> am fugail, gweddw dlawd neu heuwr taer
> a rhyw bŵr dab fu'n brae i ladron cas.
> A rhywsut llwyddai i ddenu'r dorf o draw
> wrth sôn am grwt fu'n sgwlca slops y moch.

Y ddisgynneb yn y cwpled clo yw gwendid y gerdd: 'a'r syndod yw ei fod e'n dal o hyd / i ddweud ei ddweud ac anesmwytho'n byd'. Rhyw deimlad o fodloni, yn hytrach nag ymdrechu i ddod o hyd i'r union eiriau sydd yn y llinellau hyn. Soned arbennig o dda, serch hynny.

llais cyfarwydd: Dyma fardd gorau'r gystadleuaeth heb amheuaeth a meistr corn ar y mesur. Mae hynny'n amlwg o'r llinell gyntaf. Mae'r ddelwedd sy'n dilyn yn cadarnhau ei fod yn llais hyderus a chrefftus hefyd: 'y dweud sy'n troi'r caregos wrth ein traed/ yn emau llachar i oleuo'n taith'. Dyna ddelwedd sydd yn dweud yn union yr hyn y mae arnom ei eisiau gan storïwr, sef creu rhywbeth anghyffredin a hudolus o'r cyffredin, bob-dydd, sydd yn rhoi trefn 'ar blot anniben bywyd', ac yn 'trwsio'r gwir' oherwydd, hwyrach fod y gwir yn rhy gymhleth i greu stori neu chwedl. Dyma'r unig fardd sydd wedi mentro dweud rhywbeth newydd mewn dull anghyffredin – y *llais cyfarwydd* sy'n fuddugol.

Y Soned

STORÏWR

Fe aned rhai â Gwydion yn eu gwaed
a'u dawn yn reddf gyfarwydd cyn bod iaith,
y dweud sy'n troi'r cerigos wrth ein traed
yn emau llachar i oleuo'n taith.
Nid tanio'r nwydau'n unig. Ond rhoi trefn
ar blot anniben bywyd nes y bydd
ein hanes unwaith eto'n llinell lefn,
a'i phatrwm cain yn euro ffrâm ein dydd.

Am gysur ei 'Un tro' a'i ddiwedd twt,
ei gynllun cytbwys, cymeriadau crwn,
a'i obaith am yfory, mewn rhyw bwt
o chwedl, y dyhëwn. Ac mi wn,
pe holwn awdur am ei daith o'r crud,
y mynnai yntau drwsio'r gwir o hyd.

llais cyfarwydd

Cerdd gaeth, hyd at 40 llinell: Rhwyg

BEIRNIADAETH MYRDDIN AP DAFYDD

Cystadleuaeth gwerth ei gosod oedd hon gan fod cyfle yma i ddefnyddio gwahanol fesurau a bod yn uchelgeisiol o ran cynnwys a hyd y gerdd. Roedd hi'n braf gweld bod pedwar wedi rhoi cynnig arni.

Nelson: Mandela, y rhwyg rhwng y gwyn a'r du a'r modd y cyfannwyd y rhwyg hwnnw dan ei arweiniad yw testun hon. Mae'n arbrawf canmoladwy o safbwynt y mesur: englyn pum llinell, gyda'r gair cyrch a'r ail linell yn cael eu dyblu fel bod dwy gynghanedd bengoll yn dilyn ei gilydd. Roedd gen i ddiddordeb gweld a fyddai hynny'n cloffi'r mesur, yn ei wneud yn ailadroddus neu'n llwyddo i symud y fydryddiaeth yn ei blaen. Nid wyf wedi fy argyhoeddi'n llawn; gellid hepgor un o'r llinellau pengoll heb amharu ar yr ystyr yn nifer o'r englynion, ond mewn un neu ddau ohonynt maent yn cryfhau'r adeiladwaith. Ailadrodd hanes cyfarwydd a golygfeydd o ffilmiau adnabyddus a wneir i raddau, nid rhoi golwg wreiddiol a newydd ar yr elfennau hynny. Mae'r cystadleuydd yn esgeuluso'i ferfau mewn rhai brawddegau a dylid pwyso a mesur llinell fel 'Un dydd grêt yn Sowetto' yn hir cyn ei gollwng i gerdd fel hon.

Keith: Mesur tri thrawiad a ddewisodd yr ymgeisydd i adrodd stori druenus y plant a laddwyd gan Ian Brady a Myra Hindley yn 1964. Bu farw Winnie Bennett, mam un o'r plant, yn Awst 2012 heb gael gwybod ym mhle claddwyd gweddillion ei mab. Mesur sionc a llithrig yw'r tri thrawiad; sut y byddai'n gweddu, felly, ar gyfer hanes o'r fath? Mae llawer o odlau/ odlau mewnol yn agos at ei gilydd yn y mesur hefyd – mae'r ymgeisydd yn gwneud y cam gwag o or-ddefnyddio ansoddeiriau ar yr odlau hyn nes ein bod yn gorfod gwrando ar ribidirês o bethau fel hyn: 'Mewn cyfnod trallodus/ Yn sydyn arswydus/ Daeth poenus, anweddus bum lladdiad'. Anaddas i'r testun, mae arnaf ofn. Mae yma gamacennu o safbwynt y gynghanedd yn ogystal – un yn dysgu'r elfennau sydd yma, efallai. Efallai y byddai hepgor ansoddeiriau'n llwyr am gyfnod yn gymorth iddo greu darluniau mwy gafaelgar drwy ddulliau eraill.

drws y cwm: Deialog, a hynny ar nifer o fesurau, rhwng pleidiwr a phrotestiwr ynglŷn â nwy ffracio. Mewn dadl o'r fath, hen eiriau llanw braidd yw cyfarch ei gilydd gyda 'fy ngwas' a 'fy ffrind'. Mae yma linellau cofiadwy: 'Paid chwarae â'r fam ddaear' ac 'Y geiniog i'n gwahanu?' ond statig a geiriog yw'r ddadl – cynganeddu datganiadau i'r wasg fwy neu lai.

Pentre Galar: Trychineb Senghennydd 1913 yw cefndir y cywydd hwn ac mae'n tynnu'i ysbrydoliaeth o un o luniau enwog y ffotograffydd newyddiadurol, W. Benton o Glasgow. Yn y llun, yn ôl gwaith ymchwil diweddarach, mae merch dair ar ddeg oed yn cario plentyn mewn siôl Gymreig ac yn disgwyl am newyddion o'r lofa, gan sefyll gyda'r dyrfa ar fryncyn uwchlaw pen y pwll. Ei chwaer yw'r plentyn y mae'n ei fagu, yn ôl y cywydd, ac roedd ei thad ar y shifft dyngedfennol honno y bore hwnnw o Hydref, mae'n debyg. Mae'r cywyddwr wedi llwyddo i gyfuno ffeithiau hanesyddol, darlun o drueni'r gymdeithas lofaol a stori deuluol, bersonol, a hynny'n llwyddiannus iawn. Mae yma ddarluniau cofiadwy, cyfuniadau cryf o ddelweddau a chynghanedd a thinc o ddweud moel ond ingol rhai o gerddi clasurol y traddodiad caeth: 'Daear a'u cudd, bedwar cant'. Mae *Pentre Galar* yn haeddu'r wobr a phob clod.

Y Gerdd Gaeth

RHWYG

Ar fryn uwchben Senghennydd
Yn dyst i ddinistr y dydd
Geneth a glywodd gynne
Alwad oer gwaith glo y De.

Ffrwydrai'r tân odditani
Gan ddwysáu ei hofnau hi,
Dal plentyn yn dynn, a'r dydd
Hwn o Hydref yn waedrudd.
Rhoes ei chwaer yng ngwres ei chôl
A nwyon pwll angheuol
Ara' bach drwy'r cilfachau
I awyr ddwys yn rhyddhau.

Hi ar 'shifft' o fagu'r siôl,
Dwy fedwen y dyfodol,
Yn dair ar ddeg o fregus
Mae'n tristáu rhwng llwybrau'r llus.
Tair ar ddeg mor deg â'r dydd,
Heneiddiai mewn boreuddydd.

Enbyd o ergyd oedd hon
O galedwch gwaelodion.
A hunllef y siafft danllyd
Yn ara' bach ddeffro'r byd.

O ffas i ffas aeth fflam ar ffo
Nadredd o nwy yn ffrwydro,
A'r cyrff yn y dyfnder cau
Yw celanedd colynnau

Teimlwyd holl ruthr y twmlo
O dramiau dros gledrau'r glo,
Cnawd brau ceffylau'r ffas
Seriwyd yn y gwres eirias.

Druan o'i gwŷr cedyrn gynt
Heddiw 'ŵyr neb pwy oeddynt.

Hunant yng nghof Senghennydd
Wŷr cryfion, dewrion eu dydd,
Un heulwen mwy ni welant
Daear a'u cudd, bedwar cant.

A dwy yn ddiniwed aeth
Yn eu hôl i dŷ'r alaeth.

Pentre Galar

Cerdd rydd, hyd at 40 llinell: Llwyfan

BEIRNIADAETH T. JAMES JONES

Ymgeisiodd saith.

Bwlch Einion: Mae'r ymgais yn trafod gwaith R. S. Thomas. Ni thry'r trafod yn ganu. Efallai y dylai'r ymgeisydd astudio cynildeb arddull R. S. a cheisio'i fabwysiadu.

Sam: Cerdd sy'n sôn yn gynnil am ddringo 'llwyfan' Pen y Fan. Mae milwyr a thimau achub yn cyfrannu at gomedi a thrasiedi'r llwyfan. Gŵyr yr ymgeisydd hwn werth cynnal delwedd. Ond mae'r clo yn wan.

Gambo: Cerdd dafodieithol am fam-gu a thad-cu yn difyrru'u hwyrion. Mae'r dafodiaith yn gyfrwng da i gyfleu agosatrwydd a boddhad yr emosiwn o berthyn. Mae'r ymgais hon yn agos at y brig.

Debord: Rhestr ddigyswllt o rybuddion rhag cymeriadau sy'n peryglu cymdeithas. Nid yw'r mynegiant yn glir bob amser ac mae angen saernïo'r syniadau.

Za Kulisami: Wele linellau agoriadol yr ymgais ryfedd hon: 'ar erchwyn ystyr y'i codwyd,/ â haenau'r haniaethol/ o'i hesgor yn absennol:/ dieithryn i faeth y pridd du/ lle â diwylliant i angori'. O fwriad, ni chywirais y gwallau ac nid oes angen ymhelaethu.

Sid: Dyma gerdd dafodieithol arall. Manteisia ar gyfoeth o ymadroddion trawiadol tafodiaith wrth ddelweddu bywyd rhwng geni a marw fel actio drama ar lwyfan. Ond mae angen cryfhau'r clo.

Gwyrdd ac aur: Cerdd sy'n moli Nelson Mandela. Sonnir am urddas ei arweiniad dewr a'i orfoledd pan enillodd y De Affrig a achubwyd ganddo Gwpan Rygbi'r Byd. Soniais ar y dechrau am gynildeb arddull R. S. Thomas. Dyma fardd sy'n arddangos y grefft honno. Mae i'r gerdd ddiymhongar hon glo cofiadwy. Mae'n haeddu'i gwobrwyo.

Y Gerdd Rydd

LLWYFAN

Llwyfan
a'r lle'n llawn;

hawliaist galonnau
â chwifiad dy law,
dringaist fanllefau'r dorf
ag urddas,
gwisgaist grys Pienaar
a mantell dy bobl;

dy dîm yn igam-ogamu
o afael cadwynau'r meddwl,
yn datod
hualau'r gaethglud.

Gafaelaist
yng nghraidd eu bod
gerfydd dy ddwylo du
a gwasgar y caddug
dros orwelion
Robben y barrau heyrn,
henwr y gaeafau blin
ar hyd y daith hir i ryddid.

A'r awr honno
â dolefain hen hil yn y gwynt
'roedd y byd wrth dy draed,
â Pharc Ellis yn eirias
oet belydryn yng ngwên dy bobl;
codaist eu cwpan fry
a'i lenwi
â'r haul.

Gwyrdd ac aur

Cerdd ddychan/ddigri: Y Bleidlais

BEIRNIADAETH DAFYDD IWAN

Cafwyd wyth ymgeisydd mewn cystadleuaeth ddigon difyr na chyrhaeddodd unrhyw uchelfannau. Gwnaf sylwadau arnynt yn y drefn y daethant imi.

Tawe: Pymtheg o benillion pedair llinell lle mae Cynghorydd yn adrodd ei stori mewn dull digon swta, ffwrdd-â-hi a doniol. Mae gan y cynghorydd ddwy gariad ac y mae'r ddwy'n chwennych swydd gyda'r Cyngor. Mae'n addo helpu'r ddwy ond yn y cyfarfod dewis, mae pleidlais fwrw'n disgyn i'w ran fel cadeirydd, ac mae'n llewygu er mwyn ei gael ei hun o dwll. Mae wedi anelu at y digri yn hytrach na'r dychan, ac o fewn y ffiniau cyfyng a osododd, mae wedi llwyddo, ac wrth adrodd ei stori'n gynnil daclus, mae'r elfen o ddychan yn taro'r nod. Y diweddglo yw'r gwendid mwyaf, efallai.

Trŵ Brit: Un ar ddeg o benillion chwe llinell sydd â'u cynnwys yn crwydro o gefn gwlad Ceredigion drwy hanes y *suffragettes* i Ogledd Corea, rhoi ambell gelpan i'r teulu brenhinol ar y ffordd, a swadan i dipyn o bawb wrth ddychanu breuder ein democratiaeth honedig, a hynny'n ddigon effeithiol. Does dim o'i le ar y gerdd ond blas sgwrs y sinig dros beint sydd yma, heb fawr ddim newydd na gwreiddiol, er fy mod yn cytuno'n llwyr ag ergydion y cystadleuydd!

Hen Wag o'r Nant: Tri ar ddeg o benillion sy'n amrywio mewn mesur ac yn anwastad eu ffurf. O ddewis mydr ac odl, gwell cadw at un mesur mewn cerdd ysgafn, os nad oes rhyw dro yn y stori yn gofyn am newid. Mae'r stori hefyd braidd yn gymysglyd, a mawlgan i Maria'r wraig yn troi'n hanes sefyll etholiad i fynd ar y cyngor, a chael dwy bleidlais yn unig. Mae'n amlwg nad oes ganddo fawr o gewc ar gynghorwyr, ond mae'r dychan yn brin a'r digrifwch yn denau.

Ffôs y Donci: Un ar bymtheg o benillion pedair llinell, gydag awgrym o gytgan y gellid ei chanu (neu ei llefaru) rhwng y penillion. Ymgeisydd aflwyddiannus sydd yma, wedi colli'r etholiad o un bleidlais, yn cyfarch ei etholwyr drannoeth y drin, gan edliw rhai o'u ffaeleddau a'r ffafrau a wnaed. Dim byd cas, a dim byd digri iawn, ond mae cryn ddawn dweud yma, a chryn ôl gwaith ar y gerdd.

Cwlwm Tynn: Pedwar pennill wyth llinell gan un sy'n pledio achos cadw cwlwm Prydeindod yn sgîl refferendwm annibyniaeth yr Alban. Efallai mai hwn a darodd ar y syniad mwyaf gwreiddiol ac amserol, ond rhy arwynebol yw'r driniaeth, ac ergydion y dychan braidd yn dreuliedig ac arwynebol. Collwyd cyfle gan *Cwlwm Tynn* ysywaeth.

Sam: Naw o benillion swmpus chwe llinell yn troi o gwmpas y bleidlais yn yr Eglwys yng Nghymru am ganiatáu i ferched fod yn esgobion. Mae'r gerdd yn well o ganolbwyntio ar un digwyddiad, er bod yr awdur wedi gofalu bod elastig go lac ar ei ffeithiau. Mae dychan bob amser yn gryfach o gael ei fynegi o un safbwynt cyson ac er bod yr awdur hwn fel pe bai o blaid merched fel esgobion, mae hefyd yn dweud: 'A sbel 'nôl buodd un yn ddigon digwilydd/ I gael ei hapwyntio yn Hybarch Archdderwydd'. Ond cerdd digon difyr, a gwreiddiol.

Corn Hir: Wyth o benillion pedair llinell i'r bleidlais i ethol Mugabe yn Arlywydd Zimbabwe. Testun gwahanol ond ni wnaed yn fawr o'r cyfle. Mae'r dychan, fel mydr rhai o'r llinellau, yn anwastad ac ansicr, ac nid yw'r ergydion yn taro deuddeg, er bod y deunydd o fewn cyrraedd.

Tomos: Wyth ar hugain o benillion pedair llinell am helynt cyfarfod i achub papur bro *Bryn Nef*, a hanes pleidleisio ar weithgaredd codi arian i achub y papur. Mae'r cadeirydd yn marw yng nghanol yr helbul ond yn achub y papur drwy adael miliwn o bunnau i'r pwrpas hwnnw yn ei ewyllys. Gwaetha'r modd, mae'r iaith yn wallus wrth i'r cystadleuydd geisio 'stumio'r dweud i ffitio'r mesur.

Y goreuon yw *Tawe, Trŵ Brit, Ffôs y Donci* a *Sam*, ac y mae'n agos iawn rhyngddynt. Ond am iddo osod nod glir nad oedd yn rhy uchelgeisiol a llwyddo i'w chyrraedd yn braf, wrth ei bwysau, rhoddaf y wobr i *Tawe*.

Y Gerdd Ddychan/Ddigri

Y BLEIDLAIS

Mae pawb yn fy adnabod
O Blwmp i Ben Lle'r Gaer,
Rwy'n brysur fel cynghorydd,
Rwyf wedi bod yn faer.

Eisteddais ar bwyllgorau
Di-ri mewn llawer man,
Ac felly dros fy nghyd-ddyn
Rwyf wedi gwneud fy rhan.

Mae'r ffrindiau agos ataf
Yn ymwybodol iawn
Fy mod yng nghwmni'r merched
Yn berchen lot o ddawn.

Fe af at Gwawr i aros
Nos Fercher a Nos Iau
Lle nad oes neb all ddifa
Ein mwyniant ni ein dau.

Un arall ydyw Lleucu
Y bertaf fwynaf fun,
Af ati ar nos Wener
Ac aros tan ddydd Llun.

Drwy 'mod i'n cymdeithasu
'Da'r ddwy groesawgar hyn
A gweithio fel cynghorydd
Mae f'amser i yn brin.

Un nos dywedodd Lleucu,
'Rôl inni garu'n hir,
Bod ganddi hi ddiddordeb
Mewn swydd 'da'r Cyngor Sir.

Rhois iddi fy addewid
O'm llwyr gefnogaeth i,
Ac yna caru eto
Am oriau wnaethom ni.

Ond wedyn ymhen tridiau
Doedd pethau ddim mor rhwydd
Pan ddwedodd Gwawr 'bod hithau
Yn ceisio am y swydd.

Dywedais wrthi'n bendant
Mai ei chefnogi wnawn
Ac y buaswn fel cadeirydd
Yn gwneud fy ngwaith yn iawn.

Ond yn y pwyllgor dewis
Mi gefais broblem fawr,
Roedd deuddeg o blaid Lleucu
A deuddeg o blaid Gwawr.

Y fi fel y cadeirydd
Oedd i bleidleisio nawr,
Fe ffugiais 'mod i'n ll'wgu
A syrthiais ar y llawr.

Ymhlith yr holl gynghorwyr
'Gohirio' oedd y gri,
A chyn cael pwyllgor arall,
Fe ymddiswyddais i.

Fi'n unig sydd yn gwybod
Y gwir beth oedd yn bod,
Ac mai cadw Gwawr a Lleucu
Yn hapus oedd fy nod.

Nid wy'n gynghorydd mwyach,
Ond credaf yn llawn ffydd
Y caf fy nhrydedd gariad –
Dwy noson sydd yn rhydd.

Tawe

Chwe phennill telyn: Amser

BEIRNIADAETH DEWI JONES

Yn nghyfnod fy machgendod, roedd trigolyn pob yn ail dŷ yn 'medru gwneud pennill'. Gallaf ddychmygu i hynny ddigwydd dros y blynyddoedd, a dyna darddiad y penillion telyn – penillion natur, amaeth, serch, y gymdogaeth a'r natur ddynol. Mae goreuon y penillion a gofnodwyd gan rai fel T. H. Parry Williams ar ein cyfer yn gofiadwy, yn ddiwastraff a glân. Fe'u lluniwyd i ddiddanu, i rybuddio, i atgoffa, i ganmol neu i feio. Hwy, yn eu huniongyrchedd gonest, oedd llais y werin gyffredin ffraeth a diwylliedig. Yn bennaf oll, dylid bod ynddynt y nodwedd gyfrin honno sy'n peri iddynt aros yn y cof. Dyna'r hyn a ddisgwyliwn yn y gystadleuaeth hon a phe bawn yn digwydd cael dogn o gyfaredd yn rhywbeth gwerth i'w ddweud, fe fyddwn ar ben fy nigon. Dyma air am yr un ar bymtheg a fentrodd.

Yn y trydydd dosbarth, fe roddaf *Amser Prin, Dim amser, Cwm Bach, Arwyn* a *Rwan Hyn*. Nid ydynt wedi llawn gyrraedd y safon y tro yma am wahanol resymau. Mae ambell linell neu gwpled anaddas yn chwidlo bodolaeth peth anaeddfedrwydd:

> Gallwn studio ar y bws
> Does dim angen gwneud rhyw ffws. (*Amser Prin*)

> Bochau Wil yn goch fel Mosgo
> Tra y cerddai yn afrosgo. (*Dim amser*)

Arwyn: Mae ei bennill cyntaf yn dechrau'n dda ond nid yw llinell olaf y pennill yn ychwanegu fawr ddim:

> Siarad wnaf hen iaith fy nhadau
> Er anghofio a wnaf weithiau.

Mae angen saernïo'r llinell: 'Fel fy ngwraig hi fyddai dradwy'.

Rwan hyn: Ni chaiff lawer o gysur yn ei orffennol na sicrwydd i'r dyfodol ac fel hyn y mae'n trin ei bresennol:

> Mynd ar wyliau sy'n bleserus
> Cwmni ffrindiau sy'n soniarus,
> Ond yr eiliad hon sy'n bwysig
> Am mai yno y mae'r miwsig.

Cwm Bach: Yn un o'i benillion, rhydd gam yn nes at yr ail ddosbarth ac nid oes dim i'w rwystro rhag cyrraedd yno y tro nesaf:

Hanner dydd y ces fy ngeni
Gyda'r teid yng ngheg y Ddyfi,
Gadael wnaf fy holl helbulon
Gyda'r trai fel tres o wymon.

Fe ddaw pump i'r ail ddosbarth, ac maent yn dda heb fawr o wahaniaeth rhyngddynt: *Teilo, Cledan, Stan, Orig* a *Chwinciad chwannen.*

Teilo: Penillion yn sefyll ar eu liwt eu hunain a gafwyd, tri ohonynt yn sôn am gymar feichiog, pregethwr â'i gefn at y cloc, a henaint. Dyma ddau o'i benillion gorau, penillion natur fel mae'n digwydd:

Araf iawn yw'r twf eleni
Ond mi wn yn iawn er hynny
Rhaid i natur gael ei hamser
Cyn daw'r llwyn i'w holl ysblander.

Alban Arthen a aeth heibio,
Ond yn ddyddiol rwy'n gweddïo
Am i'r gwanwyn ddod i agor
Drws yr haf i'r rhosydd porffor.

Cledan: Dilyn ei feddyliau, o blentyndod i henaint, a wna'r bardd, gyda'r plentyn a'r llanc yn gorfod wynebu byd anghyson ei ddaliadau:

Rhestr o enwau ar fur y capel
A'm dysgodd i am frad a rhyfel,
Bod anrhydedd am ladd cyd-ddyn,
Ac mai ffŵl sy'n caru gelyn.

Stan: Cafwyd penillion tra derbyniol ac er bod yma ddilyniant, mae ambell bennill yn cymryd cam o'r neilltu. Dyfynnaf ddau bennill:

Hir yw'r nos ar ganol gaea',
Hir yw cwysi fferm drws nesa,
Hir yw'r dydd heb haul yn gwenu,
Hirach awr heb neb i'w rhannu.

Rwyf yn cofio am y dyddia'
Dim ond awr i ddringo'r Wyddfa,
Mi rown heno fil o bunna'
Am gael awr o'r gadair yma.

Orig: Dilyniant o gynghorion i roi amser i feddwl, i chwarae, i ddarllen, i lafurio, i chwerthin ac i gymodi. Dyma enghraifft:

> Pan ddaw cyfnod y breuddwydio
> Cymer amser i lafurio.
> Yn dy freuddwyd mae y rhamant
> Ond mewn llafur mae y llwyddiant.

Chwinciad chwannen: Mae pob pennill yn deyrnged uniongyrchol i amser a phob pennill ond un yn boddhau.

> Cyfri'r oriau, cyfri'r dyddiau,
> Cyfri' treigl yr wythnosau;
> Cyfri' almanac y misoedd,
> Cyfri' rhediad y blynyddoedd.

> Ffoi mae bywyd ar y ddaear,
> Cyfnod dyn aiff heibio'n frysgar;
> Nid yw oes, fel mae yn hedfan
> Ddim ond megis ennyd fechan.

Daeth chwech i'r dosbarth cyntaf, a heb eu rhoi mewn unrhyw drefn fe ddiolchaf iddynt am y pleser a roddasant: *tic-toc, Pen y Mynydd, Sam, Iolo, Osian* a *Tomos.*

tic-toc: Yn unol â'i enw, mae'r bardd yn olrhain oes hen ŵr yn ei heneiddo a'i gofio. Trueni am yr un llinell annisgwyl o drwsgl. Ond beth am y ddau bennill yma:

> Pwy piau'r wyneb yn y gwydr,
> clymau cnotiog dwylo segur,
> bysedd cam yn estyn, estyn
> i gyffwrdd memrwn brau fy nghorun?

> Dim ond ddoe, fy nghamau'n fychan,
> crwydrwn lwybrau cae a choedlan,
> gwylio'r dŵr am naid pysgodyn,
> byseddu'r arian dano wedyn.

Pen y Mynydd: Fel y gwelwch, yn y pennill a ddyfynnir, y tymhorau sydd gan y bardd hwn hefyd ond gresyn i dri gwall teipio ddifetha un o'i benillion gorau.

> Gwanwyn, haf a hydref, gaeaf,
> Rhod fawr amser dry yn araf;

Yn llaw Duw mae trefn y Cread,
O mor ddyrys yw ei wead.

Iolo: 'pasiant y tymhore' sydd ganddo ac fe hoffaf ei gyfeiriadau cynnes at natur ac at fywyd pob dydd yn y gymdogaeth:

Mae'r haul ar ben yr Wyddfa
Yn lledu'i wên yn araf
A wincio ar y Pia Bach
I ganu'n iach i'r gaea'.

I lawr drwy goed Cwmere
Yn waed i gyd daw'r hydre
Fel bwtsiwr ar ôl 'sgubo llawr
Y lladd-dŷ mawr ben bore.

Osian: Caiff troad y rhod le amlwg yng nghadwyn *Osian* ac fe weodd yr odl fewnol â'r gair 'rhod' yn fedrus i'w benillion. Ac nis ceir yn brin yn y dweud chwaith:

Waeth pa mor hardd yw'r wawrddydd,
Mae'n tyfu hyd yr hwyrddydd;
Diflannu wedyn wna'r un dlos
I fedd y nos dragywydd.

Tomos: Mae ambell bennill yn dweud y cyfan gan *Tomos* ac y mae'n pwyso a mesur Amser yn ddeniadol a gafaelgar:

Ni ŵyr amser am orwelion
Mae'n ddiderfyn ei ymylon;
Er rhoi'r holl fesurau iddo,
Ni chaf brynu dim ohono.

Cropian cyn cael awch i godi
Trwy y glasgoed camu'n heini;
Erbyn heddiw nid peth diarth
Canfod pellter yn y buarth.

Sam: Mae *Sam* yn ateb bron bob un o'm gobeithion. Mae'n llyfn a hynod ddarllenadwy. Mae'r cyngor yn yr ail bennill yn ffitio i'r dim mewn pennill telyn. Mae'n adrodd hanes einioes dyn yn syml a di-lol, heb gloffni na'r un gair llanw ac yn gorffen yn rymus. Mewn cystadleuaeth ddiddorol, *Sam* sy'n dod i'r brig bob gafael gen i ac i *Sam* yr â'r clod a'r wobr.

Y Chwe Phennill Telyn

AMSER

Wrth ddyheu am fyd oedolyn
Araf oedd y dyddiau'n dirwyn,
Ond yn awr wrth im heneiddio
O, mor gyflym yr ânt heibio.

'Llawenha yn dy ieuenctid,
Hwn yw amser gorau bywyd';
Gwawdiais ffwlbri'r un a'i d'wedai,
Bellach gwn mor wir y geiriau.

Yng nghynhesrwydd clyd dy freichiau
Roedd yr oriau fel eiliadau
Ond ers diffodd fflam ein cariad,
Oriau hirion yw pob eiliad.

Am bob ceiniog bûm yn crafu,
Doedd dim eiliad i'w gwastraffu,
Ond yn rhyddid diwedd gyrfa
Rwy'n rhy fusgrell i hamddena.

Bysedd cloc sydd weithiau'n gwibio,
Bydd yr oriau'n hedfan heibio!
Ond fe brofais droeon hefyd
Pa mor araf maen nhw'n symud.

Ambell waith, ar awr o wynfyd,
Fe chwenychais aros ennyd,
Ond bob tro bu i mi brofi
Nad yw amser byth yn oedi.

Sam

YSGOLORIAETH EMYR FEDDYG

Er cof am Dr Emyr Wyn Jones, Cymrawd yr Eisteddfod

Casgliad o gerddi

BEIRNIADAETH EMYR LEWIS

Daeth tri chasgliad i law; dyma bwt am bob un:

Sgwarnog: Casgliad o gerddi amrywiol iawn a gafwyd gan y cystadleuydd hwn sydd, yn ôl tystiolaeth fewnol y cerddi, yn ŵr ifanc o'r gogledd sydd bellach yn byw yng Nghaerdydd 'yn iro bloneg fy swydd gyffyrddus/ ar gefn y Gymraeg'. Mae'r casgliad yn amrywiol yn y lle cyntaf oherwydd y gwahanol fesurau a ddefnyddia, sy'n cynnwys englynion a chywyddau yn ogystal â rhigymau ac ambell gerdd yn y wers benrhydd. Amrywia, hefyd, o ran cywair ei gerddi. Ar y naill law, ceir ganddo englynion myfyrgar, cynnil a cherddi dwys am effaith damwain enbyd ar ei chwaer; ar y llall, ceir cerddi digri, yn rhigymau ffwrdd-â-hi a dau gywydd hir campus, 'Y Ras' ac 'Y Beic', yn gwneud hwyl am ei ben ei hun yn nhraddodiad y Cywyddau Cyhoeddus. Ceir cerddi serch telynegol a thyner, a hefyd gerdd sy'n disgrifio'n gignoeth y trais sydd i'w brofi ar strydoedd Caerdydd. Mwynheais yr amrywiaeth yma'n fawr, ond cefais y teimlad mai bardd sy'n fwy llwyddiannus yn y mesurau caeth yw *Sgwarnog*. Mae mesurau'r englyn a'r cywydd byr yn cynnig y ddisgyblaeth gynnil sydd ei hangen arno wrth fod yn ddwys, a'r cywydd hir yn cynnig rhyddid byrlymus o fewn ffiniau, sy'n ennyn chwerthin go iawn. Ar ei orau, mae ganddo ddawn dweud drawiadol o gynnil: 'Mae pridd du/ fy ngwreiddiau'n fy ngheryddu' yw ei fyfyrdod ar Ysgol Sul Bethel Penrhos, wedi iddi gau. Uchafbwynt ei gasgliad i mi yw'r englynion cil-dwrn hyfryd ac annwyl i gyfarch Gwennan. Dyma flas i chi:

> Un siriol sy'n licio siarad – yn ddwl
> o ddoeth uwch ei phanad.
> Fy nghariad.

Saffrwm: Casgliad amrywiol o ran mesurau a themâu a gafwyd gan y cystadleuydd hwn hefyd, â'r teitl 'Os yw'r nos yn siwrne hir ...' Ar ddechrau'r casgliad, mae dilyniant o gerddi â'r is-deitl 'Lloches', wedi eu gosod yn haf 1404. Os deallais yn iawn, mae'r cerddi'n olrhain hanes un o filwyr Owain Glyndŵr yn cael ei ddal a'i grogi, am yn ail ag ymson merch sy'n galaru amdano. Mae peth dweud trawiadol yma; 'mae 'na sôn

97

am grogi a'r hin yn troi', meddir yn un o'r cerddi rhydd. Yn y gosteg o englynion teimladwy am ddeisyfiad ofer y ferch i wella'i chariad, ceir y llinell gofiadwy 'Ga' i ddail i wisgo'i ddolur ...' Ar ddiwedd y casgliad, ceir un ar bymtheg o englynion, nifer ohonynt yn cynnig sylw crafog am faterion cyfoes. Hoffais yn arbennig yr englyn hwn am Ynys Gwales:

> Pe medrwn, fe nofiwn i dros y môr
> at y ddôr sy'n dderi,
> a rhoi olew i dewi
> ei gwich oer. Ac i'w chau hi.

Efallai y byddai 'fawr' yn well na 'sy'n' yn yr ail linell ond, fel arall, dyma englyn llyfn ac awgrymog iawn, yn disgrifio'r ysfa i fynd nôl at gyfnod o ddiniweidrwydd a chau'r drws ar gofio pethau cas. Rhwng y pegynau hyn, cawn gywyddau a thelynegion a sonedau. Ar y cyfan, maent yn ddigon cymen, os ychydig yn ddi-fflach ar adegau. Ar ei orau, fel *Sgwarnog*, mae'n gynganeddwr pwerus o gynnil ac mae ganddo, hefyd, ddawn i fynd i wreiddyn pethau. Dyma a welwn ni, er enghraifft, yn ei gywydd, 'Enwau', am Cun a Ceinwy (a enwyd ar garreg fedd yn Eglwys San Cadfan, yr enghraifft gynharaf o Gymraeg ysgrifenedig). Disgrifia nhw fel enwau dan ein hewinedd – y cyswllt ieithyddol yn gyswllt diriaethol corfforol hefyd.

Gwenno: Casgliad gwahanol i eiddo'r ddau arall. Cerddi penrhydd yn unig sydd ganddi. Teitl ei chasgliad yw 'Rhwng dwy ddarlith', ac ar ei glawr gwelir ffotograff o *haiku* wedi ei grafu ar ddesg bren gan fyfyriwr prifysgol ryw dro. Ym Mhrifysgol Aberystwyth, mi dybiwn i, y mae'r ddesg honno, gan mai sôn am brofiadau myfyrwraig yn y sefydliad hwnnw y mae'r casgliad. Ym mhob math o farddoni y mae perygl o fynd ati i raffu at ei gilydd y meddyliau a'r geiriau cyntaf a ddaw i ben rhywun, heb fod bob tro fawr o ddim gwerth ei ddweud, neu o leiaf gwerth ei rannu efo'r byd. Mewn cerddi caeth neu rai ar fydr ac odl, gall hynny esgor ar englynion neu benillion fydd weithiau'n medru swnio'n dlws neu'n drawiadol, er nad oes fawr o ddim ynddyn nhw go iawn.

Yn achos cerddi penrhydd, fodd bynnag, nid yw cynghanedd, mydr nac odl yno fel rhwyd ddiogelwch i'w hachub rhag syrthio i'r gors o fod yn ddiflas, yn ailadroddus neu'n fabanaidd. Dyma pam mae angen llawer mwy o ddisgyblaeth a threfn ar fardd sy'n dewis y wers benrhydd, a hefyd, os ca' i ddweud, fwy o weledigaeth. Mae'r nodweddion hyn oll yn amlwg yng ngwaith *Gwenno*. Mae ganddi lygaid a chlustiau craff am fanylion diriaethol, ac arddull syml i'w cyflwyno'n ddelwedd gofiadwy, hyderus. Dyma rai enghreifftiau i chi: 'seddi lledr du gwag'; 'cysgod gwylan ar fwrdd gwyn glân'; 'sŵn crwydro ar 'sgidiau'; 'oglau myfyrdodau yn raflio ar waelod sgarff'.

Y nodwedd arall sy'n gwneud casgliad *Gwenno* mor arbennig, yn fy marn i, yw'r angerdd amlwg sydd yn ei gwaith. Boed hynny ynghlwm wrth yr ymgyrch i gadw Neuadd Gymraeg Pantycelyn neu wrth faterion personol yn ymwneud â'i theulu, mae ganddi allu diamheuol i gipio a chyfleu emosiwn ac argyhoeddiad mewn modd diffuant a phendant, heb fod yn bregethwrol nac yn groch, gan ymdeimlo'n aeddfed â chymhlethdod bywyd.

Gwobrwyo addewid a wneir yn y gystadleuaeth hon, ac mi fyddwn wedi bod yn hapus i ddyfarnu'r ysgoloriaeth i unrhyw un o'r tri ymgeisydd, ond mae casgliad *Gwenno* i mi yn sefyll ar ei ben ei hun, ac i *Gwenno*, felly, y dyfernir yr ysgoloriaeth eleni.

Mae'n codi calon dyn i wybod bod ein myfyrwyr yn dal i godi twrw dros yr iaith, a bod yr iaith yn cael cystal myfyriwr â *Gwenno* i barhau ei thraddodiad barddol.

RHYDDIAITH

Gwobr Goffa Daniel Owen: Nofel heb ei chyhoeddi gyda llinyn
storïol cryf a heb fod yn llai na 50,000 o eiriau

BEIRNIADAETH GARETH DAVIES JONES

Mae Gwobr Goffa Daniel Owen yn gofyn am nofel heb fod yn llai na
hanner can mil o eiriau gyda llinyn storïol cryf. Mae hyn yn gosod tasg
heriol i'r awduron. Rhaid wrth ymroddiad, amynedd, dyfalbarhad a
hunanddisgyblaeth i gwrdd â'r gofynion. Carwn ddiolch, felly, i'r pum
ymgeisydd am eu hymdrechion. Wedi dweud hynny, mae safon y cynnyrch
yn amrywiol ac nid yw pob un yn cwrdd â gofynion y gystadleuaeth. Y
prif wendid yw'r duedd i drafod syniadau a safbwyntiau ar draul dweud
stori. Hefyd, mae brychau gramadegol a chystrawennol yn amharu ar sawl
testun. Cynigiaf sylwadau ar bob un yn unigol.

Carn Alw: 'Man Gwyn'. Rhagwelediad o'r dyfodol a geir yma, darlun
o'r hyn a allai ddigwydd yng Nghymru. Rhagwelir gwrthdaro rhwng
ardaloedd gwledig a dinesig, rhwng y tlawd a'r cyfoethog a rhwng pobl
leol a mewnfudwyr. Mae'r stori'n dechrau'n ddisymwth gan ennyn
diddordeb ar unwaith a gosod y cefndir gwleidyddol a diwylliannol yn
effeithiol. Datgelir personoliaeth y prif gymeriadau ac amlygir y gwrthdaro
rhyngddynt yn raddol. Er hynny, her i'r darllenydd yw dygymod â'r holl
gymeriadau sy'n britho'r nofel. Mae'r esboniadau o safbwyntiau gwahanol
bleidiau gwleidyddol a'r berthynas rhyngddynt yn arafu symudiad y
stori ar adegau. Mae gormod o esbonio a thrafod syniadau a dim digon
o ddigwydd. Mae ieithwedd y nofel yn safonol a chyhyrog a'r deialogi'n
rhugl a bywiog. Er hynny, mae mân wallau iaith yn amharu ar y testun. Os
oedd prinder digwyddiadau ar y dechrau, daw storm o ddigwyddiadau
ac o lofruddiaethau yn nhraean olaf y nofel ac mae llif y stori'n cyflymu'n
arwyddocaol. Daw'r diwedd yn sydyn a thaclus – rhy daclus efallai.

Penmynydd: 'Yng Nghysgod yr Angel'. Dyma nofel sy'n cwmpasu sawl
cyfnod gan blethu'r gorffennol a'r presennol yn effeithiol. Mae'r dechrau'n
ddramatig, a'r stori gyffrous yn symud yn gyflym gan gario'r darllenydd yn
ei llif. Mae'r plot yn datblygu'n effeithiol drwy gyfrwng nifer o olygfeydd
byrion sy'n ymdebygu mwy i sgript nag i nofel. Dadlennir gwybodaeth yn
raddol ac mae'r disgrifiadau trawiadol yma ac acw yn ddigon cynnil i beidio
ag amharu ar lif y stori. Darlunnir rhai sefyllfaoedd emosiynol a dirdynnol
sy'n tynnu dagrau i'r llygaid ond heb fod yn sentimental. Mae'r elfen o
drais yn gredadwy a phlethir themâu oesol yn gelfydd i'r stori. Efallai fod

rhai cyd-ddigwyddiadau'n rhy gyfleus fel eu bod yn ymestyn hygrededd ar brydiau. Mae'r cymeriadu'n gyson a chredadwy. Ar y cyfan, mae'r arddull yn llifo'n esmwyth er nad yw hynny'n wir bob amser am y deialogi a orddefnyddir ar adegau. Gwneir defnydd helaeth a diangen o ddeialog Saesneg. Mae brychau iaith a gwallau cystrawennol yn amharu ar y testun. Mae'r diwedd effeithiol yn argyhoeddi heb golli hygrededd. Y prif wendid yw mai sgript sydd yma yn hytrach na nofel.

Cyfenw'n Unig: '... o bydded i'r heniaith ...'. Lleolir y nofel mewn cartref henoed lle mae'r prif gymeriad wedi ymgartrefu ers peth amser. Byrdwn y stori yw obsesiwn Mrs Peters gyda'r dybiaeth iddi weld y garddwr yn claddu corff yng ngardd rosynnau'r cartref. (Oni fyddai archwilio'r ardd wedi datrys y camargraff hwnnw lawer ynghynt?) Wedi dweud hynny, mae llawer mwy i'r stori, mewn gwirionedd. Ar ôl dechreuad braidd yn araf, mae'r stori'n cyflymu wrth fynd rhagddi gan ennyn diddordeb y darllenydd. Wrth olrhain teithi meddwl dryslyd yr hen wraig, cawn ddarlun effeithiol o fywyd mewn cartref henoed. Mae'r disgrifiadau a'r sylwebaeth fanwl yn argyhoeddi, y cymeriadau a ddarlunnir yn gredadwy, a'r portread o gyflwr meddyliol yr hen wraig, sy'n ganolbwynt i'r stori, yn cael ei gyflwyno'n gelfydd. Er hynny, mae tueed i din-droi'n ormodol gydag un digwyddiad – does dim digon yn digwydd yn y nofel. Mae'r mynegiant yn rymus ar adegau gyda'i ddelweddau gwreiddiol a'i gymariaethau trawiadol. Fodd bynnag, mae'r testun yn frith o wallau gramadegol a chystrawennol yn ogystal â gwallau teipio esgeulus. Daw'r epilog â diweddglo sydyn ond nid hollol annisgwyl i'r stori.

Arianrhod: 'Heuldro'r Gaeaf'. Cefndir y stori yw bod un o blant y teulu brenhinol wedi cael ei herwgipio a'r ymdrech i geisio darganfod pwy fu'n gyfrifol am yr anfadwaith. Elfen bwysig arall sy'n rhedeg drwy'r nofel yw'r dechnoleg fodern – byd y gweplyfr a'r blogfyd. Ar y cyfan, ni lwyddir i wneud y cyfeiriadau hyn yn ddiddorol. Nid yw dilyniant y stori'n llifo'n rhwydd bob amser ychwaith. Hefyd, mae deialogi athronyddol, hirwyntog a gormod o drafod syniadau a safbwyntiau yn arafu llif y stori. Mewn gwirionedd, y deialogi sy'n cynnal y stori yn hytrach na'r digwyddiadau ac arwynebol yw'r cymeriadau. Mae'r diweddglo'n ysgytwol o annisgwyl a sylweddolir mai rhith, mewn gwirionedd, yw prif thema'r nofel gan ymestyn hygrededd y darllenydd. Dyma nofelydd sydd â gafael gadarn ar deithi'r iaith. Mae'r arddull yn llifo'n rhwydd, yr eirfa'n gyfoethog a'r disgrifiadau'n drawiadol a chofiadwy os braidd yn hirwyntog. Go brin fod digon o ddigwydd yn y nofel i gwrdd â gofynion y gystadleuaeth.

Botwm Crys: 'Rhwng Edafedd'. Mae'r nofel yn dechrau gydag Eifion yn bygwth neidio oddi ar Bont Borth er mwyn dianc rhag ei fywyd o fethiant

– methhiant mewn busnes, methiant yn ei berthynas â'i deulu a methiant ei briodas. Yn ffodus iddo, caiff ei achub gan Dewi, oedd yn digwydd bod yn y cyffiniau ar y pryd. Mae gweddill y nofel yn dadlennu ymdrech Eifion i ymgodymu â'i broblemau ac i ailafael yn ei fywyd. Llwyddir i wneud hynny'n ddigon effeithiol drwy ddatgelu graddol a chrefftus. Cyflwynir ambell sefyllfa ddirdynnol sy'n ennyn ymateb emosiynol ar ran y darllenydd. Ar y cyfan, mae'r prif gymeriadau'n argyhoeddi. Maent yn gyson a chredadwy ac yn amlygu ymwybyddiaeth gadarn yr awdur o'r natur ddynol a'i phroblemau. Mae diweddglo'r nofel yn drist, ac yn effeithiol o annisgwyl ond yn cael ei drin yn sensitif a chyda chydymdeimlad. Mae cydbwysedd da rhwng y digwydd a'r deialogi. Defnyddir y deialogi'n effeithiol i ddatgelu'r berthynas gymhleth rhwng Eifion a'i deulu. Er hynny, mae'r deialogi'n anwastad. Ar brydiau, mae'n hir a llafurus, gan arafu llif y stori, ond mae'n gwella wrth i'r nofel fynd rhagddi a chawn enghreifftiau o gyfathrebu effeithiol iawn. Dyma'r nofel orau yn y gystadleuaeth. Ail gyflwyniad ydyw o nofel a gyflwynwyd yn gyntaf yn Eisteddfod Genedlaethol Wrecsam a'r Fro yn 2011. Mae i'r nofel rai gwendidau, ond ar ôl hir drafod ac ystyried, credaf ei bod yn cyrraedd y safon ddisgwyliedig a'i bod yn haeddu'r wobr.

BEIRNIADAETH CARYL LEWIS

Pum ymgais a ddaeth i law eleni. Dw i'n meddwl ei bod hi'n deg dweud mai amrywiol oedd y safon yn gyffredinol. Cystadleuaeth nofel yw Gwobr Goffa Daniel Owen a rhaid cadw hanfodion y nofel yn y cof cyn dechrau ysgrifennu. Gwaetha'r modd, roedd 'na dueddiad cyffredinol i ddibynnu ar ddeialog ac anghofio naratif, gor-esbonio a thraddodi barn yn hytrach na dweud stori, a chyflwyno cymeriadau un dimensiwn na chawsant eu datblygu'n ddigonol. Wedi dweud hyn oll, roedd safon y ddeialog yn gyffredinol yn dda ac afiaith yr awduron tuag at eu gwaith yn galonogol.

Arianrhod: 'Heuldro'r Gaeaf'. Dyma nofel ddirgel am ddiflaniad babi brenhinol. Rhoddodd yr awdur hwn dipyn o her iddo'i hun! Os defnyddio cysyniad o'r fath, mae'n rhaid perswadio'r darllenydd i anghofio ei anghrediniaeth ac i fodloni ar chwarae'r gêm. Yr unig fodd i wneud hynny yw drwy greu byd o fewn y nofel sydd mor real fel nad oes gan y darllenydd unrhyw ddewis ond credu. Mae cyflawni hynny'n anodd, a theimlwn weithiau fy anghrediniaeth yn tarfu ar y darllen. Cefais hi hefyd yn anodd cysyllu'n emosiynol â'r cymeriadau ac roedd y defnydd o negeseuon cyfrifiadurol yn y nofel yn fy ngadael braidd yn oer. Er hynny, mae'r nofel yn frith o sylwadau craff ar gymdeithas a cheir yma lais chwareus a dychmygus.

Cyfenw'n Unig: '... o bydded i'r heniaith...'. Dyma nofel arall â chysyniad cryf wrth ei chraidd. Yn y nofel hon, cawn hanes dynes mewn cartref hen bobl. Mae'r syniad canolog yn gryf, sef y cwestiwn o ba mor ddibynadwy ydy atgofion. Gwaetha'r modd, ni ddatblygwyd y cysyniad hwn yn ddigonol, efallai, gan golli cyfle i greu portread grymus o'r meddwl anwadal. Mae'r nofel yn troi o gwmpas un digwyddiad a hwnnw yn ei hanfod heb fod yn ddigon o ddigwyddiad i gynnal nofel hir. Tin-droi mae'r nofel wedyn, a'r stori'n colli grym wrth iddi ddod at ei therfyn. Wedi dweud hynny, dyma enghraifft o nofelydd a chanddo glust dda am ddeialog, yn enwedig deialog cymeriadau ifainc. Braf fyddai gweld nofel i bobl ifainc gan y llenor hwn.

Penmynydd: 'Yng Nghysgod yr Angel'. Epig – dyna'r unig air i ddisgrifio'r nofel hon. Mae hi'n nofel â chefnlen eang iawn. Mae'r awdur yn cyfaddef ar y dechrau fod yr hanes yn seiliedig ar stori ffeithiol, a dw i'n meddwl mai dyma un o brif heriau creu nofel o'r fath. Os defnyddio hanes ffeithiol, mae'n rhaid gwneud penderfyniad o'r dechrau; naill ai ysgrifennu bywgraffiad neu ddefnyddio ambell elfen ffeithiol a chreu ffuglen ddychmygus. Oni wneir y penderfyniad, mae'n bosib cwympo rhwng dwy stôl. Mae'r nofel, i mi, fel pe bai'n rhy hir a gellid bod wedi tynhau'r stori tipyn. Mae deialog wych yma, a chymeriadau y gallwn gydymdeimlo â nhw. Weithiau, mae 'na flas o'r 'Hollywoods' ynghylch ambell olygfa sy'n gwneud iddi ddarllen fel sgript ac efallai mai dyna y dylai ei dyfodol hi fod – fel ffilm.

Carn Alw: 'Man Gwyn'. Dyma nofel 'brysur' iawn, yn frith o sefydliadau a chymeriadau. Gwaetha'r modd, roedd hyn yn drysu'r darllenydd gan ei gwneud hi'n anodd cofio pwy oedd pwy. Roedd yma or-esbonio safbwyntiau gwleidyddol a diffyg digwyddiadau yn hanner cyntaf y nofel. I'r gwrthwyneb wedyn, cawn fôr o ddigwyddiadau wedi eu pentyrru yn ail hanner y nofel sy'n dangos diffyg rheolaeth ar y llinyn storïol. Er hyn, mae ôl gwaith diwyd ar y nofel hon a'r arddull yn dangos llygad craff am fanylder. Efallai'n wir mai ysgrifennu ffeithiol fyddai maes arbenigol yr awdur hwn.

Botwm Crys: 'Rhwng Edafedd'. Dyma lenor sydd â rheolaeth lwyr ar ffurf y nofel a theimlwn mewn dwylo diogel wrth gribo trwyddi. Astudiaeth seicolegol sydd ynddi o wewyr meddwl dyn ar adeg dyngedfennol yn ei fywyd. Camp yr awdur yw cyflwyno cymeriad digon annymunol yn y bôn a chadw ein diddordeb yn ei ffawd. Mae'r awdur yn mynd ati i ddinoethi enaid y prif gymeriad o'n blaenau, gan greu byd cynhwysfawr a chredadwy. Arwydd o hyder yr awdur yw'r ffordd y mae'n dadlennu'r stori'n araf bach heb ddibynnu ar blot anghredadwy a diangen. Mae hi'n nofel gyflawn a theimlwn ar ôl ei darllen ein bod wedi bod ar siwrne gydag Eifion i dywyllwch enaid ac wedi dod yn ôl gydag ef yn ddiogel i'r lan. Gwobrwyer *Botwm Crys*.

Nodyn gan y Golygydd: Oherwydd salwch, ni fu'n bosib i Bethan Mair gwblhau'r gwaith o feirniadu eleni. Serch hynny, bu'n rhan o'r broses o ddewis enillydd a darllenodd bob un o'r nofelau a ddaeth i'r gystadleuaeth. Dyma ychydig sylwadau ganddi.

Nid ar chwarae bach y mae unrhyw un yn mynd ati i ddechrau ysgrifennu nofel, a dyma un o'r meysydd hynny ble nad yw'r idiom 'deuparth gwaith yw ei ddechrau' yn berthnasol iawn. Mae hi'n cymryd amser, amynedd, creadigrwydd ac egni i ysgrifennu nofel dros hanner can mil o eiriau ac am i bob un o'r cystadleuwyr lwyddo i wneud hynny, rwy'n eu llongyfarch. Nid gwastraff amser ar fy rhan i fu darllen unrhyw un o'r gweithiau, chwaith, a mwynheais rannau o bob un nofel, hyd yn oed os nad oedd pob un ohonynt wedi cyrraedd y nod yn llwyr eto. Crefft i'w hymarfer yw ysgrifennu rhyddiaith dda, ac fe anogwn bob un o'r cystadleuwyr i ddal ati i hogi'u harfau.

Ond i mi, dim ond un cystadleuydd oedd yn codi uwchlaw'r lleill eleni, a hynny o'r darlleniad cyntaf. Fe'm rhwydwyd gan y nofel gymesur, hardd a theimladwy, *Rhwng Edafedd*, ac roeddwn yn falch o weld fod fy nghydfeirniaid yn gytûn â mi, ac â'i gilydd, mai nofel *Botwm Crys* oedd yn teilyngu Gwobr Goffa Daniel Owen eleni. Llongyfarchiadau calonnog iawn i'r enillydd a gobeithio y bydd darllen eang ar ei nofel, sef yr unig wobr y mae awdur yn ei gwir chwennych – er nad yw'r wobr ariannol heb ei manteision, sbo!

Y Fedal Ryddiaith. Cyfrol o ryddiaith greadigol heb fod dros 40,000 o eiriau: Gwrthdaro

BEIRNIADAETH CATRIN BEARD

Gwrthdaro yw craidd unrhyw stori, boed yn wrthdaro rhwng cymeriadau a'i gilydd, rhwng cymeriad a natur neu gymdeithas, neu'n wrthdaro mewnol, seicolegol. Heb wrthdaro, does dim stori i'w hadrodd, dim newid, dim twf. Dyma destun, felly, sy'n cynnig cwmpas eang i'r awdur, a chafwyd sawl gwedd ar wrthdaro yn y cyfrolau a ddaeth i law: rhai'n gyfarwydd ac eraill yn annisgwyl. Er nad yw pob un o'r ceisiadau'n dangos fflach gwreiddioldeb, gwnaed ymdrech deg at ei gilydd i lunio straeon difyr a chyfrolau clodwiw. Da gweld bod pob ymgeisydd yn deall egwyddorion hanfodol llunio cyfrol, er bod rhai wedi teithio gryn dipyn ymhellach ar hyd y llwybr hwnnw nag eraill.

Obadeia: 'Dau'. Dyma nofel ac iddi frawddeg gyntaf afaelgar: 'Ganwyd Gwilym Hedd Williams yn hanner cant ar yr unfed ar ddeg o Dachwedd, ac felly rhoddwyd iddo enw canol priodol'. Dilynwn hanes Gwilym, sy'n tyfu i fod yn berffeithydd o grefftwr yn torri llythrennau ar gerrig beddau, a Buddug, sydd am gyfnod yn gariad iddo ond sy'n symud o'r ardal i geisio bywyd newydd. Er addewid y frawddeg gyntaf, braidd yn ddi-fflach yw'r hanes, a dwy stori ar wahân a geir, mewn gwirionedd, gyda'r naill yn dilyn y llall, yn hytrach na chymeriadau a digwyddiadau'n cydblethu i greu naratif gafaelgar. Byddai dod â'r ddwy stori'n agosach at ei gilydd, gan edrych – a gwrando – eto ar y ddeialog i'w bywiogi, yn gwella'r gwaith.

Y Dyn Bach: 'Dan Gysgod y Graig'. Ers canrif a mwy, mae chwareli'r gogledd a brwydr y gweithwyr dewr yn erbyn gormes y perchenogion cas wedi profi'n thema gynhyrchiol i lenorion, a hanes ymgais un chwarelwr i sefydlu undeb llafur i gynrychioli'r dynion yw'r nofel hon. Er bod tân yng nghalon yr arwr, Rhys Morgan, ar y cyfan dyw'r un fflach ddim wedi ei throsglwyddo i arddull yr ysgrifennu. Er gwaethaf yr ymgyrchu a'r angerdd, does fawr o gyffro yma, ac mae'r gyfrol yn darllen fel nofel a allai fod wedi'i hysgrifennu ddegawdau a mwy yn ôl.

Galileo: 'O'r Berth i'r Beudy'. O ddarllen y teitl, roeddwn yn disgwyl cyfrol draddodiadol a gwledig ei naws, a dyna'n wir a geir gyda hanes trigolion pentref Cefn Clwt a'u helynt wrth ddathlu canmlwyddiant a hanner capel y pentref: tir cyfarwydd, efallai, i bobl sy'n mwynhau straeon Harri Parri. Ond cymeriadau digon dau ddimensiwn sy'n britho'r tudalennau, yn enwedig y bobl ddŵad annymunol, James a Lucretia McConachie Drummond. Serch hynny, mae arddull rwydd a Chymraeg cyhyrog yr awdur yn ei gwneud yn nofel ddigon dymunol i'w darllen. Er bod cryn ffordd i fynd gyda'r stori, sydd braidd yn wan ac yn rhy anghredadwy mewn mannau, mae yma lais difyr a dawn dweud.

Nacw: 'Hafan Deg'. Nofel am Byrti, plentyn siawns i ferch o gymoedd de Cymru a anwyd ddiwedd y 19eg ganrif. Adroddir ei hanes yn tyfu'n ddyn ac yn mynd i ymladd yn y Rhyfel Byd Cyntaf, ei fywyd gyda Florrie o'r Rhyl a hanes ei theulu hithau, gan gynnwys ymweliad Buffalo Bill â'r dref. Ceir llawer o fanylion hanesyddol drwy'r gyfrol yn disgrifio'r cyfnod cyn y rhyfel a bywyd y milwyr yn y ffosydd gan greu darluniau cofiadwy. Er nad yw cymhelliad y cymeriadau na chyfeiriad y stori bob amser yn glir, ceir nifer o elfennau addawol.

Mwddrwg: 'Honco'. Yng nghanol gwrthdaro Afghanistan mae'r Gwarchodluwr Aeron Williams, 'ei galon yn rasio, ei geg yn sych grimp a'i feddwl yn wenfflam' wrth geisio osgoi ergydion y gelyn. Bachgen direidus fu Aeron erioed ac mae'r nofel yn torri'n ôl a blaen rhwng ei brofiadau yn y fyddin a hanes ei fagwraeth mewn pentref bach lle mae bob amser mewn trwbl am rywbeth neu'i gilydd. I fachgen o'r fath, dihangfa yw'r fyddin. Teimlaf fod egin cyfrol dda yma ond nad oes digon o ddatblygiad yn y stori nac yng nghymeriad Aeron. Gallai dechrau pennod naw fod yn ddisgrifiad o'r gyfrol: 'Hen ddiwrnod digon diddrwg didda fuodd hi heddiw ... Fawr o ddim yn digwydd. Felly roedd hi'n aml – oriau bwy gilydd o syrffed ac yna cyfnod gwallgof pan oedd hi'n bedlam boncyrs'. O greu strwythur naratif cryfach, gan fynd â'r darllenydd ar daith gyda'r prif gymeriad, gallai fod yn nofel lwyddiannus.

Maes Teg: 'Gwlad Ddamweiniol'. Dyma'r gyfrol a achosodd fwyaf o benbleth i mi. Ceir hanes teithiau i fannau dieithr ac anghysbell ynghyd â myfyrdodau ar fywyd, lleoliad, cynefin, cartref a hunaniaeth. Ceir hefyd athronyddu dwys, disgrifiadau cain ac ambell bwt trawiadol fel ei ddisgrifiad o 'yfory' fel 'breuddwyd nad oes neb wedi'i chael eto'. Does dim amheuaeth nad oes dawn ysgrifennu a dychymyg dyfeisgar gan yr awdur, gyda'r teithiau rhyfedd yn ymdebygu ar adegau i hanes Gulliver mewn gwledydd a bydoedd estron ond mae'r mynegiant yn anwastad, a thrywydd y gyfrol yn anodd ei ddilyn. Wrth ddarllen, un munud roeddwn i'n edmygu camp lenyddol yr awdur, a'r munud nesaf yn hollol ddryslyd a rhwystredig am fy mod wedi colli'r llinyn yn llwyr. Fel y dywed yr awdur ei hun: 'Does dim ots lle'n union mae llwybrau Dafydd Williams. Dydyn nhw ddim yn unlle, ac maen nhw ymhobman. Maen nhw yma, efo ni: ffyrdd di-drefn ein meddyliau'. Os gall yr awdur fynd ati i osod mwy o drefn ar y llwybrau hynny, gallai hon fod yn gyfrol ddiddorol dros ben.

Dim Esgus: 'Ar Risie Symudol'. Casgliad o ddarnau llên micro yn adrodd hanes bywyd un dyn mewn golygfeydd pytiog o'i eni yng nghanol yr ugeinfed ganrif hyd at salwch henaint. Hanfod llên micro, wrth gwrs, yw ei bod yn gryno, gyda phob gair a sill yn cyfrannu at y cyfanwaith. Ceir llawer o ysgrifennu telynegol ac ambell gyffyrddiad hyfryd yn y gwaith ond teimlaf weithiau fod yr awdur yn drysu rhwng bod yn gryno ac ysgrifennu darnau byr. Ryw sbecian o bell a wnawn ar hanes gwrthrych y gyfrol ond byddwn i wedi hoffi cael gwybod mwy amdano, a chael cyd-destun ar gyfer y darnau mwy amwys a'r cyfeiriadau at wahanol bobl a themâu. Mewn un darn, dywed 'Ry'n ni ar risie symudol ble ma' pob cam yn diflannu', ond tueddu i ddiflannu'n rhy gyflym maen nhw i'r darllenydd allu deall yr hyn sy'n digwydd. Serch hynny, mae'r gyfrol yn arbrawf diddorol ac yn un sy'n haeddu rhagor o waith arni.

Chwilen: 'Tarth ar Ddyfed'. Stori'n cael ei hadrodd am yn ôl yw'r nofel hon, sy'n dechrau ar ddiwrnod angladd Dyfed Gwilym Thomas. Digon astrus a phytiog yw'r penodau cyntaf, ond wrth ddarllen down i ddeall y rheswm am hynny. Mae Dyfed yn dioddef o ddementia, ac mae'n dryswch ni wrth ddarllen yn ddyfais effeithiol i fynegi ei ddryswch yntau wrth agosáu at ddiwedd ei fywyd. Cofnodir camau'r aflwydd yn sensitif a chaiff y darllenydd brofi'r byd brawychus newydd hwn drwy lygaid Dyfed gan rannu ei ofidiau a'i obeithion. Daw'r diagnosis tua hanner ffordd drwy'r nofel, ac yn yr ail hanner adroddir ei hanes hyd at y pwynt hwnnw. Er bod elfennau o'i fywyd blaenorol yn cael eu hadleisio yn ei salwch, i mi, roedd y gyfrol i bob diben yn gorffen gyda'r diagnosis, a doedd yr ail hanner ddim yn cynnal fy niddordeb i'r un graddau.

Cafflogion: 'Aer'. Ar ôl dianc i Lundain rhag cyfrifoldebau ei fagwraeth a'i etifeddiaeth, mae marwolaeth tad Theo'n ei dynnu'n ôl i Ben Llŷn ac i blasty helaeth ei blentyndod. Yno, gyda chymorth Isis, y cariad y cyfarfu â hi ar wyliau, mae'n bwrw iddi i droi'r hen gartref yn fusnes, gan gofleidio cynlluniau blaengar ac addasu i'r oes newydd. O dan y stori arwynebol ceir haenau o symbolaeth, sy'n ymdrin â chwestiynau etifeddiaeth, dyletswydd a pherchenogaeth ond mae arddull rwydd a ffraeth yr awdur yn golygu nad yw hynny'n fwrn ar y darllenydd. Mae'n llenor medrus, yn enwedig wrth ysgrifennu deialog ond rwyf i'n tueddu i deimlo mai drafft olaf ond un yw hwn, a bod angen tipyn o waith ar y nofel i'w chryfhau. Mae rhai o'r cymeriadau'n rhy fras – yn enwedig mab Isis a Kaz y ferch ifanc – ac er eu bod yn ddymunol iawn, rwyf i'n ei chael yn anodd credu y byddai Maredudd a Gwenllïan, yr hen gwpwl ffyddlon sy'n rhedeg y plas, yn derbyn y newidiadau chwyldroadol i'w bywydau mor rhadlon. Ond yn bwysicach, dyw perthynas Theo ac Isis ddim yn fy argyhoeddi'n llawn, ac mae honno'n greiddiol i'r gwaith

Hendrix: 'Rebel, Rebel'. Dyma waith dychmygus a dyfeisgar sy'n llawn i'r ymylon o gymeriadau gwir a ffuglennol, sefyllfaoedd credadwy a ffantasïol a hiwmor bachog. Cyfrol o straeon byr yw hi, gyda rhai'n fyr iawn, iawn

– prin frawddeg – ac aiff â ni i bedwar ban byd, i rannu cyfrinachau serch David Bowie a Mick Jagger, pysgota am long danfor o Ogledd Corea, a gweld arweinydd yr unig fudiad eithafol ar ôl yng Nghymru yn paentio ewinedd ei draed yn goch neu, a bod yn fanwl gywir, 'Coral Explosion'. Bûm yn chwerthin, cefais fy synnu, a hefyd fy nghyffwrdd gan ambell ran fwy dwys. Does dim amheuaeth nad oes awdur medrus ar waith yma, ac edrychaf ymlaen yn arw at gael darllen y gyfrol eto – yn sicr, mae'n haeddu cael ei chyhoeddi, ac er bod angen twtio ychydig arni fan hyn a fan draw, rhaid gofalu na chollir dim o'i hafiaith.

Honna: 'Saith Oes Efa'. Fel y gellir dyfalu o'r teitl, saith stori a geir yn y gwaith hwn, yn olrhain oes merch, a hynny drwy wahanol gyfnodau ym mywydau saith o ferched mewn gwahanol rannau o Gymru. Syniad digon syml ond does dim yn syml nac yn gyffredin yn y straeon. Dyma lenor penigamp sydd wedi saernïo pob stori'n grefftus a chaboledig gan agor ffenestri ar fydoedd personol, unigol ond sydd hefyd yn mynegi profiadau a theimladau oesol, byd-eang. Wn i ddim o ble mae *Honna*'n dod ond gallwn gredu ei fod wedi byw ym mhob rhan o Gymru, cystal yw'r defnydd o dafodiaith – o'r ferch fach yng Nghlwyd sy'n chwilio am ei thad i'r wraig fferm ar fryniau anghysbell Ceredigion, mae pob un yn argyhoeddi. Ceir yma ddwyster, rhwystredigaeth a diflastod ond hefyd obaith, gorfoledd a boddhad – a dogn helaeth o ddyfeisgarwch a hiwmor, sydd i'w weld ar ei orau yn *Ffydd*, stori a wnaeth i mi chwerthin yn uchel, am wraig o Sir Gaerfyrddin sy'n argyhoeddedig fod Duw wedi symud i fyw i'r tŷ drws nesaf. Dwyf i ddim yn un sydd fel rheol yn hoffi ailddarllen llyfrau ond rwyf i wedi mwynhau mynd yn ôl at gymeriadau'r awdur hwn ac ail-fyw'r straeon, gan weld elfennau newydd dro ar ôl tro.

Credaf fod llawer o addewid yng ngwaith *Cafflogion* a *Hendrix* ond does dim amheuaeth nad yw *Honna* yn rhagori ym mhob ffordd. Dyma gyfrol sy'n haeddu ei lle ar unrhyw silff lyfrau. Dyma enillydd teilwng sy'n llawn haeddu'r Fedal Ryddiaith gyda phob clod.

BEIRNIADAETH MEG ELIS

Bu darllen gwaith yr un ar ddeg a ymgeisiodd yn brofiad diddorol a phleserus ar y cyfan. Mae gweld beth a anfonir i brif gystadlaethau rhyddiaith yr Eisteddfod o flwyddyn i flwyddyn yn rhoi syniad go dda i feirniad o'r hyn sydd o bwys i'r sawl sy'n ymdrechu i lenydda yn Gymraeg – o ran thema ac arddull – ac ni fu eleni'n eithriad. Mae yma ymwybyddiaeth o ffurfiau newydd o ysgrifennu, a hyd yn oed os na chyflwynwyd i ni unrhyw bwnc syfrdanol o wahanol a newydd, fe gawsom o leiaf ein plesio gan ymdriniaethau â themâu cyfarwydd oedd yn grefftus, ac ambell waith yn codi i dir uchel iawn. Braf medru dweud, hefyd, fod y cystadleuwyr y tro hwn bron yn ddieithriad wedi dangos eu bod yn gyfarwydd â sut i ysgrifennu ar gyfer y dydd heddiw, ac yn gyfarwydd hefyd â llenyddiaeth gyfoes. Gair byr am bob un o'r cystadleuwyr, felly.

Y Dyn Bach: 'Dan Gysgod y Graig'. 'Fuaswn i byth mor hy â dweud nad oes pynciau y dylid ymdrin â hwy ond fe ddywedwn fod ymdrin â phwnc yr ysgrifennodd llaweroedd amdano o'r blaen nes i'r thema fod yn orgyfarwydd a threuliedig yn her aruthrol, hyd yn oed i lenor medrus a dyfeisgar. Gwaetha'r modd, nid yw'r cystadleuydd hwn, a ysgrifennodd am frwydr i sefydlu undeb yn y chwarel, yn fedrus na dyfeisgar. Nid yw chwaith yn llenor.

Maes Teg: 'Gwlad Ddamweiniol'. Achosodd benbleth i mi ar y dechrau. Mae'r ysgrifennu'n goeth ac fe geir yma olion addewid yn sicr; digon i hudo rhywun i ddarllen ymlaen ond buan iawn y dechreua rhywun feddwl – addewid am beth? I ba bwrpas? Mae yma ormod o din-droi, dim gwir stori, a'r cyfan yn y pen draw yn troi'n syrffed. Fe gynghorwn yr ymgeisydd hwn i gyfeirio'i ddawn at destun mwy diriaethol: mae angen mwy nag ymhyfrydu mewn geiriau'n unig i greu llenyddiaeth gofiadwy.

Mwddrwg: 'Honco'. Yn sicr, mae ganddo stori, wrth i ni gael hanes Aeron yn Afghanistan, gydag ôl-fflachiadau i'w blentyndod yng Nghymru wledig. Y darnau amdano yn y fyddin yw'r rhai mwyaf byw; mae yma fanylder sy'n argyhoeddi ond heb ein llethu â gormodedd o ymchwil, ac fe geir peth ysgrifennu grymus. Ond arwynebol ydyw ar y cyfan, gwaetha'r modd.

Obadeia: 'Dau'. Rhaid dweud mai gan hwn y mae'r frawddeg agoriadol orau yn y gystadleuaeth – 'Ganwyd Gwilym Hedd Williams yn hanner cant ar yr unfed ar ddeg o Dachwedd ...' ac felly roedd fy ngobeithion yn uchel wrth i mi ddarllen ymlaen. Ac yn wir, y mae stori Gwilym ac Albert yn eithaf difyr a doniol, a gwelwn hau hedyn gwrthdaro yn gynnar iawn. Ond, gwaetha'r modd, nid oes yma ddatblygiad na stori wirioneddol neu, a bod yn gywirach, mae yma ddwy stori, heb fawr o gyswllt rhyngddynt. Mae stori Gwilym yn y rhan gyntaf ac, yn ail ran y gyfrol, stori ei gariad. Ond ar wahân i'r ffaith fod y cariad yn ymddangos (yn eithaf cardbordaidd, rhaid cyfaddef) yn y rhan gyntaf, does dim llinyn cyswllt o gwbl rhwng y ddau ddarn. Ac o ran yr ysgrifennu, er bod cyffro yn y disgrifiadau o'r bocsio yn yr ail ran, mae'r arddull drwyddi draw yn hynod fflat a dieneiniad. Mae angen i *Obadeia* ddysgu nad atgynhyrchu sgwrs B.Add. yn ei holl ddiflastod yw ystyr ysgrifennu deialog.

Nacw: 'Hafan Deg'. Byddai'n rhyfedd iawn pe na bai rhywun eleni wedi cyffwrdd â phwnc y Rhyfel Mawr, a dyma, i raddau, a wnaeth y cystadleuydd hwn, ond roeddwn i'n ei chael yn anodd iawn canfod sbarc o newydd-deb na gwreiddioldeb yn hanes y Cymoedd, Caerdydd a'r Rhyl, nac yn hynt Byrti yn y rhyfel.

Dim Esgus: 'Ar Risie Symudol'. Nid dyma'r unig un i fentro i faes llên micro yn y gystadleuaeth hon. Mae ehangu ac ymestyn ffiniau'r ffurf hon yn bwysig, ac yn gallu bod yn gyffrous, ond ofnaf weithiau fod pobl yn ei gweld yn ffurf hawdd. 'All dim fod ymhellach o'r gwir. Mae angen i bob darn o lên micro ennill ei le ac, yn fwy na hynny, mae angen i bob gair ym mhob darn weithio a chyfrannu at gyfanwaith – fel arall, 'chewch chi ddim ond darnau gwasgaredig. A dyna a gawsom, ysywaeth, yn 'Ar Risie Symudol', er bod yma ymdrech i groniclo bywyd dyn o blentyndod i henaint, a bod yr ysgrifennu ar y cyfan yn dda, yn dafodieithol (er gydag ambell lithriad erchyll megis 'Pan yw'r glwyd yn agor mae'r fenyw yn cerdded ei hanifail anwes'!). Roedd y ffaith i mi orfod dychwelyd at y gwaith i f'atgoffa fy hun beth oedd y pwnc yn gondemniad sydd yn dweud popeth.

Chwilen: 'Tarth ar Ddyfed'. Un arall a fentrodd i faes llên micro, ond yn fwy llwyddiannus, 'ddywedwn i, na *Dim Esgus*. Fe wyddoch mai llên micro sydd yma o edrych ar y rhestr gynnwys. Gair o gyngor, *Chwilen* – dydi rhestr gynnwys sy'n nodi 154 o benodau ddim yn llwybr hawdd at galon na darllenydd na beirniad. Wedi dweud hynny, mae hanner cyntaf y gwaith yn gafael, wrth i ni ddilyn hynt Dyfed y pensaer, a dod i sylweddoli'n raddol mai'r 'tarth' yw dryswch y clefyd sy'n cau amdano. Mae yma dameidiau da, doniol weithiau a dirdynnol yn aml, ond prif wendid y gwaith yw'r teimlad ein bod wedi cael y stori'n gyflawn hanner ffordd drwodd: ychwanegiadau a gorymestyn yw'r gweddill. Ac ar wahân i gyferbynnu eglurder bore oes a dryswch y diwedd, 'wela' i fawr o wrthdaro.

Galileo: 'O'r Berth i'r Beudy'. Nid dyna fai'r cystadleuydd hwn yn sicr – mae gwrthdaro'n amlwg yn y gwaith, a hanes hwyliog trigolion Cefn Clwt yn ymdopi yn eu gwahanol ffyrdd â'r estroniaid sydd wedi meddiannu Beudy Hen – 'Beady Hen' – cyffyrddiad clyfar sy'n adleisio gwirionedd dyfnach. Mae yma or-ddweud, a digrifluniau a gawn yn hytrach na chymeriadau crynion, ond cyfrol ddigon ysgafn a difyr yw hon, serch hynny, ac un rwy'n siŵr fydd yn rhoi llawer o hwyl i fyrdd o ddarllenwyr.

Hendrix: 'Rebel, Rebel'. Rydym yn codi i dir uwch gyda gwaith sy'n cynnwys storïau byrion, ynghyd â darnau micro – a'r rhain, 'ddywedwn i, yn dangos mwy o wir ddealltwriaeth o ofynion y cyfrwng na'r ddwy ymgais arall yn y gystadleuaeth. Mae rhai o'r storïau byrion – 'Mewn Pedwar Llais', 'Y Dean ei Hun', 'Cyfarfod yn Nefada' – yn amlygu dychymyg carlamus, yn grefftus, yn ddoniol, ac yn sicr yn aros yn y cof ac yn golygu bod *Hendrix* yn bendant o fewn cyrraedd y Fedal. Ond trueni fod peth anwastadrwydd, blerwch wrth brawf-ddarllen (neu beidio â gwneud hynny!) ac, yn anad dim, gwallau gramadegol sylfaenol, yn golygu nad yw'n cyrraedd y nod eleni.

Mae dau wedi cyrraedd y brig: dau dra gwahanol, a dau y buom yn pendroni yn eu cylch.

Cafflogion: 'Aer'. Chwip o nofel gyfoes, ddoniol a threiddgar gan awdur sy'n gwybod yn iawn sut i drin geiriau, a sut i wneud hynny heb dynnu sylw at y clyfrwch geiriol. Ar yr wyneb, yr hyn a gawn yw hanes Theo yn dychwelyd o Lundain i'w hen gartref yn Llŷn cyn marwolaeth ei dad: 'Hwnnw'n marw; ei organau fesul un yn pallu, ei holl gorff yn colli mynadd, ei waed yn colli'r awydd i lifo. Dymunodd Theo i'w farwolaeth o fod yn ddigwyddiad, nid yn broses: bom, dagr, dannedd, corn-fflêcs – cymerai ei ladd gan unrhyw beth, unrhyw arf heblaw difaterwch'. Nid dyma'r unig enghraifft o'r ysgrifennu tawel-bwerus sydd yn y gwaith hwn – ond nid dychweliad syml y mab afradlon a gawn ni yma, chwaith. Buan iawn y daw'r Saesnes, Isis, i rannu Cefn Mathredig gyda Theo, ac nid gwrthdaro syml newydd-ddyfodiaid / brodorion yw'r stori – mae'r awdur yn fwy craff na hynny. 'Roedd [Isis] wedi cymhathu'n dda â'r gymdeithas Gymraeg yn yr ystyr ei bod hi allan o'r tŷ bob munud am gyfarfod ...' Oes, wir, mae crefftwr ar waith yma, yn bendant. Ac eto, roedd islais o annifyrrwch yn rhywle wrth i mi ddarllen y nofel amlhaenog hon gyda'i llyfnder a'i hiwmor twyllodrus. 'Allwn i ddim yn fy myw gredu yn y berthynas rhwng Theo ac Isis: roedd gormod o naws y ddyfais hwylus yn eu cyfarfod cyntaf, a'i dyfodiad hi i Ben Llŷn, er mor gelfydd yr olrheinir troadau'r berthynas wedi hynny. Ond efallai mai fy mai i yw hynny ac ni fyddai'r tinc bach o amheuaeth hwn wedi f'atal rhag gwobrwyo *Cafflogion* yn llawen. Oni bai am un cystadleuydd arall.

Honna: 'Saith Oes Efa'. Saith stori fer sydd yma a gellir dyfalu o'r teitl mai ymwneud â bywyd merch y maent. Ond gyda chymaint mwy, hefyd – a mwy nag un ferch, mwy nag un math o fywyd. O Biwt yr eneth fach yn y stori gyntaf, 'Dad Fi', sy'n cyffwrdd â'r galon, i Gwen yn ei henaint yn 'Amen Gwen', y stori olaf, mae holl rychwant bywydau menywod yn yr hanesion hyn. A dawn arbennig *Honna*, fel pe na bai ei chyffyrddiad meistraidd am y gair iawn yn ddigon, yw ei gallu rhyfeddol i gyfleu amrywiaeth tafodieithoedd ei chymeriadau; o Gymraeg gwladaidd, naturiol y wraig fferm o'r gorllewin yn y stori 'Dynes' at ieithwedd gyfoes Kim o'r cymoedd: 'Pam fi ffili cadw gob fi'n shut?' yn 'Setlo', i rwystredigaeth y fam ddosbarth-canol yn 'Cawod', sy'n tawel fynd o'i cho' yng nghanol ei chyfoedion: '... yn llif diorffen eu clochdar am: Pynciau: / Rysgolfeithrin / Rysgol / Syrjeridoctor / Pwllnofio / Gwersigitar / Gwersipiano ...'

Gallwn ddyfynnu cymaint mwy: mae cymaint o berlau yn y gadwyn hon o storïâu. Mae *Honna* yn trin iaith yn gyson gelfydd, a'i champ yw peidio â gwthio'r gelfyddyd i'ch wyneb – y pleser yw dychwelyd drachefn a thrachefn, a chanfod rhywbeth newydd o hyd. Pleser, gobeithio, a rennir gan ddarllenwyr y gyfrol arbennig hon, sydd yn llwyr haeddu'r Fedal eleni.

Cystadlodd un ar ddeg, a chalondid yw nodi bod gwaith nifer ohonynt o safon uchel, teilwng o'r gystadleuaeth hon. Fe'u trafodaf yn y drefn y'u darllenais.

Nacw: 'Hafan Deg'. Mae'r gwaith byrlymus hwn yn agor â phrolog gafaelgar wedi'i leoli yn Nhredegar yn 1894, a deil y stori ei gafael yn ystod y naid i'r flwyddyn 1898, pan gawn ddisgrifiadau byw o fywyd yn ardaloedd tlawd Caerdydd. Ceir ysgrifennu cyhyrog mewn mannau ond gorflodeuog ar brydiau, ac â'r stori yn ei blaen ar garlam drwy gyfrwng llinyn storïol cymhleth sy'n ein tywys rhwng Y Rhyl ('Yr Hafan Deg') a'r Rhyfel Mawr yn Ewrop. Ceir disgrifiadau graffig o gelfydd o erchyllterau'r rhyfel hwnnw – megis brwydr enbyd Mametz – a'i effaith greulon ar unigolion. Ond teimlwn fod gwe'r saga deuluol, â'i llu o gymeriadau ac atgofion, yn rhy ddyrys.

Galileo: 'O'r Berth i'r Beudy'. Drwy gyfrwng ffraethineb, sylwebaeth gymdeithasol a dychan, fe'n cyflwynir yn y gwaith difyr hwn i drigolion hynod bentref Cefn Clwt. Cofnodir y bywyd pentrefol yn ei holl gymhlethdod – y clecs a'r cecru, y cyd-fyw a'r tynnu'n groes. Ar ei orau, llwydda *Galileo* i bortreadu unigolion – y trigolion cynhenid a'r mewnfudwyr, y ceffylau blaen a selogion y seddau cefn – yn ddigon cynnil. Hoffais yn arbennig ambell droad ymadrodd cyfoethog fel 'y daranfollt o lais a'r gasgen o gorffolaeth', ynghyd â rhai cyffyrddiadau o hiwmor tywyll. Ond ceir tuedd i orfanylu, i fynd dros ben llestri ac i gofnodi sgyrsiau'n rhy fanwl nes arafu'r digwydd.

Maes Teg: 'Gwlad Ddamweiniol'. Mae fy nodiadau dechreuol am y gwaith uchelgeisiol hwn yn cynnwys yr ansoddeiriau 'dychmygus', 'telynegol' ac 'ardderchog', a hynny yn sgîl darllen perlau fel 'Mae'n fore o lonyddwch a cherrig ...' a 'Hen gist yn llawn gorffennol ... allweddau i ystafelloedd caeedig, amgueddfeydd y galon'. Ond wrth i Bedwyr Cwm Llwch ymgolli yn nyddiadur taith un o'i hynafiaid ac i ninnau ymuno yn y daith alegorïol sy'n ymagor o'n blaen, er gwaethaf dycnwch y dweud a fflachiadau o ysgrifennu llachar a sawl disgwrs ac ymson a digwyddiad diddorol, mae'r stori'n ymlwybro fwyfwy nes peri imi ddefnyddio'r gair 'ailadroddus'. Pan gyrhaeddais ddiwedd y gyfrol, ofnaf mai'r ansoddair allweddol oedd 'syrffedus'. Hoffwn argymell i *Maes Teg* ailedrych ar y gwaith a thocio ac addasu darnau helaeth ohono gan ganolbwyntio ar yr elfennau cyffrous a dychmygus sydd ar flaen ei fysedd / ei bysedd.

Honna: 'Saith Oes Efa'. Saith stori sy'n portreadu'n gywrain ac yn gynnil. mewn gwahanol dafodieithoedd, agweddau ar fywydau merched. Yn ardal

Wrecsam y lleolir y stori gyntaf, 'Dad fi', a chlywn acen hyfryd merch fach y mae ei thad wedi ymadael yn sydyn a diesboniad o'i bywyd. Mae hi'n ei hargyhoeddi ei hun ei bod yn ei weld yn gyson – yn y dre, ar fws, mewn cyngerdd ysgol – ond yn cadw'i chyfrinach yn dynn. Fe'm trawyd gan sensitifrwydd y stori hon, y mae ei diweddglo'n ddirdynnol. Yn yr ail stori, tafodiaith cymoedd y de sydd gan Kim, un ar bymtheg oed. Er gwaetha'r sbort a'r dychan, a'r tristwch, a geir ynddi, hon yw'r stori wannaf o'r saith yn fy marn i, gan fod ynddi elfennau sy'n ymylu ar fod yn dreuliedig ac ystrydebol, yn null 'Pam fi, Duw?'. O'r cymoedd Seisnigedig i Gae Gwyn ac Ysgubor Goch, Caernarfon, a stori amlhaenog am atgofion priodasferch am ei phlentyndod anodd. Yn y stori gref hon y ceir un o frawddegau mwyaf cofiadwy'r gystadleuaeth: merch fach anhapus yn dweud, 'Ma' hi'n bwrw glaw tu mewn i mi'. O iselder-wedi-genedigaeth y bedwaredd stori at iselder, unigrwydd a salwch gwraig fferm y bumed stori – y ddwy'n straeon cofiadwy – yr un yw gafael sicr *Honna* ar ei chrefft storïol: cynildeb, cydymdeimlad a dychan, ynghyd â'r defnydd hyderus o dafodiaith. Yn bersonol, teimlaf nad yw'r chweched stori – un drist-ddoniol ddychanus am wraig ar ffin gwallgofrwydd – yn llwyr argyhoeddi. Ac i mi, y stori olaf yw uchafbwynt y casgliad. Mae hi'n stori gwbl arbennig am hen wraig fethedig mewn cartref gofal. Collodd y gallu i gyfathrebu ond wrth iddi gael ei thrin a'i thrafod gan ei gofalwyr, caiff y darllenydd y cyfle i rannu'i meddyliau a'i hatgofion cyfrinachol. Dyma ddiweddglo'r stori ddirdynnol hon: 'cymaint o wyneba'n mynd yn un â'i gilydd/ ac un yn glir glir/ yn diferu tuag ynof'.

Hendrix: 'Rebel, Rebel'. Casgliad o straeon carlamus a 'gwahanol', os dyna'r dull gorau o ddisgrifio dawn esoterig yr awdur hwn y mae ganddo'r hyder i chwarae â'i ddarllenydd. Parodd i mi chwerthin yn uchel sawl gwaith. Ar ei orau, llwydda i greu darluniau a chymeriadau a sefyllfaoedd hynod a chofiadwy; medda ar ddawn Ellis Wynne i brocio a dychanu; defnyddia'i wybodaeth helaeth o wahanol bynciau, megis ffilmiau a llyfrau a chaneuon poblogaidd a daearyddiaeth America. Mae ambell stori megis 'Cyfarfod yn Nefada', 'Rebel, rebel' a 'Y Meudwy yn y Coed' yn arbennig. Ond casgliad anwastad yw hwn ar hyn o bryd. Mae angen i'r awdur feithrin y disgyblaethau diflas hynny: tynhau a chaboli. Mentraf ddefnyddio'r gair 'ffrwyno', nid yng nghyd-destun llyffetheiriol 'ffrwyno'r dychymyg' ond o ran cynildeb a chywirdeb y dweud. Efallai yr anghytuna â mi. Dyna fraint rebel.

Y Dyn Bach: 'Dan Gysgod y Graig'. Hen hanes caledi bywyd yn ardaloedd chwareli Gogledd Cymru a geir yn y gwaith hwn, sy'n deyrnged i'r gweithwyr a'u teuluoedd a fu'n rhygnu rhwng byw a marw yn wyneb sarhad ac ecsploetio'r perchenogion a'u cynffonwyr. Fe'n hatgoffir am ddewrder y gweithwyr a'u hymdrech arwrol i frwydro dros iawnderau sylfaenol ac i sefydlu undebau llafur. Ond fersiwn dreuliedig o'r hen stori a gawn; yr un a adroddwyd mor gelfydd gan awduron fel Kate Roberts a T. Rowland Hughes. Gresyn na lwyddodd yr awdur i roi gwedd newydd a gwahanol arni, a hefyd i gywiro a chryfhau ei iaith a'i arddull.

Cafflogion: 'Aer'. Apeliodd y nofel hon yn fawr ataf am sawl rheswm: bwrlwm iaith ac arddull yr awdur, ynghyd â'i hyder a'i wreiddioldeb wrth ddatblygu'i stori, sy'n barsel amlhaenog o alegori a dychan, doniolwch a thristwch. Mae Theo (Theomemphus!), unig fab un o blasau uchelwrol hen ardal Cafflogion, Pen Llŷn, yn ymgorfforiad cyfoes o sawl 'mab y plas' dros y canrifoedd. Blinodd ar fywyd ariangar, afradlon Llundain; yn sgîl marwolaeth ei dad, mae 'dyletswydd' yn ei dynnu'n ôl i Ben Llŷn. Ac fe'n cyflwynir, heb na phregeth na gogwydd, i drafodaethau difyr ynghylch natur hunaniaeth, traddodiad, treftadaeth a pherchentyaeth. Fe'n cyflwynir, hefyd, i sawl stalwart o gymeriad lleol – mae'r portread o Modryb yn gameo cofiadwy – ac i sawl cymeriad brith o bant, gan gynnwys Isis, y ferch enigmatig sy'n gwyrdroi popeth. Fe'n synnir yn gyson gan droadau annisgwyl y stori, gan allu'r awdur i ddeialogi ac i arddangos teimladrwydd heb arlliw o sentiment. Fe'n swynir gan ymadroddion megis 'roedd y dydd yn perthyn i'r eira'. A dyma un enghraifft yn unig o ddawn ysgrifennu *Cafflogion*: '... a llacio'i wddf i ganu emynau nes dileu marwolaeth Modryb, a'i farwolaeth ei hun, a'r holl gwestiynau hyll roedd marwolaeth yn eu gofyn'. Os trafod goroesi yn wyneb trychineb oedd thema R. Gerallt Jones yn ei nofel yntau, *Cafflogion*, mae *Aer* yn trafod goroesi deublyg: treftadaeth ar y naill law ac unigolyn dryslyd ar y llaw arall. Bu'r nofel hon ar y brig gen i, ond ar ôl trafod â'm cydfeirniaid, cytunaf y dylai *Cafflogion* ailedrych ar y drafft hwn a chryfhau ambell drywydd storïol a gwaredu ambell ysgyfarnog – a mynd ati i gyhoeddi'r nofel rhag blaen.

Mwddrwg: 'Honco'. Mae'r nofel fer hon yn dechrau'n addawol â'r milwr Aeron 'Taff' Williams mewn brwydr yn erbyn y Taliban. Drwy gydol y nofel, drwy gyfrwng ei wybodaeth gefndirol fanwl, llwydda'r awdur i greu darlun byw o'r rhyfela creulon yng ngwres tanbaid Affganistan. Tanlinellir y caledi wrth dorri'n ôl ac ymlaen rhwng y presennol yn Helmand a phlentyndod a llencyndod Aeron – hyd at ei ddirywiad corfforol a meddyliol yn sgîl ei brofiadau enbyd, ei ddefnydd o gyffuriau, a'r effaith a gafodd marwolaeth ffrindiau arno. Un o'r rhain yw Jinj, y teimlaf y dylem wybod mwy amdano cyn ei farwolaeth. Un arall yw Dei – 'O doriad ei fogail roedd o'n anghydffurfiwr' – y cawn ddarlun gwych ohono, ac o'i angladd: '... yr hers yn y cefndir a charped o flodau ar y lôn'. Ceir gan *Mwddrwg* ddweud cryf ond ceir ganddo hefyd lacrwydd mynegiant, tuedd i oregluro a gormodedd o ymadroddion fel 'meddai wrtho'i hun'. Ond dyma sail i nofel gref.

Chwilen: 'Tarth ar Ddyfed'. O'r dechrau tawel, cadarn (er gwaethaf y defnydd gormodol o ansoddeiriau), ceir elfennau ardderchog yn y casgliad hwn o bytiau o straeon. Mae'r nod yn un uchelgeisiol: gweithio am yn ôl o ddiwrnod gwasgaru llwch Dyfed (mae'r teitl yn un dyfeisgar), gŵr a thad a thaid annwyl a phensaer galluog a fu farw wedi dioddef y salwch hir a chreulon hwnnw, dementia. Cawn ddarluniau teimladwy o ddirywiad graddol y cof, y dryswch, y sylweddoliad, y brwydro yn erbyn y salwch a'r ildio anochel – a'r cyfan am yn ôl. Mae ambell ddarlun unigol, fel hwnnw o'r 'enfys' o lyfrau Penguin, wedi'u didoli'n drefnus ar silffoedd, yn aros yn y cof. Ond teimlaf fod y teithio go chwith parhaus yn tueddu i greu dryswch. Rywle tua hanner ffordd drwy'r casgliad, yn sicr wrth ymlwybro'n rhy bell i'r gorffennol, tuedda'r pytiau i fynd fwyfwy ar wasgar nes dirywio'n anecdotau amherthnasol.

Dim esgus: 'ar risie symudol'. Dyma gasgliad arall o bytiau o straeon/ anecdotau, 108 ohonynt, mewn tafodiaith rymus ac wedi'u rhannu'n dair adran, Y Plentyn, Yr Oedolyn, a'r Hen Ddyn. Mae nifer ohonynt yn berlau hyfryd, yn llawn crefft a dychymyg, fel y straeon 'Estyn am byth', 'Llithro', 'Ffenestri'n agor' a 'Bwletin bore', ynghyd â 'Grisie', â'i llinell glo, 'Ry'n ni ar risie symudol ble ma' pob cam yn diflannu'. Ond fel y gellid disgwyl â chasgliad mor fawr, ceir diffyg cynildeb mewn nifer ohonynt, a gorddefnydd o ordd i gadarnhau'r neges. Dylid mynd ati i gryfhau ambell stori, ac i hepgor rhai yn llwyr. Pe bai'r awdur yn derbyn cyngor golygyddol, efallai y byddai modd gweld cyhoeddi fersiwn o'r casgliad gorswmpus hwn.

Obadeia: 'dau'. Y cyntaf o'r 'ddau' a gwrddwn yn y nofel hon yw Gwilym Hedd Williams neu 'Hedd Perffaith Hedd', plentyn ansicr sy'n datblygu i fod yn oedolyn obsesiynol o dan fawd ei fam weddw. Yr ail yw Buddug, y cariad sidêt y llwydda'r fam i'w gwahardd o fywyd ei mab. Un o obsesiynau Gwilym yw creu perffeithrwydd wrth lythrennu cerrig beddau, obsesiwn a amlygir am y tro olaf ar ei garreg fedd ei hun. Yn sydyn, mae'r stori'n canolbwyntio ar Buddug, sydd ar ei ffordd i Lundain i chwilio am gyffro. Ac os crybwyllaf y geiriau 'bocsio cawell', gellwch ddechrau dychmygu'r cyffro annisgwyl a ddaw i'w rhan. Ond er gwaethaf y bwrlwm sydyn hwn, nid yw'r nofel yn argyhoeddi fel y mae ar hyn o bryd. Nid yw'r gwahanol gyfnodau'n asio'n esmwyth i'w gilydd – ceir un naid anesboniadwy o ddeng mlynedd – a di-fflach yw'r mynegiant. Ceir gormodedd o gyfleu gwybodaeth, o ddefnyddio arddull unffurf ('mae', 'roedd', 'meddyliodd') ac o ddeialogi anysbrydoledig.

Yn fy marn i, gwaith *Honna* a *Cafflogion* sydd ar y brig. Hoffwn i *Cafflogion* a *Hendrix* fynd ati i olygu eu gwaith gyda golwg ar gyhoeddi. *Honna* yw enillydd cwbl deilwng Medal Ryddiaith Eisteddfod Genedlaethol Sir Gâr, 2014.

BEIRNIADAETH SIONED PUW ROWLANDS

Derbyniwyd deg ymgais a mwynheais eu darllen, gan sylweddoli'r un pryd cymaint o gamp yw ysgrifennu stori fer dda. Nid oedd gofynion caeth yn fy meddwl wrth feirniadu. Gobeithiwn am stori neu straeon a fyddai'n agor fy meddwl. Er yr addewid i'n goleuo, eironi'r stori fer fel ffurf yw ei bod yn rhwydd yn mynd â ni i gors ystrydebau. Dyna oedd yn digwydd i lawer o'r straeon a ddaeth i law, ac yn mynd â straeon, a oedd fel arall yn rhugl iawn, ar y creigiau – er enghraifft, gwaith *Mati, Sam, Man a Man a Shanco* a *Berach*. Serch hynny, cafwyd mwy nag un stori a lwyddai i gario'r darllenydd gydag ef ymhell, os nad at y diwedd un – er enghraifft, stori *Oren* a stori *Nebat*. Un ffordd dda o ymarfer gochel rhag cors ystrydebau, efallai, yw darllen a darllen meistri'r stori fer. Roedd ambell ymgais arall yn nes at ffurf yr ysgrif – er enghraifft, gwaith *Eloise*, neu, wrth arbrofi â ffurf, yn colli'r darllenydd – er enghraifft, cynnig *Kiwi*. Ond braf, er gwaetha'r dryswch, oedd gweld ysbryd creadigol ar waith yma, fel hefyd yn ymgais *Oer*.

Roedd un stori fer yn sefyll ar ei phen ei hun, sef eiddo *Gofannon*. Yn y stori hon, cawn dreulio diwrnod yng nghwmni Nain a'i hŵyr a myfyrio ar y tyndra sy'n codi rhwng cenedlaethau, rhwng gwahanol ffyrdd o edrych ar bethau. Mae'r portread o'r fam, Rhonwen Richards, yn unochrog, ond llwyddodd yr awdur i greu a chynnal rhythm yn y stori a gwerthfawrogais yn arbennig y sylw i fanylion a roddir wrth greu awyrgylch. Rwy'n falch o allu dyfarnu'r wobr i *Gofannon*.

Y Stori Fer

SBECTOL

Pwysodd Sali Richards yn ôl yn ei chadair ac ymgolli yn y distawrwydd sydyn. Yna, ymrôdd eto i'w gwaith gwnïo a'r dasg o godi godre'r sgert fodfedd yn uwch. Doedd bosib ei bod yn crebachu gydag oedran ond pam oedd pob sgert o'i heiddo fel petai'n cripad yn nes-nes at ei thraed? Braint oedd cael croesi trothwy oed yr addewid, medden nhw, ond addo beth yn gwmws yr oedd, tybed? Nid oedd ei bysedd bellach mor hyblyg ag y buont, chwaith ond llywiai'r nodwydd i mewn ac allan â'r un gofal diarbed ag erioed. O leiaf nid oedd pall ar ei llygaid eto.

'Hei, beth yw hwn, Sal?'

Diwedd ar y distawrwydd. Dyna'i hŵyr, Gethin, yn ôl yn nrws lolfa fechan y byngalo. Dim ond hanner isaf ei wyneb a welid gan fod lens lydan werdd yn ymestyn ar draws ei lygaid, a honno'n gadarn o fewn ffrâm ddu a bwysai'n drwsgl ar ei drwyn. Estynnai strapyn du y mwgwd o amgylch cefn ei ben i gadw'r cyfarpar yn ei le. Gwenai'r crwt â holl ddileit ei bedair blwydd ar ddeg yn ei ddarganfyddiad.

Teimlodd Sali or-agosatrwydd y cyfarchiad fel gwayw yn ei bola, er taw nid am y tro cyntaf heddiw y'i clywsai. Nid oedd ei hŵyr yn golygu unrhyw sen, gwyddai'n dda, ond ni allai dderbyn y ffasiwn or-bersonol a ddilynai'r bachgen. Ond dim ond canlyn ei fam a wnâi, sbo.

Cododd Sali ei llygaid o'r gwaith gwnïo. Aeth ias trwy ei hesgyrn wrth iddi sylwi ar y mwgwd ar draws gwep y crwt, a theimlodd ei bochau'n cynhesu'n syth.

'Sbectol weldo Tad-cu yw honna,' meddai â llais fel triagl. 'Dod hi nôl lle o'dd hi, gw'boi.'

'Ond Sal, mae hwn yn cŵl!' daeth yr ymateb cynhyrfus. 'O'dd Tad-cu yn *frogman*? Ti'n gallu nofio dan y môr yn hwn, gŵ-gŵ-gŵ ... ' a herciodd ar draws y stafell gan chwifio ei ddwylo fel petaent yn ei dynnu trwy ddyfnder yr eigion.

'Nace tegan yw e!' cyfarthodd Sali, gan godi ar ei thraed yn reddfol. 'A phwy roiws yr hawl i ti fynd mewn i rŵm Mam-gu a Tad-cu?'

Peidiodd antur danforol Gethin yn ebrwydd wrth iddo synhwyro'r taerni yn llais ei fam-gu. 'Ond mae Tad-cu ddim yn byw ...'

'Tyn y sbectol 'na bant a dod hi'n ôl lle o'dd hi, a phaid â meiddio mynd mewn 'na 'to, gw'boi!' Synnai Sali faint yr oedd ei chorff yn crynu.

'Sori. O'n i ddim moyn ypseto ti.' Tynnodd Gethin y sbectol dros ei gorun. Roedd y sioncrwydd wedi diflannu o'i osgo.

Anadlodd Sali'n hir. Teimlai ei gewynnau'n dechrau ymlacio a daeth cysgod cywilydd i'w hwyneb. Ymdrechodd i wenu. 'Wi'n flin am weiddi, cariad, ond rhoiest ti bach o sioc i fi.'

'Ond, Sal, mae hwn mor dda. Ti'n gallu bod yn *frogman* neu'n *alien* yn hwn. Mae'n hwyl.' Eisteddodd Sali eilwaith yn y gadair esmwyth ac estyn ei llaw dde i dderbyn y sbectol gan ei hŵyr.

'Shgwl ar y sbectol hyn nawr, Gethin.' Anwylai ei bysedd anhyblyg ymylon y cyfarpar wrth iddi lefaru. 'Bydde Jim, Tad-cu, yn gwishgo hon yn y gwaith wrth weldo *sheets* dur wrth 'i gilydd neu wrth dorri tylle yndyn nhw. O'dd y lens yn drwchus i gatw'i lyced rhag y sbarcs a'r pishys o'dd yn gallu hetfan o'r dur.'

'Faint o arian mae e'n werth?'

'O, fawr ddim, cariad, ond nace hwnna yw'r pwynt. Hwn o'dd y peth ola gas Jim ar gyfer 'i waith, flynydde ar ôl y sgitsie trwm a'r trwsus sbesial. Mae'r rheiny wedi hen fynd ond mae hwn ar ôl. Dim ond hwn ...'

Ond roedd diddordeb Gethin wedi diffodd eisoes fel fflamyn matsien mewn awel. Gan fwmial 'Sori' arall, llamodd draw at y soffa ble gorweddai ei liniadur a'r consol a fu'n ei ddifyrru cyn iddo gilio i stafell Sali. Rhoddodd hithau'r sbectol weldo yn ôl ar silff ffenest ei stafell cyn dychwelyd i'w chadair freichiau. Ceisiodd ailgydio yn ei gwnïo ond parhâi 'Ba-ba-ba' Gethin i darfu ar ei llonyddwch meddwl wrth iddo hela'i elynion rhithwir â gwasgiadau taer ar ei gonsol.

Ochneidiodd Sali. Bu'r diwrnod hwn yn ffaglu ar ei gorwel ers pythefnos. Cyfle prin i fwynhau cwmni'r ŵyr wrth i'w athrawon brofi diwrnod o'r *twinset*, neu beth bynnag y gelwid y peth, a rhyddhau eu disgyblion i ofal, neu ddiffyg gofal, eu teuluoedd. Cytunwyd y byddai Gethin yn treulio'r oriau dan aden ei fam-gu nes i'w fam ei gasglu ar derfyn ei diwrnod hithau yn ei hysgol gynradd. Cyhyd, meddyliai Sali, â bod cof honno am leoliad byngalo ei mam yng nghyfraith heb ddirywio'n ormodol yn ystod y chwe mis diwethaf.

Dadrithiad a fu'r bore hyd hynny. Pob ymdrech gan Sali i dynnu sgwrs gall yn syrthio fel had ar dir caregog wrth i Gethin rannu ei sylw rhwng bodio rhyw declyn a ddaliai yn ei law ac ymryson â'i elynion anweledig ar yr hen *lapdog* 'na a sodrasai ar ford fach ger y soffa. Chwaraeai ar hwnnw i gyfeiliant cyfres ddi-baid o riddfannau hir a bloeddiadau sydyn o orfoledd.

Penderfynodd Sali roi cynnig ar gwys newydd. 'Licet ti helpu Mam-gu i baratoi cino?'

'Wa-w ... da-da-da, o *shit!*'

'Gethin!'

'Sori, mae e wedi lladd fi.'

'Licet ti helpu fi i baratoi tamed o gino? Mae'n tynnu at ganol dydd.'

'Oce. Galla i roi fe yn y meicrowêf i ti.'

'Do's dim meicrowêf 'da fi. Cwcan popeth bydda i.'

Syllodd y bachgen arni fel petai newydd ddatgan ei bod am gerdded dros ddyfroedd Bae Abertawe i'r Mwmbwls.

'Elli di foyn tamed o bersli o'r ardd tra bo' fi'n plico'r tatws?'

'Nawr?' Cododd Gethin ar ei draed ac amhendantrwydd newydd yn croesi ei wyneb. 'Ti gyda *spade*?'

Gwingodd Sali. A'i fam yn athrawes ysgol ...

'Rhaw, 'ti'n feddwl? Pam wyt ti'n moyn rhaw?'

'I gael y persli lan.'

Tro Sali oedd rhythu'n anghrediniol. Eglurodd yn amyneddgar y gallai dynnu persli o'r pridd â'i fysedd. Diflannodd Gethin trwy ddrws y gegin gefn i'r ardd gymen a swatiai rhwng y perthi isel bob ochr. Ymhen pum muned roedd yn ôl, a sbrigyn swmpus o deim yn dynn yn ei law briddlyd.

'Dyma'r persli, Sal.'

Anadlodd ei fam-gu'n ddwfn. 'Dod y teim 'na ar bwys y sinc, golcha dy ddilo a dere â'r baged o bys mas o'r pantri. Gelli di shelo'r rheina i fi, o's posib?'

Ymhen chwarter awr roedd tatws newydd eu plico a'r pys yn berwi'n braf ar y stôf, yr ham allan o'r oergell a'r saws persli ar y gweill. Dilynai Gethin y gweithgarwch â llygaid mawrion, ac edmygedd newydd o fedrau cyfriniol ei fam-gu'n cyniwair ynddo.

'Mae hwn yn cymryd lot o amser i ti. Mae mam yn rhoi bwyd yn y meicrowêf.'

'I greta i ... Cera nôl at dy gêm nawr. Bydd bwyd ar y ford mewn ucen munud.'

Eisteddent wrth ford y gegin i gyd-fwyta. Sylwodd Sali fod y bachgen yn cymryd tatws ychwanegol ac yn arllwys dogn arall o'r saws dros y rheiny a'r ham. Ni ddywedai air o'i ben wrth ganolbwyntio ar ei orchwyl.

'Hoff gino Jim oedd hwn, 't'wel'. Ham a saws persli. Dicon o flas, bydde fe'n gweud. Shwd mae e?'

'Neis.'

'Ac mae'n neis ca'l rhywun wrth y ford yn rhannu'r pryd gyta fi.'

'Mm.'

'Byt, nawr. Mae coiled o datws a ham ar ôl.'

Daeth llygedyn o haul y gwanwyn i mewn trwy ffenest gefn y gegin a lledaenu'i ddisgleirdeb dros y welydd fel toriad gwawr. Cymerodd Gethin ragor o'r ham. Gwnaeth gyfiawnder â'r darten 'fale hefyd yn sgîl y cwrs twym.

Ond wedi estyn llaw i olchi'r llestri, dychwelodd Gethin at ei declynnau sgleiniog a llanwyd y stafell o'r newydd â'r griddfannau a'r bloeddiadau sydyn. Ni ddeuai'r gorffwys arferol i Sali pan gaeai ei llygaid am getyn wedi pryd bwyd.

'Gethin, mae'n ffein tu fas. Pam nad ei di am bach o awyr iach? Gelli di fynd lan i weld ceffyle Morris. Lawr y lôn gefen a lan y tyle ar y gwaelod heibo'r cwar. I glywes fod ebol bach newydd 'da fe.

'Ebol?'

'Ie, bach. Ceffyl ifanc. Amser o't ti'n grwt bach, o't ti'n dwlu mynd am dro gyta dy dad a Tad-cu i ga'l cewc ar geffyle Morris. Mae mwy 'da fe erbyn hyn. A chaiff Mam-gu gïed 'i llyced am getyn bach.'

Pendronodd Gethin am ychydig. Yna diffoddodd ei liniadur a'i gwneud hi am y drws. Roedd ei fam-gu'n hepian yn barod. Cododd ei anorac oddi ar gefn cadair, picio i mewn i'r stafell wely ar flaenau ei draed, ac yna ei gwâ'n hi trwy ddrws y gegin. Roedd Sali'n chwyrnu'n dawel.

Wrth ymlwybro i lawr y lôn a gydredai â'r gerddi y tu cefn i'r rhes o dai, teimlai Gethin yr haul gwanwynol yn cynhesu ei fochau. Pwysai'r cinio anarferol o drwm ar ei gylla, ac araf oedd ei gam. Ar waelod y lôn, yn ôl y cyfarwyddyd a gawsai, trodd i'r chwith a dechrau ymdrechu i fyny'r llethr glaswelltog tua'r tyddyn a welai eisoes o'i flaen. Meinhau roedd yr awel fan hyn ac arhosodd i dynnu anadl. Syllai ar y ddwy res o dai o dano, yna'r ffordd fawr a'r afon ddioglyd y tu hwnt i honno. Chwarter milltir i lawr y cwm o'r pentre, gorweddai rhyw safle anial o furiau chwâl a cherrig gwasgaredig. Fflachiai'r haul ar ambell ddarn o fetel a'r caniau diod a gawsai eu lluchio yno ryw noson gan y llymeitwyr dirgel. Daeth cyfarthiad dau gi i glyw Gethin o ble ymgecrai'r creaduriaid o amgylch rhyw bentwr o sbwriel. Dychwelodd cof plentyn bach i Gethin. Cof am ei dad-cu'n ei dywys am dro ambell ddydd Sul heibio i'r safle hwnnw pan ymgodai'r welydd yn unplyg o hyd, os yn oeraidd o ddistaw. Y ffowndri y galwai Tad-cu ar y man, ble'r arferai gyfeirio'i gam i gyflawni pethau lledrithiol gyda metelau. Roedd Tad-cu'n siŵr o fod wedi esbonio'n fanwl beth a wnaethai gynt rhwng y muriau llychlyd, ond yr unig fanylyn a lynai yng nghof y crwt oedd y sôn annelwig am y 'metelau'. A dyna'r lle bellach yn llanast i godi cywilydd ar rywun. Dechreuodd y cŵn ymgiprys o'r newydd am ryw eitem yn eu pentwr. Trodd Gethin ei olygon tua'r mynydd eto.

Doedd fawr o fynd ar geffylau Morris y prynhawn hwnnw. Rhythai Gethin ar yr un bach (yr ... beth oedd y gair?). Yr ebol, ynte, a gadwai'n glòs fel gelen wrth ystlys y gaseg. Roedd y gwynt yn feinach byth bellach a dechreuodd y bachgen lamsach o un droed i'r llall. Yna trodd ei sylw at y sbectol weldio a ddaliai'n ddiogel yn ei law chwith. Tynnodd y strapyn dros ei ben a gwasgu'r ffrâm nes iddi ffitio'n glyd dros ei drwyn. Gwelsai offer weldio yn y gweithdy yn ei ysgol ond ni lwyddasai erioed i ddeall diben rhoi'r fath hyfforddiant i greaduriaid afrosgo cyfnod allweddol pedwar gan fod y rhan fwyaf ohonynt, gwyddai Gethin, yn bwriadu ymrestru yn lluoedd ei Mawrhydi ar y cyfle cyntaf, beth bynnag.

Ni welai'r crwt yn rhy eglur trwy'r lens werdd golau ond synhwyrai fod y sbectol yn benthyg rhyw hunaniaeth annisgwyl iddo. Trodd un o'r ceffylau ei ben i gewcan arno a gallai Gethin fod wedi tyngu, er mor aneglur yr olygfa trwy'r ffenest fechan, fod y creadur wedi clapo'i lygad arno a gwenu; Ond dwli oedd y fath argraff. Cododd Gethin ei lygaid tuag ehangder yr entrychion. Bellach roedd yn sgrialu trwy berfedd y gwacter hwnnw, yn llywio'i F-16 rhwng y cymylau a sgwadronau'r gelyn. 'Wa-a-a-a ...'

Cymerodd ychydig o gamau tuag i fyny cyn troi trwyn ei awyren yn ôl at waered y llechwedd a gadael i rym disgyrchiant ei dynnu fwyfwy chwimwth tua'r gwaelod, a'i goesau'n cyflymu gyda phob cam fel breichiau melin wynt. Roedd y tu mewn i'r sbectol yn niwlo wrth i'w wyneb gynhyrchu gwres. Aeth yr olygfa o'i flaen yn fwy aneglur byth. Tynnodd ei awyren allan o'r plymiad tua'r dde ac arafu ond, yn sydyn, doedd dim gwair na llethr o dan ei draed. Cododd ei stumog i gyfarfod â'i lwnc, a llithrodd y bachgen dros ymyl y cwar.

Erbyn i ganiad cloch y drws blaen fynnu ei sylw, roedd Sali Richards wedi adfywhau o'i chyntun ac wedi gwthio'r sugnydd llwch trwy stafelloedd y tŷ unllawr. Aeth i agor i'w merch yng nghyfraith.

'*My God*, 'na ddwarnod,' grwgnachodd Rhonwen Richards gan ymwthio'n dalp o anniddigrwydd trwy'r cyntedd cul i'r lolfa. Taflodd olwg petrusgar o'i chwmpas fel pe na bai'n gwbl sicr o leoliad y celfi. Yna anelodd at y soffa a hyrddio'i chorffyn tenau a'i bag llaw bach lledr arni.

'Dishgled o de?'

'O, plîs, Sal, mae coffi'n dod mas o 'nghlustie. Wir, wi'n shatyrd, wi *erio'd* wedi bod mor shwps ar ôl dwarnod o aitsh-em-es, wir, 'sdim sens yn y peth. O, un siwgir hefyd. *God*, mae ishe nerth arno i.' Agorodd y bag llaw a thynnu drych bach allan. Peidiodd ei chlebar wrth iddi astudio'i gwep yn y gwydr tra llanwai ei mam yng nghyfraith y tegell yn y gegin.

'Shwd mae Marc yn catw?' daeth ymholiad Sali am ei mab.

'Marc? O, lled dda, mae'n debyg. Ti'n gwbod, Sal, 'sa i 'di ca'l munud i edrych ar yn hunan drwy'r dydd, wir i ti. Ffocws ar fathemateg, dyna o'dd hi, drwy'r blydi dydd. Rhyw gracpot o'r coleg sy heb fod mewn stafell ddosbarth erio'd. "Dylid anelu bob amser at wau heriau mathemategol i hanfod pob gweithgaredd dosbarth, gan gynnwys uchafu'r cyfleoedd a gynigir gan wibdeithiau allgyrsiol." O'dd rhaid i ni sianto hwnna gyda'n gilydd fel plant pedair o'd, wir Dduw, Sal. Blydi nonsens. O, paned, 'na lyfli. O'dd ishe hon arno i.'

Eisteddodd Sali gyferbyn â hi. Sipiodd ei phaned hithau gan wylio Rhonwen yn taenu rhyw sylwedd dros ei gwefusau. Er bod yr ieithwedd addysgol mor eglur â pherfedd moch iddi, gallai synhwyro nad oedd gorthrymderau bywyd athrawon yn ysgafnu. Barnai mai cydymdeimlad oedd piau hi.

'Myn getyn bach tawel nawr gyda'r dishgled.'

'A'r wythnos nesa, ŷ'n ni'n ca'l mathemateg 'to yn y cyfarfod staff ac mae Janet yn ca'l dou ddwarnod rhydd o ddysgu i baratoi stwff i ni. Dou ddwarnod ac mae hi'n ca'l blydi lwfans yn barod!'

'O's rhaid i ti reci drwy'r amser, Rhon?' Ni allai Sali ymgadw rhag y gair greddfol o gerydd ond sylwodd fod cyhyrau Rhonwen yn tynhau'n syth.

"Na i weud beth wi'n moyn, Sal. Iawn i ti ishte ar dy ben ôl drwy'r dydd, wi'n gorfod mynd mas i'r gwaith *a* pharatoi cinio ar ôl dod gartre.' Cymerodd ddracht o'i the. 'Wi'n flin ond 'sdim amcan 'da ti am y sdrés sy arnon ni athrawon y dyddie hyn.'

Yna, fel petai gwirionedd mawr o'r goruchaf yn gwawrio arni, taflodd gipolwg o gwmpas y stafell. 'A ble mae Gethin?'

'Wedi mynd am wâc.'

'*God*, Sal, 'sdim amser i mi gico'n sodle fan hyn yn sefyll amdano fe. 'Na beth twp o'dd gadel iddo fe fynd mas yr amser yma o'r prynhawn! O't ti'n gwbod byddwn i'n galw amdano fe.' Cododd Rhonwen ar ei thraed gan gymaint y cynnwrf y tu mewn iddi.

'All e byth â bod yn bell,' ceisiodd Sali leddfu ei digofaint. 'Dim ond i weld y ceffyle ar bwys tyddyn Morris aeth e.' Er mwyn osgoi'r trymder sydyn yn yr awyrgylch, anelodd Sali am y gegin.

'Ar y gair, ferch, 'ma Gethin yn cyrredd nawr.' Ond cyn iddi ymlacio'n llawn ar ddyfodiad ei hŵyr trwy glwyd yr ardd, fferrodd wrth sylwi mai hercian a wnâi ar hyd y llwybr a bod un ochr i'w gorff yn wyn fel petai wedi rholio mewn blawd. Hongiai rhywbeth o'i law chwith hefyd.

'Nefoedd wen ...'

Agorodd y fam-gu ddrws y gegin a gwneud brys at y bachgen ar y patio y tu allan. Dechreuodd Gethin guro ei ochr ag un llaw er mwyn codi'r baw gwynnaidd a drochai ei wisg ond gwingodd â loes wrth gyffwrdd â'i ystlys ei hun.

'Gethin, wyt ti'n iawn, bach? Beth nethot ti?'

'Cwmpo lawr y chwarel. Ond fi'n oce.'

'GETHIN, beth yffach wyt ti wedi 'neud?!' Cyfododd sgrech Rhonwen i'r awyr y tu ôl i'w mam yng nghyfraith. 'Tales i wyth deg punt am y got newydd 'na! A'r cords 'na! Shwd gelli di fod mor stiwpid â cwmpo mewn i'r cwar?'

Daliodd y bachgen y sbectol weldio yn uchel yn ei law chwith. 'O'n i'n gwisgo'r rhain, o'n i'n rhedeg a ffili gweld y *drop*. O'n i'n rili lwcus.' Cipiodd ei fam y sbectol o law ei mab. Rhythodd arni, a throi at Sali. 'Shwd 'nest ti adel i Gethin fynd â'r peth 'ma?' Daliodd y cyfarpar yn uchel yn erbyn y golau. 'Mae'r glas mor drwchus 'ti braidd yn gallu gweld dim trwyddo fe. Sal, pam y't ti mor ...' Llwyddodd Rhonwen i frathu ei thafod. Yna trodd ei golwg yn ôl at y sbectol, a ffrwydrodd ei dicter eto. 'Y dam peth dwl 'ma!'

Ar y gair, dyma godi ei braich i fyny fel dienyddiwr wrth ochr y bloc, a hyrddio'r sbectol yn gynddeiriog yn erbyn wal y gegin. Trawodd yn erbyn cornel sil y ffenest, a holltodd y gwydr â chlec.

'A nawr gelli di dwlu'r sbwriel 'na i'r bin! 'Sa i'n gadel Gethin fan hyn eto i ti gael edrych ar 'i ôl e. Ne' beido edrych ar 'i ôl e! Cer trwodd i'r car, Gethin. Sa' di nes bod dy dad yn dy weld di.'

Gwthiodd Rhonwen ei mab i'r tŷ fel gyrru dafad styfnig i gefn lori'r mart. Safodd Sali yn gnepyn o iâ uwchben y sbectol doredig. Wedi rhai eiliadau, plygodd i'w chodi oddi ar slabiau'r patio. Trodd yn ôl i'r tŷ oedd bellach yn wag. Roedd yn oeri yno hefyd, ac awel a min arni'n chwythu o'r drws blaen cilagored. Palfalodd yr hen wraig am fraich y soffa ac ymollwng yn glwmp arni. Ni allai edrych ar lens hollt y cyfarpar yn ei llaw.

Wedi adennill peth o'i nerth, cododd Sali yn ôl ar ei thraed â rhyw benderfyniad newydd ac ymlusgo allan i'r cefn at y bin mawr a safai yng nghornel y patio. Cododd y clawr a gollwng y sbectol i ddyfnder y sach ddu y tu mewn iddo. Sychodd y diferion cyntaf o law oddi ar ei boch, a dychwelodd i'r adeilad.

Yn annisgwyl, clywodd sŵn traed yn y cyntedd a herciodd Gethin i'r lolfa.

'O'n ni'n gorfod dod nôl,' meddai â llais trwchus. 'Mae Mam wedi anghofio bag hi.' Gafaelodd yn y bag llaw ar y soffa a gwyro'i ben tuag at Sali.

'Diolch am ginio, Mam-gu,' meddai'n isel. 'Sori am y ddamwain. Ond wi'n hoffi'r saws persli 'na.'

Trodd ei ben yn ôl wrth gychwyn am y drws. 'Y tro nesa, 'na i ddysgu gêm i ti.' Ac ymhen eiliad roedd wedi hel ei draed tua'r car a arhosai ar y stryd y tu allan.

Gofannon

Ysgrif heb fod dros 2,000 o eiriau: Canrif

BEIRNIADAETH SIÂN MELANGELL DAFYDD

Derbyniwyd pedair ymgais. Mae Awst 2014 yn nodi canmlwyddiant dechrau'r Rhyfel Byd Cyntaf ac felly mae canrif a chofio yn rhan annatod o'r mis ac o'r flwyddyn. Yn naturiol, rhyfela, a'r Rhyfel Byd Cyntaf yn arbennig, sy'n cymryd prif sylw'r pedwar ymgeisydd.

Rhaid cofio mai ffurf lenyddol, greadigol yw'r ysgrif, y *belle-lettres*, y myfyrio (gan fenthyca gair T. H. Parrry-Williams) sydd wedi ei siapio a'i saernïo, hyd yn oed os yw'n rhoi'r argraff o grwydro'n afreolus, naturiol, rydd. Saernïo'r cof yw'r gamp.

Dim ond pedwar, felly, oedd wedi penderfynu synfyfyrio ar bwysigrwydd neu agweddau 'canrif'. Bechod! Mae'n syndod blynyddol i mi weld cyn lleied yn cymryd y cyfle i ymarfer eu crefft drwy gystadlu o dan ffugenw yn yr Eisteddfod. Ond yn hytrach na gresynu'r hyn na ddaeth i law, dyma roi amser i'r rhai a ymgeisiodd, a diolch amdanynt.

Cwrcyn Coch: Dechreua'n addawol gydag atgof sy'n codi chwilfrydedd am Tad-cu Tomos a'r *Old Contemptibles*, y milwyr cyntaf i fynd i Ffrainc yn y Rhyfel Byd Cyntaf, am lorïau stêm y cyfnod, am yrru'r ceir cyntaf a dyn â baner goch yn cerdded o'u blaen. Bwrlwm o ddechrau annisgwyl sy'n dwyn diddordeb y darllenwr. Gwaetha'r modd, collir yr egni a thry'r ysgrif yn rhestr o amryw bethau sydd wedi newid yn ystod y ganrif ddiwethaf, a llawer ohonynt yn cael eu trin yn arwynebol gan na roddir lle i drafod yr un yn llawn. Mae cnewyllyn ysgrif lawn ym mhob paragraff, pe bai'n cael ei drin yn llawn ac yn greadigol. 'Onid rhyfel i roi terfyn ar bob rhyfel oedd y Rhyfel Byd Cyntaf?' gofynna, gan fynd ymlaen i ddweud mai 'Testun yw hwnnw i ysgrif arall'. Efallai mai cynhesu'r cyhyrau cyn ysgrifennu'r ysgrif honno a wna'r cystadleuydd hwn. Gresyn na siapiwyd ysgrif greadigol o'r dechrau addawol a'r cymeriad hoffus, Tad-cu Tomos.

Moses: Cawn ddechrau â sbarc iddo: 'Cetyn byr o amser yw canrif yn nhrefn tragwyddoldeb' – hyfryd ei fynegiant a'i synau, gyda pharagraff agoriadol sy'n cyfareddu. Er hynny, llithrwn i restr o newidiadau a digwyddiadau'r ganrif ddiwethaf yng nghorff yr ysgrif. Eto, cyffyrddir â sawl pwnc a fyddai'n gwneud ysgrif gyfan, ddifyr, cyn eu gollwng, megis 'Oes yna adeg pan fydd y gorffennol a'r dyfodol yn cydgyffwrdd ar newid canrif?' Mae tôn llais yr ymgeisydd yn ffurfiol a thlws iawn ar brydiau ac yna'n dafodieithol tu hwnt: 'cylche' a 'datblygiade', er enghraifft, drwy'r ysgrif, ac mae'n rhaid dweud bod hynny'n chwithig eithriadol. Fel yn achos y cystadleuydd blaenorol, byddai canolbwyntio ar un agwedd o'r nifer bethau a ddigwyddodd mewn canrif, un o'r syniadau difyr a gyflwynir i'n gogleisio, a saernïo ysgrif greadigol o amgylch hynny, wedi rhoi mwynhad o'i darllen ond, fel yn achos y cystadleuydd blaenorol, nid yw'n llwyddo fel y mae ar hyn o bryd.

Pabi: Awn o Eisteddfod y Gadair Ddu i Drawsfynydd, Fflandrys, Caerdydd ac Affganistan. Awn o stori ymweld â bedd Hedd Wyn i ddeialog fywiog ac yna i sylwadau athronyddol, a hynny'n rhwydd, heb golli rhimyn y naratif a heb syrthio i foesoldeb amrwd. Ceir yma hefyd frawddegu crefftus ac, yn hollbwysig, mae siâp i'r cyfanwaith sy'n gwneud inni deimlo ein bod wedi bod ar daith fer gyda'r awdur wrth iddo siarad â ni fel cyfaill. Rydym wedi *cyrraedd* rhywle gydag ef erbyn diwedd y darn ac wedi profi anwyldeb chware'r plant yn y glaw yn Nhrawsfynydd, wedi ail-fyw hanes a'i ias, wedi cwrdd â chymeriadau a welodd lawer mwy na ni. Nid oes ymdrech yma i lwytho canrif gyfan mewn ysgrif 2,000 o eiriau.

Plas Gwyn: 'Canrif o Ryfela'. Mae hon yn gystadleuaeth o linellau agoriadol cryf, fel hon: 'Un o fanteision bod yn berchen ar gar gweddol ddiweddar yw'r grym bargeinio y mae hynny'n ei roi i rywun a'r modd y gellir ei ddefnyddio i argyhoeddi gwerthwyr ceir bod gennych ddiddordeb mewn prynu car newydd'. Â'r awdur a ni am dro gydag o mewn car – dyfais effeithiol. Rydym yn cyfarfod â milwr ifanc a fu yn Irác. Tua diwedd yr ysgrif, cawn ein hatgoffa o'r rhyfel a ddylai fod wedi rhoi 'diwedd ar bob rhyfel', er i'r darn ddechrau gyda rhyfel gyfoes sy'n profi na ddigwyddodd hynny, a dyn sy'n byw gyda ôl-effaith ei brofiadau. Treiddia hyn yn ddwfn, diolch i fynegiant syml a dawn saernïo'r awdur. Gresyn ei fod wedi aberthu hyn yng nghlo'r ysgrif a dewis diweddu drwy roi pregeth mewn ffont drom a phrif lythrennau fel pe bai'n gweiddi nerth ei ben ar bapur. Byddai'r neges wedi bod yn gryfach heb hynny.

Mae'r penderfyniad yn un clir – mae gwaith *Pabi* yn enillydd amlwg. Llongyfarchiadau iddo.

Yr Ysgrif

CANRIF

Wrth i'r rheini ohonom sydd am ymweld â'r Eisteddfod eleni fentro i Lanelli, mae'n werth cofio mai gwahanol iawn oedd profiad ein rhagflaenwyr union gan mlynedd yn ôl. Yn 1914, fe gollwyd yr Eisteddfod Genedlaethol – a llawer mwy na hynny – wrth i un o ryfeloedd mwyaf erchyll y ddynoliaeth ddechrau ganrif union yn ôl i'r wythnos hon.

Go brin y byddwn yn disgwyl i Brifwyl eleni anwybyddu'r ffaith honno, a chwbl addas fydd unrhyw ddigwyddiadau a gynhelir yn ystod yr wythnos i gofio, a choffáu. Ymhen tair blynedd, wrth gwrs, mi fydd yr Eisteddfod yn cofio'r arwydd amlycaf o'i hanes hithau yn y Rhyfel Mawr, pan fydd hi'n gan mlynedd ers Eisteddfod y Gadair Ddu ym Mhenbedw, a champ Hedd Wyn yn cael ei chyhoeddi gyda'r bardd eisoes, yn ôl y geiriau dihafal hynny, 'dan bridd tramor'.

A minnau rŵan yn esmwytho i'm canol oed – neu fel arall – mae'n hawdd gweld canrif yn gyfnod hir, ond eto'n dalpyn rhyfeddol o fyr yn nhreigl amser. Faint o bobol mewn oed mawr sy'n edrych yn ôl i ddyddiau plentyndod fel pe bai'r rheini wedi digwydd ddoe? Ychydig flynyddoedd yn unig sydd ers i filwyr olaf y Rhyfel Mawr gael eu colli, ac mi fentrwn i fod ambell un o hyd yn cofio rhyw fymryn o'r cyfnod hwnnw, o loffion bore oes. Ac wrth i ninnau goffáu ym mis Tachwedd o flwyddyn i flwyddyn, a'r bylchau hynny'n closio'n ddidrugaredd fel treigl y tymhorau, mae'r anghyfarwydd yn dod yn anghysurus o gyfarwydd – er na ŵyr y mwyafrif ohonom fawr ddim am ryfel – a hynny, efallai, drwy hap a damwain, rhagor unrhyw rinwedd ar ein rhan.

I gorlan yr anwybodus yr wyf innau'n perthyn, ond 'fynnai neb i'r rheini sydd wedi osgoi'r erchylltra beidio â bod yn rhan o'r coffáu. Braint, felly, oedd ymweld rai blynyddoedd yn ôl â bedd Hedd Wyn, a hwnnw ar ben rhes yng nghanol rhesi o feini marmor i'r miloedd a gollodd eu bywydau yn y Rhyfel Mawr. Byddai un fynwent o'r maint hwnnw'n ddigon i sobri dyn, ond yn Fflandrys, fe welwch chi ddegau ohonyn nhw.

Diwrnod tawel ond gwlyb oedd y diwrnod hwnnw (yn wahanol iawn i'r prynhawn gwyntog yn Nhrawsfynydd wythnos ynghynt pan ymwelais â'r gofgolofn i Hedd Wyn, gyda dau o'm plant – bychan ar y pryd – yn rhedeg ar ôl cynffonnau'i gilydd). Doedd bedd Ellis Humphrey Evans ddim gwahanol i'r gweddill – ond bod mwy na'r arfer o babïau a chroesau wedi'u gosod arno. Hwyrach y daw, o'r diwedd, gofeb barhaol i'r Cymry cyn bo hir. Tri deg oed oedd y bardd pan gafodd ei ladd – a minnau'n meddwl mor ifanc oedd hynny – nes i'm tywysydd fy atgoffa bod hynny'n *hen* o'i gymharu â'r gweddill. Ac ia, sylwi wedyn fod llawer o gymdeithion Hedd Wyn yn iau nag ugain oed. Beth fyddai pob un o'r rheini wedi'i gyflawni yn y ganrif a aeth heibio – 'fyddwn ni fyth yn gwybod.

Yn fwy trawiadol i mi, fodd bynnag, oedd y lloches olaf un i lawer o'r milwyr yma, cyn cyrraedd pen y daith. Ym mhentre Poperinge – dim ond ychydig gilometrau o'r ffin â Ffrainc – ond yn Fflemeg ei anian bob gair a gewyn, mae Tŷ Talbot. Hwn oedd y noddfa pan na fyddai'r milwyr yn y ffosydd – i lawer ohonyn nhw, felly, dyna'r cyfle olaf i flasu unrhyw fath o wareiddiad cyn i'r cyfan ddod i ben. Mae lluniau ar y muriau o filwyr Cymreig yn mwynhau panad a smôc – ac yn gwenu i'r camera, mor naturiol eu gwedd fel y byddech chi'n taeru nad oedd ganddyn nhw ofid yn y byd. Yn amlwg ymhob adfyd, y mae cwmni da'n falm.

Y llawr uchaf un yn Nhŷ Talbot – yr atig – yw'r capel, a phrin y mae hwnnw, na gweddill y tŷ o ran hynny, wedi newid yn ystod y can mlynedd diwetha'. Yma eto y mae'r pabi, a'r groes, yn gofnod o'r gyflafan. Drwy'r ffenestr mi welwn bobol gwlad Belg yn mynd a dod wrth fyw eu bywydau bob dydd, a throis fy ngolwg yn ôl i'r allor bren, a minnau'n symud ar amrantiad rhwng ddoe a heddiw. Mae pob un o'r ystafelloedd, o ran hynny, yn driw i'w cyfnod. er mai cam mawr â'r lle fyddai ei ddisgrifio fel amgueddfa. I rai, mae'r lle yma'n gyfle i ail-fyw'r hanes – ac i ddychwelyd iddo, gan y bydd llawer o gyn-filwyr yn dod – o gyfnod yr *Ail* Ryfel Byd – i gael rhannu'u hatgofion yn yr amgylchiadau mwyaf addas iddynt wneud hynny. Ac y maent hwythau, hefyd, erbyn hyn, wedi hen gyrraedd oed yr addewid.

Ym mis Gorffennaf yr ymwelais â Thŷ Talbot, a'i weld, a chaeau Fflandrys o'i gwmpas, yn holl ogoniant yr haf. Roedd y cofio'n achlysur ryw faint fwy byw i minnau, felly, pan ddaeth Tachwedd y flwyddyn honno. Hwn fyddai'r tro olaf un i unrhyw filwyr o'r Rhyfel Mawr gael eu gweld ar dir y byw ar ddiwrnod y cofio, a thri ohonynt, i gyd ymhell dros eu cant, yn cael eu tywys yn eu cadeiriau olwynion hyd at y gofeb enwog honno yn Whitehall, y Cenotaph. Erbyn hynny, roedd hi'n wyth deg mlynedd cyfan ers diwedd y rhyfel, a hithau'n dipyn o wyrth felly fod rhai a fu'n rhan o'r gyflafan yn fyw o hyd. Gyda'r digwyddiad ysgeler hwnnw'n llithro o'r cof i'r cloriau, o leiaf byddai'r tri gŵr yma wedi sylwi ar y parch tuag atynt wrth i ddyddiau pob un dynnu tua'r terfyn.

Yng Nghanolfan y Mileniwm yr oeddwn innau, y diwrnod hwnnw, a thyrfa dda wedi dod ynghyd i wrando ar y teyrngedau, ac ar ddetholiad hyfryd o ganeuon gan ddisgyblion un o ysgolion uwchradd Caerdydd. O'r sioe gerdd

Oh! What a Lovely War y daeth llawer o'r rheini, a'r lleisiau'n asio'n hyfryd – bu digon o ymarfer, a mwy na hynny. Cafwyd y caneuon cyn ac ar ôl y ddau funud o dawelwch, a hwnnw'n dilyn seiniad yr utgorn wrth i'r eiliadau dynnu am un ar ddeg y bore. Ac wrth i bawb dawelu, bron iawn mewn cywilydd o fod wedi mwynhau'r adloniant, mi fûm innau mor hy â bwrw golwg ar ambell un o'm cwmpas, i geisio dyfalu a allwn i gipio'r hyn oedd ym meddwl hwn, llall ac arall. Syrthio i dir isel iawn oedd hynny o'm rhan i ond, a bod yn onest, 'chefais i fawr o hwyl arni. Hynny oedd fy haeddiant, heb os nac oni bai, gan fod gan bob un ohonom yr hawl i encilio i gragen ei feddwl ei hun, hyd yn oed yng ngŵydd eraill. Roedd nifer dda iawn o bobol wedi ymgasglu yn y Ganolfan erbyn hyn ond byw yn ei ben ei hun yr oedd pawb y pryd hwnnw – am ryw ddau funud bach.

Wedi i'r utgyrn gael eu seinio am yr eildro, fe gafwyd mwy o ganu swynol gan ddisgyblion yr ysgol, a'r cyfan yn glo ar ddigwyddiad teilwng dros ben. Roedd 'na gyfle wedyn i longyfarch yr athro cerdd, a fu'n cyfeilio ar y piano'n ogystal â hyfforddi'r côr, ac eisoes wedi gwneud diwrnod da o waith am hanner awr wedi un ar ddeg y bore.
'Arbennig, chwara teg i chi … 'fysan nhw'm 'di gallu canu ddim gwell, 'na fysan.'
'Wel. na … mi aeth hi'n dda, rhaid i mi ddeud.' Roedd 'na wên falch ar ei wyneb ond doedd dim byd y mymryn lleia'n hunanfoddhaus yn hynny.
'Oedd y dwylo'n chwysu?' Hynny fyddai fy mhrofiad i wrth ganu'r piano, pan fyddai 'na unrhyw gynulleidfa werth sôn amdani'n gwrando.
'Ryw faint bach!' Gwên o ryddhad y tro yma. Ond roedd ei chwarae wedi bod yn gwbl ddi-fai. 'Beth oedd yn mynd drwy'ch meddwl chi yn ystod y ddau funud … oeddach chi'n Cofio ynteu oeddach chi'n meddwl am yr hyn y byddech chi'n gorfod ei wneud ar ôl i hwnnw orffen …?'
'A bod yn onest efo chi … dw i'n meddwl 'mod i'n gwneud rywfaint o'r *ddau* …' A dyna fi yn fy ffordd fy hun wedi llwyddo i gael rhywun i rannu rhyw fymryn o'i deimladau o'r dirgelion dwfn. Ond doedd o ddim dicach o fod wedi dweud.

Ymlaen wedyn i gyfarch ambell un arall, pobol yr oeddwn i'n eu lled-adnabod, a 'wnâi hi ddim drwg i rannu gair â nhw ar ddiwrnod fel hwn. Dynes ddymunol yn ei phum degau oedd un ohonynt – gwraig lwyddiannus o ran gyrfa a hawddgar ei sgwrs.
'Am be' oeddach chi'n meddwl yn ystod y ddau funud 'na …' mentro gofyn eto.
'Yr Ail Ryfel Byd …', a dim oedi wrth ateb. 'Mi fydda' i bob amser yn teimlo ar y diwrnod yma bob blwyddyn. Roedd fy nhad yn y rhyfel.'
'Rargian, oedd?' Dyna'r tro cyntaf i mi glywed hynny, er fy mod wedi adnabod y wraig yma i siarad â hi ers sawl blwyddyn.
'Oedd … yn Burma. Roedd o'n garcharor rhyfel yno am gyfnod … mi fydda'

i wastad yn meddwl amdano yn ystod y Cofio.' Roedd ei llygaid yn gwlitho, a'i hedmygedd ohono'n ei harddu.

Erbyn hyn, roedd y gynulleidfa'n prinhau gan fod y gweithgarwch wedi hen ddarfod, a'r cwbl a oedd i'w weld oedd y mynd a dod y byddech chi'n ei ddisgwyl yng Nghanolfan y Mileniwm ar unrhyw ddiwrnod o'r wythnos. Ond roedd 'na wyneb cyfarwydd arall o'm blaen. Gŵr siriol, gweinidog o ran galwedigaeth, oedd bob amser yn ddigon parod i drafod pynciau'r dydd. Penderfynu bwrw iddi'n o gyflym felly.

'Mae 'na naw deg mlynedd rŵan ers i'r rhyfel cynta ddod i ben ... 'dan ni'n dal wrthi drwy'r byd efo'r rhyfeloedd 'ma ... 'ydan ni'n dysgu unrhyw beth, dach chi'n meddwl?'

'Mwy fyth o reswm i gofio ...,' fe ddaeth ei ateb yn syth fel saeth. 'dydy'r ffaith nad ydan ni'm yn dysgu ddim yn rheswm i beidio â'i 'neud o.'

Hollol.

Aeth yn ei flaen. 'A dw i'n meddwl am y rheini sydd yn Affganistan rŵan a'u teuluoedd nhw. Beth bynnag 'di'r camgymeriadau mae arweinwyr yn eu gwneud, yn amal iawn y milwyr ar y tir sy'n diodde ... a nhw, reit amal, oedd leia isio rhyfel ...'

Roedd hi'n amser troi am adre. Ond o feddwl am y tair sgwrs yr oeddwn i wedi'u cael y bore hwnnw, 'allwn i ddim gweld bai ar ddim a ddywedodd unrhyw un wrtha i.

Mae 'na rai blynyddoedd ers y diwrnod hwnnw yng Nghanolfan y Mileniwm erbyn hyn – ac mae'n pylu i fy hanes innau bellach. Er mor gofiadwy oedd y cyfan, 'wn i ddim faint ddysgais i, mewn gwirionedd. Wrth fynd yn hŷn, rwy'n amau fy mod i'n deall llai ar y byd o ddydd i ddydd. Arwydd o henaint, mae'n siŵr ... canol oed, y man canol anwybodus. Er mae'n debyg na fyddwn i fawr callach o'r atebion hyd yn oed pe cawn i ganrif yma.

Pabi

Portread o gynefin neu fro, hyd at 1,000 o eiriau

BEIRNIADAETH JON GOWER

Daeth 17 o ysgrifau i law a llwyddodd pob ymgeisydd i gyfleu naws a phwysigrwydd y broydd a ddewiswyd ganddynt. Plethwyd ffeithiau hanesyddol gydag atgofion personol, gyda sawl enghraifft o ysgrifennu sensitif am natur, am fywyd pentrefol, ac am batrymau a rhythmau cefn gwlad. Gyda'i gilydd, lluniwyd portread cryno o Gymru (ac ambell ardal dros y ffin megis Llundain a dinas ddienw yng Ngogledd Lloegr) sy'n newid, boed hynny oherwydd ffenomenâu cymdeithasol megis mewnlifiad neu edwino'r capeli neu erydu'r Fro Gymraeg. Oherwydd hynny, roedd tristwch yn dawnsio dan wyneb yr ysgrifau'n aml a hoffter at fro yn troi'n hiraeth am rywbeth oedd ar goll, neu'n cael ei golli, neu'n graddol ddiflannu.

Greenly (di-deitl): Portread bywiog a chlir o Fynydd Bodafon, gyda'r awdur yn myfyrio ar ystyr enwau'r ardal, ac yn cynnig golwg ar y lle o sawl persbectif, megis drwy lygaid y gog sy'n hedfan i chwilio am nythod mewn llwyni eithin. Mae hefyd yn rhannu peth o hanes y brodyr Morris, a droediodd y mynydd hwn sawl gwaith, ac am Edward Greenly, daearegwr a ddadansoddodd natur y creigiau yma. Ceir plethwaith effeithiol o ddyfyniadau llenyddol a disgrifiadau o natur yn y gwaith.

Nedd Fechan: 'Gymi di dama'd o deisen fwyar ar y mân?'. Awn ar yr hewl sy'n arwain i Bontardawe yng nghwmni'r awdures hunangofiannol hon, a fagwyd mewn tŷ o'r enw Nant Leiros yn ardal y Rhyddings, ardal heb fawr o Gymraeg i'w chlywed ynddi. Un o'r pethau mwyaf effeithiol a diddorol yn yr ysgrif dyner a chlir hon yw'r chwilmentan am y 'gyfalaw Gymraeg' sy'n chwarae yn y cefndir ymhlith enwau Saesneg y fro.

Byrgwm Bach: 'Pan oeddwn yn fachgen'. Dyma grynodeb sionc a bywiog o ffordd o fyw sydd wedi diflannu, ac o gymuned cefn gwlad yn Sir Gaerfyrddin sydd wedi colli ei chalon, a dim ond 'y gwynt sy'n sibrwd yn y capel'. Ceir atgofion byw o dyfu lan yn y badell o gwm, pan oedd crwt bach yn teimlo fel brenin wrth iddo ffureta a chwilio am nyth y gylfinir, wrth botsio samwn a hyd yn oed wrth dorri i mewn i stordy'r *Home Guard*! Cawsom ddefnydd da o dafodiaith a chronicl byw o ardal ble mae'r 'plot wedi symud ymlaen'.

Glan yr Afon (dideitl): Â'r awdur â ni i ardal lofaol, gan ddwyn i gof amseroedd prysurach a mwy swnllyd, pan gâi sŵn yr adar a'r afon ei fyddaru gan y *loco*'n mynd drwy'r lle. Agorir drws y cof i weld rhai o drigolion y bythynnod, yn byw eu bywydau syml, cyn dyfod cyfleusterau modern, ac mae hiraeth ar eu holau ac am hwter y gwaith, am rathiad y garreg hogi adeg cneifio a hyd yn oed am gân yr ehedydd sydd bellach wedi diflannu. Ceir yma ysgrifennu pert sydd, ambell waith, yn delynegol, megis y disgrifiad o'r 'crychydd yn ungoes lonydd yn un o droeon yr afon'.

Bad Hwylio: 'Ar Lan y Tafwys'. Cafwyd tinc o waith ac awdurdod y sgwennwr o Faesteg, Iain Sinclair, yn y gwaith hwn, lle crwydrir ar hyd glannau diarffordd afonydd megis y Lea, un o hen ffiniau ardal Cyngor Sir Llundain ac un o safleoedd y gemau Olympaidd yn ddiweddarach, a hefyd yr afon Tafwys. Awn i ymweld â dociau sylweddol ac i faes awyr gwŷr busnes y Ddinas, ac ymlaen i weld y llong ryfel haearn gyntaf. Dyma daith lawn gwybodaeth gan rywun sy'n 'nabod ei filltir sgwâr ddinesig yn arbennig o dda.

Maes y Glyn: 'Hope Street (mewn dinas yng Ngogledd Lloegr)'. Graffito bychan sy'n newid enw'r pry genwair o stryd yma yn 'No Hope Street' sy'n denu sylw'r awdur ar ddechrau'r darn tyner yma o sgrifennu. Mae'n myfyrio ar wreiddiau ac yn cofnodi diflanedig-bethau'r stryd, o'r Iddewon a fynychai'r Synagog i'r ffatri-gwneud-dillad. Ond erys rhai pethau, megis sinema'r Arcadia, sy'n dal ar agor er gwaethaf y ffactorau, ac Eglwys Bethany, hefyd. Dyma ddarn llawn emosiwn tawel, wrth i'r awdur sylweddoli na all adael y lle er gwaetha'i ofnau ambell waith a'i henaint cynyddol.

Hyfrydle: 'Garndolbenmaen – fy nghynefin'. Ceir yma glytwaith o ffeithiau difyr mewn iaith fyw, raenus a chlir, sy'n llwyddo i gywasgu llawer o hanes mewn ysgrif dynn. Byddai unrhyw un a ymwelai â'r ddau wahanol le, sef pentref y Garn a phentrefan Dolbenmaen, yn gallu defnyddio'r gwaith hwn i adnabod y llefydd yn dda.

Ymwelydd (dideitl). Cyflwynwyd y gwaith mewn ffordd ddychmygus, drwy ddilyn cwrs yr afon Ystwyth o bersbectif gwylan a'i dilyn am ddeuddeng milltir i bentref Ysbyty Ystwyth. Mae'r darn hefyd yn elwa o ddefnydd priodol o dafodiaith y fro, ble mae 'defed' yn corlannu ar 'riw penshetin'. Cawn yma bortread o gymdeithas wedi newid yn ddirfawr, os nad yn farw. Mae siom a dicter y tu ôl i'r geiriau yn yr ysgrif ac nid yw'r rhain yn gwanhau ergydion y brawddegau wrth sôn am ble mae person yn medru byw mewn tŷ ond 'nid yn yr ardal'.

Plentyn: 'Sylwadau Awst 1935'. Dyma ymgais a wna i feirniad grafu rhych yn ei ben. Mae'n amlwg mai'r un person yw *Plentyn* ac *Ymwelydd*, ac mae angen gofyn pam mae person sy'n amlwg yn gallu sgrifennu'n egnïol a dawnus yn anfon dau ddarn mor debyg i'w gilydd i gystadleuaeth? Ai am nad yw'n gwybod pa un sydd orau? Gwaetha'r modd, mae beirniad yn ei gael ei hun yn cymharu'r ddau yn erbyn ei gilydd yn hytrach nag yn erbyn y cyfansoddiadau eraill a ddaeth i law, sy'n drueni mawr.

Pen y Fedw: 'Rhosllannerchrugog'. Daw'r Rhos yn fyw yn yr ysgrif hon, sy'n cofnodi'r cymeriadau – a greodd y lle yn fwy nag unrhyw adeiladau – gan greu darlun byw o gymuned glòs, lle'r oedd pawb yn gofalu am ei gilydd. Ond yn fwyaf oll, mae'r ysgrif feddylgar hon yn tanlinellu'r parch at addysg, a thuag at hunan-addysg, a roddodd gyfle i weithwyr caib a rhaw fod yn bobl ddiwylliedig.

Jackie (dideitl). Llwyddodd Jackie i gywasgu canrifoedd o hanes ardal Cwm Gwendraeth i lai na mil o eiriau, a gwneud hynny mewn ffordd sionc a deallus. Byddai wedi bod yn syniad cael ychydig llai o fanylder hanesyddol er mwyn gwneud lle ar gyfer portreadu sut le yw dyffrynnoedd a chymunedau'r Gwendraeth Fawr a'r Gwendraeth Fach heddiw.

Mo'r Mynydd: 'Myddfai'. Prin fod rhywun yn medru sgrifennu unrhyw beth anniddorol am yr ardal hynod hon. Cawn ein tywys gan yr awdur ar daith gerdded ym Mannau Brycheiniog. Mae tristwch yn perthyn i'r lle: nid yn unig y mae'r ysgol wedi cau ond dwg yr awdur i gof lais 'melfedaidd, brown tywyll John Pentwyn' yn canu yn Nhafarn yr Arad, sydd hefyd wedi gorfod cau'i drysau, gan ddifa cyrchfan gymdeithasol y gymuned amaethyddol. Ceir yma ysgrifennu da a phortread byw o ardal.

Shanghai: 'Cerdded Trwy Hogle'r Da'. Fe'm hudwyd gan y darn hwn o'r frawddeg gyntaf un, pan fo'r awdur yn dwyn i gof yr adeg pan eisteddai 'yng nghŵel llydan brat du mam-gu, a'i gwallt pleth yn fwlyn ar ei gwegil, wrth ffenestr dalcen y gegin'. Pleser digamsyniol oedd darllen portread sy'n plethu pob un o'r synhwyrau. Mae'r awdur wedi dewis a dethol ei ffeithiau'n hynod effeithiol, ac yn defnyddio tafodiaith i greu lliw ac i wreiddio'r gwaith yn ddyfnach yn nhir y cof.

Parc Llwyd (di-deitl): Tywysa'r awdur y darllenydd o gwmpas 'yr hanner lleuad o fae sy'n ymestyn o Ynys Aberteifi hyd at Aberdyfi', ac mae'n gwybod sut i wir-edrych ar bethau, gan nodi'r gwahaniaeth rhwng cennin Pedr gwyllt a'r rhai sy'n melynu'r ardd, ac fe ŵyr pryd mae'r môr yn dechrau cynhesu. Mae'r ysgrif hyfryd hon yn pwyso a mesur enwau lleol ac yn ymweld â mynwentydd, gan ddisgrifio newidiadau yn y tirlun ac yn y morlun, hefyd, ble mae'r *kayak* wedi disodli'r llong bysgota.

Seamus: 'Pwllderi'. Bu'n ddigon caredig i atodi map OS o'r ardal, sy'n ysgrif o fath ynddo'i hun. Sonnir am ardal greigiog, arbennig Pwllderi yn sir Benfro mewn portread sy'n llawn o ddisgrifiadau natur sylwgar a sensitif, ynghyd â dyfyniadau priodol o waith arch-fardd y fro, Dewi Emrys. Ceir hefyd dipyn o hanes lleol, yn llawn manylder. Braf yw gweld tafodiaith Dewi Emrys-aidd yn yr ysgrif hefyd, gyda phlant yn mynd i 'wreca'. Mae'r awdur yn gwybod sut i greu delweddau effeithiol megis 'y gwynt yn hyrddio'r cesig gwynion tua'r graig a'r ddraenen yn cwtsho'n borcyn ar y dalar' a sut mae'r 'rhedyn yn datod ei gwrlers.'

Coed y Ddol (di-deitl): Dilyn cwrs afon a wna'r awdur hwn, a honno'n afon swil sy'n torri drwy Eryri. Mae'r cystadleuydd yn ddychmygus iawn wrth geisio creu bywgraffiad ohoni, a rhoi iddi lais. Mae'r rhyddiaith yn llifo fel dŵr yr afon, 'yn dawnsio wedyn rhwng y brwyn a'r rhedyn' neu lifo'n 'gysglyd lyfn dan Bont y Bala'. Ceir yma sgrifennu graenus a bywiog a chefais bleser mawr wrth ddysgu am bysgod neu wrth glywed am gyfarfodydd cyfrin y gorffennol neu ddod i wybod am newidiadau mawr yn ardal y chwareli. Yn y portread hwn, ceir nentig hyfryd o frawddegau'n llifo'n un.

Trysglwyn: 'Cynefin'. Dyma ni'n dychwelyd i lethrau Mynydd Bodafon, sy'n fan poblogaidd i grwydro ar Ynys Môn, mae'n amlwg. Mae'r awdur yn sylwi ar rai o'r un pethau â *Greenly* – er enghraifft, mae'r ddau'n gwybod bod y gair 'ploryn' wedi ei ddefnyddio i ddisgrifio'r mynydd mewn ffordd ddirmygus. Ceir disgrifiadau daearegol manwl yn y ddwy ysgrif, ynghyd â disgrifiadau o'r hyn a welir wedi cyrraedd copa'r mynydd, a nodir mai dyma lle bu tri brawd y Morrisiaid yn byw. Efallai mai cyd-ddigwyddiad hollol yw hynny: os felly, nid yw ysgrif *Trysglwyn* lawn mor ddychmygus ag un *Greenly* wrth ddisgrifio'r un 'ploryn' o fynydd.

Nid hawdd oedd dewis ond *Shanghai* sy'n mynd â hi.

Y Portread

CERDDED TRWY HOGLE'R DA

Eisteddwn yng nghwêl llydan brat du mam-gu, a'i gwallt pleth yn fwlyn ar ei gwegil, wrth ffenestr dalcen y gegin. Fe'm cysurai â'i hwiangerddi a'i phosau tra edrychem tua'r gorwel. Y tu ôl i ni, llechai dirgelwch Cwm Cornant ac o'n blaenau ddirgelwch yr un mor gyffrous Glan-y-fferi, Llansteffan ac Abertawe wrth i'r nos ddisgyn. Fe'm siarsiodd y byddwn ryw ddiwrnod yn trafaelu y tu hwnt i'r canhwylle pell, os nad y tu hwnt i'r sêr yn y nen, wrth i gwsg ymlid fy amranne.

Ar y pryd, digon oedd i mi gyfyngu fy mro i'r fodfedd sgwâr o amgylch y clos a'r ydlan wrth i'r coese bychain ymestyn. Ceid digon i ryfeddu ato. Clegar swnllyd y gwydde yn y pown yn y pen pellaf yn fygythiad am y dysgais y bydden nhw ar amrantiad yn codi'n un fflyd â'u hadenydd ar led gan ruthro ar draws y clos. Doedd yr ast ddim yno o hyd i'w bugeilio.

Chwiliwn am frat mam-gu ar yr achlysuron hynny. Bygwth celanedd a wnâi'r clacwydd powld wrth ymestyn ei wddf a chynyddu ei hisian. Ond sioe er difyrrwch ei harem yn fwy na dim, wrth gwrs. Dysgais wers a fyddai'n rhan o'm harfaeth maes o law.

Wrth fentro i'r ydlan, cawn gwmni'r ieir yn crafu ymhlith yr ysgall a'r dynad gan ganfod hade gwair a llafur ymysg y tyfiant. Clywn glochdar brwd o ben y sied wair wrth i un o'u plith ddatgan fod wy wedi'i ddodwy. Gorchwyl bleserus oedd chwilio am y nyth a'r wy cynnes. Bob hyn a hyn, ymestynnai'r ceiliog ei frest a chyhoeddi mai ef oedd ben a bod pob dim wedi disgyn i'w le yn ei fyd. Atseiniai ei goc-a-dwdl-dw drwy'r fro. Pan ddeuai cawod sydyn, sgathrai'r cywennod yr un mor sydyn i gysgodi. Maldodwn yr ast a'i chyfarch fel pe bai'n un o'r teulu. Fe'm canlynai fel pe bai ar linyn. Rhaid oedd ei disgyblu pan lygadai'r wyau ffres. Dysgais wersi.

Erbyn i mi ddychwelyd i Dyreglwys ar fy ngwylie yn ystod yr hafau dilynol, cawn hebrwng y gwartheg godro ar fy mhen fy hun gan weiddi 'trwy fach, trwy fach' a 'how, how' yn ôl y galw. Cawn fentro ar y tractor yng nghwmni Nwnc, fy ewythr Merville, i Barc Ffynnon, Parc Llain, Parc Garw a hyd yn oed i berci'r banc. Rhoddwyd enw ar bob llain o dir.

Ymagorai'r fro o fy mlaen a minne yn fy wellintons a'm pastwn yn fy nwrn yn tyfu'n rhan ohoni. Treulio cetyn uwchben Cwm Cornant a mentro i ganol y trash ar hyd llwybre cynefin y cadno, y carlwm a'r mochyn daear fydde'n gopsi ar fy niwrnod. Sylwi ar symudiad ambell redynen yn awgrymu ymadawiad distaw rhyw greadur o'i wâl, morthwylio cnocell y coed uwchben a lliwiau llachar sgrech y coed yn gwibio heibio yn deffro'r synhwyre oll. Dysgwn adnabod y creaduriaid yn ôl eu dom ac ôl eu pawennau yn y llaid. Gwelwn gyntefigrwydd yn y gwylltineb lle cysgodai'r treisiedi a'r bustechi rhag y gleren lwyd erlidgar. Safent yn llif y gornant fel pe baen nhw hefyd am ddatgan eu bod yn eu nefoedd.

Tasg ddefodol bob hyn a hyn oedd cerdded y ffinie, gan amlaf ar nos Sul wrth iddi wlitho wedi diwrnod o addoli. Capel yr Annibynwyr Bwlchnewydd yn y bore, a'r prynhawn mewn cwrdd pregeth ac Ysgol Sul a chael hufen iâ o'r fan a fydde wedi'i pharcio'n hwylus ar gyfer gollwng y sgolorion. Gyda'r nos, aed i Eglwys Sant Mihangel Llan-newydd ar ben y feidir a mwynhau cymdeithas yr un mor gynnes. Cerdded ffinie yr un mor gonsyrnol nad oedd ffens na bwlch wedi'u torri rhag i'r gwartheg dresmasu wnâi'r cymdogion. Caed sgwrsio melys dros glawdd terfyn na thewai nes iddi dywyllu a'r oerfel yn dechre cydio. Gwrando'n glustie i gyd a wnawn i ar Stanley Tyrhos. Cawn rywfaint o abwth o weld Dan Rhyd-y-marchog whisgerog a'r llywanen ar ei gewn a'i barabl rhyfedd yn waddol yr erchyllere a ddioddefodd yn y Rhyfel Mawr. Dysgais fod yna gymdogaeth.

Yn ddiweddarach, trwy bori mewn llyfre y dysgais mai'r brodyr Rees, Rhyd-y-marchog – deiliaid blaenorol y ffarm – oedd arweinwyr y Beca yn y plwyf. Bu cryn gynnwrf yn Nhrawsmawr gerllaw lle cartrefai un o'r ynadon a awdurdodai'r gwysion i arestio'r gweithredwyr lleol. Gosododd y Beca rybudd ar ddrws capel Bwlchnewydd lle bu Michael D. Jones yn weinidog am gyfnod. Dysgais fod yna ruddin a hanes yn perthyn i fro Cwm Cornant. Collwyd y wybodaeth o fewn y teulu am nad oedd yn rhan o faes llafur eu dyddie ysgol.

Wedi iddi osod enllyn nid nepell o'r drws ar gyfer y trempyn a ddeuai heibio o'r dre ar nos Sadwrn yn ddi-ffael yn yr haf, bydde mam-gu yn gafael ynof, yn fy ngwasgu a'm cofleidio a fy ngharu. Dysgais fod cydio ac anwylo yn weithred werthfawr. Keturah Williams a ddysgodd i mi enwau'r ffermydd a welem trwy'r ffenestr dalcen. Fe'i rhestrai; Sgyrhir, Sgyrfychan – felly y talfyrrwyd 'esgair' wedi cenedlaethau o fynegiant llafar – Gors, Goytre, Cilgwyn, Trenewy, Blaencynnen … Gwnâi'n siŵr fod closydd y fro yn rhan o fy ngwead. Wrth i'r crwydryn ddiflannu ar hyd y feidir heb dorri gair â'r un ohonom, dysgais fod yna rinwedd mewn rhoi cymorth i drueiniaid.

Tyfodd Cwm Cornant ar dir Tyreglwys yn wlad, yn gyfandir ac yn fydysawd ynof. Prin ei fod ar yr un map heblaw am fap fy nghalon. Nid oes iddo gôd post. Na, a' fi ddim nôl rhagor chwaith. Bydde glaswellt ar y llwybre ped awn i Gwm Cornant mwyach. Ond pa ots? Euthum ag ef gyda mi ar fy nheithie. Mae meddwl am ei ledrith y funud hon fel tshaff i'r enaid. Deil sawr gwartheg a ollyngir wedi godro a gwanaf o wair yn gweiro yn fy ffroene lle bynnag y bwyf. Gall hynny fy nghyffroi i ganu emyn a phwt o anthem i'm hatgoffa o ble y deuthum. Yr hiraeth a'm cynnal. Cerddaf drwy hogle'r da drachefn yn fy nychymyg wrth eu tywys i adladd o feillion.

Shanghai

Adolygiad hyd at 500 o eiriau ar gyfer cylchgrawn cerddoriaeth cyfoes o *gig* fyw neu albwm Cymraeg.

Nodyn gan y Golygydd
Gan na dderbyniwyd beirniadaeth Mike Williams mewn pryd i'w chynnwys yn y gyfrol, cyflwynir y talfyriad a ganlyn, gyda gwahoddiad i'r ymgeiswyr gysylltu â Swyddfa'r Eisteddfod i gael copi o'r feirniadaeth yn llawn.

Cystadlodd pedwar, sef *Y Chwe Chant A Naw*, *Hen Rocer*, *Mr Blaidd* a *Tywysog*. Dyfarnwyd y wobr i *Hen Rocar*.

Trydar: Cyfres o negeseuon heb fod dros 1,400 o nodau

BEIRNIADAETH HUW MARSHALL

Daeth pum ymgais i law. Siomedig ar y cyfan oedd safon y cystadlu a chefais yr argraff nad oedd rhai o'r ymgeiswyr yn gwir ddeall pwrpas y cyfrwng nac yn ei ddefnyddio o ddydd i ddydd.

Sushi: 'Cyfres o ddeg trydar a oedd wedi eu llunio i hyrwyddo Wythnos Cymorth Cristnogol'. Dechreuodd gyda thair ymgais go lew a oedd yn tagio @DileuTlodi ac yn defnyddio'r hashnod WCC2014 ond cefais yr argraff fod yr awdur wedi rhedeg allan o stêm hanner ffordd drwodd.

Queenie: 'Negeseuon Trydar yr Wythnos Fawr, o Sul y Blodau i Sul y Pasg'. Ymgais ddiddorol i geisio cyfleu'r 'Wythnos Fawr' ond methiant fu ar y cyfan. Mae'r iaith yn stiff ac annaturiol. Nid sgwrs sydd yma ond pregeth.

Byron: 'Cyfres o ddeg trydar mewn llais milwr o'r Rhyfel Byd Cyntaf'. Dyma rywun sy'n deall y cyfrwng. Mewn deg neges syml a chynnil, rydym yn rhannu profiad unigolyn ar daith o'r swyddfa recriwtio i ffosydd Ypres (fel pe bai Twitter yn bod gan mlynedd yn ôl). Mae'r trydar olaf yn llawn emosiwn ond gant o nodau'n fyr o'r cant pedwar deg a ganiateir mewn trydar arferol.

Tweetie Pie: 'Sgwrs ddychmygol rhwng rhai o drydarwyr mwyaf gweithgar Cymru'. Braf gweld ymgais oedd yn defnyddio hiwmor gyda thafod yn y boch. Mae yma fframwaith stori draddodiadol nad yw'n glynu at y confensiwn o ddeg neges fel sydd gan y gweddill, ond er ei bod yn ymgais dda fel cyfanwaith, nid yw'n taro deuddeg.

Prosach: '10 o Negeseuon Trydar'. Hon oedd yr unig ymgais i roi blas barddonol i'r gystadleuaeth ac i gyflwyno'r gwaith ar ffurf weledol o drydar go iawn. Er ei bod yn ymgais ddyfeisgar, mae'n siomedig mai un neges hir ar ffurf naw trydar sydd yma.

Rhoddaf y wobr i *Byron*.

Erthygl olygyddol mewn papur-newydd yn seiliedig ar unrhyw ddigwyddiad rhwng mis Ionawr a mis Mawrth 2014, hyd at 800 o eiriau

---

BEIRNIADAETH SIÂN SUTTON

Daeth un erthygl ar ddeg i law, yn trafod pynciau amrywiol sy'n ddarlun o fywyd Cymru yn 2014.

Parc Ninian: 'Cefnogwyr sy'n bwysig'. Mae'r erthygl yn trafod pwnc llosg i ddilynwyr Clwb Pêl-droed Caerdydd ers dyfodiad y perchennog newydd, Vincent Tan. Ar ôl rhestru ei newidiadau dadleuol wrth gael gwared ar Malky MacKay a newid lliw'r crys glas yn goch, mae'r awdur yn cyfeirio at sefyllfa debyg ym myd rygbi ac yn gofyn 'beth ddylai ddigwydd i wella'r sefyllfa?'. Mae'r casgliad yn benagored ar wahân i ddweud bod yn rhaid gwrando ar farn y cefnogwyr ac mai 'Dim ond amser a ddengys'.

Nofiwr: 'Gwario neu Foddi?'. Cyfeirio y mae'r golygyddol at dywydd stormus misoedd cynta'r flwyddyn a chodir cwestiynau am flaenoriaethau'r Llywodraeth ac yn galw am fwy o wario ar ddiogelu eiddo a phobol rhag y llifogydd a newid hinsawdd. Mae'n galw'n daer ar ddarllenwyr y papur i gefnogi'r ymgyrch ar drothwy Etholiad Cyffredinol.

Cofiwn?: 'Nid Anghofiwn'. Y penderfyniad i gau dau ysbyty cymunedol yng ngogledd Cymru sydd dan sylw, a'r awdur yn codi cwestiynau ynghylch 'cynlluniau unllygeidiog i geisio arbed arian' i gau Ysbyty Coffa Blaenau Ffestiniog a'r Fflint. Mae'n gyfle i sôn mai ceiniogau prin trigolion y trefi a gododd yr ysbytai yn y lle cyntaf.

Buddsoddiad Diogel: 'Y Busnes'. Erthygl olygyddol papur dychmygol 'Y Busnes' a gafodd ei sefydlu ar ôl 'rhwystredigaeth am y diffyg dadansoddiad o faterion busnes yn y wasg Gymreig a Chymraeg'. Byrdwn y neges yw fod yr hyn sy'n digwydd yn yr Wcráin yn berthnasol i economi Cymru ac yn sgîl Refferendwm yr Alban y bydd angen creu perthynas newydd â Lloegr.

Bugeilyn: 'Synod yn San Steffan, diwygio'r dewis'. Ymateb y mae'r erthygl i Gyllideb George Osborne, gan ei ganmol na ryddhawyd unrhyw fanylion cyn ei araith am ei newidiadau i'r drefn bensiynau. Mae'r ysgrifennwr yn datblygu ei ddadleuon am y cynlluniau pensiwn, cynilion pobol hŷn, y newid i'r 'blwydd-dal' ac yn gobeithio am weithredu gan wleidyddion Cymru i 'ymdrin heddiw â phynciau dwys a anwybyddwyd ddoe'.

Le Figaro: 'Anghrediniaeth Iago Prytherch'. Ymdrin â thaliadau i arweinwyr Cynghorau Penfro a Sir Gâr y mae'r erthygl fywiog ac, weithiau, ddychanol hon. Mae'r cystadleuydd yn galw am ailffurfio hen sir Dyfed, gan ganmol arweinwyr y gorffennol ac awgrymu y dylai Plaid Cymru ffurfio clymblaid i reoli yno.

Synfyfyriwr: 'Adrefnu Llywodraeth Leol'. Mae'r pwnc wedi'i ddewis ar sail barn trigolion Llŷn, Eifionydd a Chaernarfon, mai cael llai o gynghorwyr a chynghorau oedd prif bwnc y flwyddyn ar wahân i'r tywydd garw. Mae'r awdur yn cofio cyfnod yr wyth Cyngor Sir ac yn hiraethu am hen arweinwyr Gwynedd a'u safiad ym myd addysg, cyllid a statws yr iaith. Daw i'r casgliad fod 'dadl gref, ar dir ariannol a chalibr ymgeiswyr, dros gael tua 12 o Gynghorau Sir' gyda llai o gynghorwyr nag yn 1974.

Gwrth-ryfelwr: 'Wynebu'r gwirionedd am y Rhyfel Mawr'. Ymateb a wneir i lansio rhaglen Llywodraeth Prydain o weithgareddau diwylliannol i nodi canmlwyddiant y Rhyfel Byd Cyntaf. Cydnabyddir bwysigrwydd nodi'r achlysur, gan drafod natur y gweithgareddau, a chodir cwestiynau ynghylch y bwriad i ymfalchïo yn rhan Prydain 'yn aberth ei milwyr'. Tywysir y darllenydd drwy'r ddadl a'r alwad am heddwch fel coffâd teilwng.

Seren: 'Ffenomenon y Llyncdyllau'. Erthygl wyddonol ei naws yn trafod ffenomenon na chafodd fawr o sylw yn ystod stormydd 2014 – y llyncdyllau neu'r 'sink-holes'. Gofynnir a yw'r tyllau sydd wedi ymddangos yn ddirybudd yn yr Unol Daleithiau, China, Awstralia, ac erbyn hyn yn Lloegr, yn symptom arall o newid yn yr hinsawdd? Codir rhestr o gwestiynau am effaith bywyd modern a diwydiant ac am y tyllu a'r ffracio am nwy ac olew, gan gloi drwy ofyn oni fyddai'n well i'r bilynau o bunnau sy'n cael eu gwario ar fentro i blaned Mawrth gael eu buddsoddi ar y blaned hon?

Tan Llan: 'Colli'r Post'. Cymharu gwerthu Swyddfa'r Post â helynt Cau'r Tiroedd Comin ddwy ganrif yn ôl a wneir. Mae'n erthygl hanesyddol, gyda dyfyniadau, ffeithiau a cherdd i nodi 'Colli'r Post' sydd hefyd yn berthnasol i ddigwyddiadau heddiw.

Encil: 'Cofio Streic y Glowyr'. Mae'r erthygl yn ailystyried Streic y Glowyr yng ngoleuni gwybodaeth sydd wedi dod i'r golwg 30 mlynedd yn ddiweddarach am fwriad Llywodraeth Margaret Thatcher i gau 75 o byllau a diswyddo 75,000 o lowyr. Mae'r cystadleuydd yn trafod y colli swyddi ac yn tynnu sylw at gytundebau 'sero-oriau' heddiw, gan rybuddio bod ansicrwydd cyflogaeth yn siŵr o gael effaith yn y tymor hir ar gymdeithas y dyfodol.

Roedd digon i gnoi cil drosto wrth ddarllen yr erthyglau am brif bynciau'r dydd a bu'n rhaid pwyso a mesur rhwng *Parc Ninian*, *Buddsoddiad Diogel*, *Gwrth-ryfelwr*, *Seren* ac *Encil*. Am fod y neges amserol yn amlwg o'r geiriau cyntaf a'r ddadl yn datblygu wrth ei darllen, yr enillydd yw *Gwrth-ryfelwr*.

Yr Erthygl Olygyddol mewn Papur-newydd

Digwyddiad: Llywodraeth Prydain yn lansio rhaglen o weithgareddau diwylliannol i nodi can mlynedd ers dechrau'r Rhyfel Mawr (27.3.14)

WYNEBU'R GWIRIONEDD AM Y RHYFEL MAWR

Anodd fyddai dychmygu unrhyw achlysur pwysicach i'w nodi a'i goffáu na dechrau'r Rhyfel Mawr union gan mlynedd yn ôl. Hwn oedd y gwrthdaro mwyaf gwaedlyd yn hanes y ddynoliaeth, pan gafodd dros wyth miliwn o bobl eu lladd, a chyfandir cyfan ei reibio. Fel y gwelwn o'r cofadeiladau ym mhob tref a phentref, prin fod unrhyw ardal yng Nghymru na ddioddefodd golledion.

Ar yr olwg gyntaf, mae'r syniad o raglen o weithgareddau diwylliannol a gyhoeddir gan Lywodraeth Prydain yn ymddangos yn ddigon cymeradwy. Mewn egwyddor, nid oes dim o'i le mewn gwasanaethau arbennig, gwylnosau a defodau o ddiffodd goleuadau. Byddai unrhyw weithgaredd a allai gyfrannu at wella dealltwriaeth pobl o'r hyn a ddigwyddodd yn rhywbeth i'w groesawu. Arwynebol a disylwedd, fodd bynnag, fydd unrhyw weithgareddau o dan nawdd y Llywodraeth oni bai ei bod hi ei hun yn cydnabod rhan ei rhagflaenwyr yn y cyfrifoldeb am y gyflafan. Gwaetha'r modd, ni chafwyd unrhyw arwyddion hyd yma fod gan y Llywodraeth yr awydd na'r gallu i wneud hynny – nac ychwaith unrhyw fwriad i wynebu'r gwirionedd am achosion y rhyfel. Eisoes mae rhai o'i gweinidogion yn galw am fwy o bwyslais ar ymfalchïo yn y rhan a chwaraeodd Prydain ac yn aberth ei milwyr. Mae'r syniad y gallai fod unrhyw beth i ymfalchïo yn ei gylch yn erchyllterau 1914-18 yn gwbl wrthun. Ac mae unrhyw sefydliad sy'n hyrwyddo cred o'r fath yn haeddu pob dirmyg. Dylai methiant trychinebus y drefn yn Ewrop gan mlynedd yn ôl barhau i beri arswyd inni heddiw yn ein dyddiau ni.

Pennaf dyletswydd unrhyw haen o lywodraeth yw diogelu ac ymgeleddu ei dinasyddion. Yn lle hynny, yr hyn a wnaed rhwng 1914 ac 1918 oedd amddifadu cenhedlaeth gyfan o'i hawl i fyw, a sathru ar werthoedd gwaraidd a gawsai eu meithrin dros ganrifoedd. Dywedwyd celwyddau rif y gwlith wrth annog dynion ifainc i faes y gad, gan addo antur ac arwriaeth, pan oedd yr awdurdodau'n gwybod yn iawn nad oedd dim byd yn eu haros ond bedd cynnar yn Fflandrys a'r Somme. Ac am genedlaethau wedyn, parhaodd celwyddau'r awdurdodau – er mwyn ceisio cyfiawnhau i famau a gwragedd a phlant pam y cipiwyd eu hanwyliaid oddi wrthynt.

140

Mae'n wir i anfadwaith y Rhyfel Mawr gael ei gyflawni gan mlynedd yn ôl gan bobl sydd bellach wedi'n hen adael, a bod y rheini a ddioddefodd yn ei sgîl hefyd wedi diflannu o'r tir. Fodd bynnag, mae camwedd mor ddieflig â hyn yn gofyn am ymateb o edifeirwch a gwyleidd-dra anghyffredin gan olynwyr y rhai a oedd yn gyfrifol amdano.

Yr unig ffordd weddus a theilwng i'r wladwriaeth Brydeinig nodi'r canmlwyddiant fyddai trwy gyflwyno ymddiheuriad gwladol llawn a diamwys. Os yw hi o ddifrif yn gresynu ynghylch yr hyn a ddigwyddodd, ei lle hi – a phob gwlad arall yn Ewrop a chwaraeodd ran yn y gyflafan – yw ymddiheuro am y dioddefaint a'r trallod, ac am y twyll a'r celwyddau.

Anodd dychmygu dim byd o'r fath yn digwydd, wrth gwrs. Mae hunanfalchder a hunangyfiawnder wedi'u cyfrodeddu'n rhan annatod o unrhyw wladwriaeth. Byddai unrhyw ymddiheuriad yn gyfaddefiad o fod wedi dweud celwyddau dros y can mlynedd diwethaf. Ac efallai'n codi rhagor o amheuon am honiadau a wnânt i gyfiawnhau rhyfeloedd heddiw. Oherwydd hynny, ni allwn fyth ymddiried yn y wladwriaeth i drefnu ffordd deilwng i'n hatgoffa o'r erchyllterau a'r dinistr a'r lladd. Arnom ni, felly, y mae'r cyfrifoldeb o ddysgu 'ffordd i ddwys goffáu y rhwyg o golli'r hogiau'.

Na foed i ni, na chenedlaethau'r dyfodol, fyth gael anghofio pa mor barod y bu gwladwriaethau Ewrop i aberthu cenhedlaeth gyfan o'u pobl eu hunain gan mlynedd yn ôl. Boed i'n dicter droi'n symbyliad i greu gwell a thecach byd. Boed inni hefyd fod yn fwy parod i amau'r drefn a'r rheini sydd mewn grym. A'n holi'n hunain o ddifrif i ba raddau y gallwn ymddiried yn ein llywodraethau i rwystro'r un peth rhag digwydd eto. Profodd y genedl wladwriaeth i fod yn sefydliad cwbl annigonol i gynnal heddwch dros y ganrif ddiwethaf. Mae eleni'n adeg amserol i godi amheuon o'r newydd ynghylch yr holl syniad fod unrhyw wladwriaeth yn rhywbeth gwerth aberthu bywydau trosti. Cofiwn i'n cyndadau fynd i'w beddau cynnar gan gredu'n ofer eu bod nhw'n ymladd rhyfel a fyddai'n diweddu pob rhyfel. Yr her i ni yw troi'n dicter at eu dioddefaint yn benderfyniad di-ildio i wireddu eu breuddwydion am yr 'heddwch llawer gwell' y cawsant eu hamddifadu ohono.

Ni ddaw'r heddwch hwnnw hyd nes y cawn drefn ryngwladol effeithiol i rwystro rhyfeloedd. Boed inni i gyd ymgyrraedd tuag at y nod hwnnw er mwyn sicrhau coffadwriaeth wironeddol deilwng i drueiniaid y Rhyfel Mawr.

Gwrth-ryfelwr

Erthygl neu erthyglau papur bro heb fod dros 2,000 o eiriau

BEIRNIADAETH IFAN MORGAN JONES

Mae'r syniad o sefydlu papurau a gwefannau 'tra lleol' sydd wedi eu cynnal gan wirfoddolwyr yn un sy'n mynd â bryd newyddiadurwyr ac academyddion ar draws y byd y dyddiau hyn. Gallwn ni'r Cymry honni ein bod ni ar y blaen i bawb arall yn hynny o beth. Ers sefydlu *Y Dinesydd* yn y '70au cynnar, mae ein papurau bro wedi chwarae rhan gynyddol bwysig wrth lenwi gwagle a adawyd gan bapurau masnachol yn y ddwy iaith.

Daeth 17 ymgais i law, sy'n awgrymu nad yw'r awch am ohebu lleol wedi pylu. Mae'n anodd rhoi bys ar beth yn union y dylai erthygl i bapur bro fod, ac mae'r amrywiaeth a geir rhwng ac o fewn y casgliadau yn cadarnhau hynny. Rhyw fath o gybolfa anniben o lythyrau, darnau barn, llenyddiaeth gofiannol, a straeon newyddion a geir yma.

Mae gen i fy syniadau cwbl oddrychol fy hun am beth sy'n gwneud erthygl dda mewn papur bro: dylai adlewyrchu rhywfaint o hanes neu gymeriad yr ardal yr ysgrifennir ar ei chyfer; dylai'r wybodaeth sydd ynddi fod yn newydd i'r darllenydd (hyd yn oed os yw'n ymwneud â materion hanesyddol); dylai pwnc yr erthygl fod o ddiddordeb i'r darllenydd cyffredin; dylid canolbwyntio ar straeon pobl yn bennaf yn hytrach na phethau; dylid ysgrifennu mewn modd sy'n dal sylw'r darllenydd o'r cychwyn cyntaf, ac mewn iaith syml heb wastraffu geiriau; Mae angen strwythur taclus i'r erthygl sy'n arwain y darllenydd o'r naill bwnc i'r llall heb grwydro'n ormodol; ac mae angen gochel rhag unrhyw gamgymeriadau ffeithiol neu ieithyddol.

Dyma'r ymgeiswyr yn nhrefn safon:

Cadwr: 'Mae'r plismon yn licio mendio computers'. Llythyr byr at olygydd papur bro dychmygol 'Llandwpsyn' a geir yma, gan ddysgwr sy'n cwyno bod iaith yr Esgob William Morgan wedi ei disodli gan 'iaith Jonsi' y telibocs. Anodd yw penderfynu beth sydd i fod o ddifrif a beth sydd i fod yn dafod yn y boch. Os gwneud i'r beirniad chwerthin oedd y nod, methodd.

Cilfor: 'Wythnos yng Nghymru Fydd'. Llythyr arall at olygydd papur bro yw hwn yn canu clodydd nofel Islwyn Ffowc Elis. Mae'n cymharu'r ddelwedd iwtopaidd a geir ynddi gyda realiti digon siomedig (yn nhyb y llythyrwr) ein Cynulliad ni fel y mae. Daw i'r un casgliad â sawl un arall, sef bod cymdeithas Cymru 2033 fel y'i cyflwynir yma yn hynod debyg i 1957 pan gyhoeddwyd y nofel am y tro cyntaf, ac mai propaganda ar ran Plaid Cymru yw'r cynnwys yn bennaf.

Crwydryn: 'Y Daith'. Hanes taith a geir yma, o Borthmadog i Lanrwst, er mwyn ymgymryd â'r dasg o blygu papur bro *Yr Wylan*, neu 'bending the seagulls' fel y dywed un o gymeriadau'r fro. Ceir disgrifiadau byrion ac ychydig o hanes yr amrywiol drefi a phentrefi ar hyd y daith, yn ogystal â lluniau a phytiau o ddeialog o darddiad anhysbys. Mae'r awdur yn tueddu i neidio o bwnc i bwnc ac o le i le, gan ddweud jôcs am geir tair olwyn un funud a thrafod Mahatma Gandhi y nesaf. Cymysgedd ychydig yn ddryslyd ydyw, ac mae angen golygydd llym i wneud synnwyr o'r cyfan.

Osian: Pedwar darn barn gan unigolyn oedrannus sydd am ddweud ei ddweud am ddiffygion y gymdeithas fodern a geir yma. Mae'r erthygl gyntaf a'r drydedd yn ymwneud â'r diffyg gofal sydd ar gael i'r henoed yn y gymuned, a phwysigrwydd siopau lleol. Mae'r ail yn adolygiad o'r llyfr 'A Rare Hero' am Dr William Evans, sydd wedi ei gyfoethogi gan atgofion yr awdur o weld y dyn ei hun yn siarad yn Nhregaron hanner can mlynedd yn ôl. Yr erthygl olaf yw'r ddifyrraf, wrth i'r awdur drafod problem cyffuriau mewn ardaloedd gwledig, gan ddangos trugaredd i'r rheini sy'n syrthio i rwyd heroin a chyffuriau tebyg, a'u hannog i droi at grefydd. Mae'r iaith yn ymddiddanol ac yn hawdd ei darllen, er bod yna dueddiad diangen i ddefnyddio llythrennau bras er mwyn pwysleisio rhai geiriau.

Craig yr Odyn: 'Platero a Minnau', 'Y Mynydd Du', a'r 'Ci defaid'. Tair erthygl, ar gyfer *Llais y Dderwent*, papur bro Cylch Dysgwyr Derby, a *Glo Mân*, papur bro ardal Dyffryn Aman, a geir yma. Mae'r iaith a ddefnyddir yn gyfoethog (wn i ddim i ba raddau y gellir ystyried darllenwyr Derby yn ddysgwyr os ydyn nhw'n deall yr erthyglau hyn). Hanes ambell asyn mewn llenyddiaeth yw cynnwys y stori gyntaf, ac fel asyn mae'r erthygl braidd yn grwydrol ac yn fud ynglŷn â nodweddion unigryw'r ardal dan sylw. Mae'r ddwy erthygl olaf yn llawer mwy diddorol, y gyntaf yn trafod hanes y Mynydd Du ger Rhydaman, a'r ail yn sôn am le'r ci defaid yn isymwybod y Cymry. Cefais gryn fwynhad wrth ddarllen hanes Bob, y ci defaid 'oedd yn meddu pob ffobia roedd yn bosib i gi ei feddiannu ... yn ei ddychymyg roedd pob oen bach mor fygythiol â Tyrannosaurus Rex ...' Serch hynny, yn y pen draw hoffwn fod wedi clywed mwy am hanes pobl yn hytrach nag asynnod, mynyddoedd a chŵn – yn enwedig y gymuned o ddysgwyr yn Lloegr y mae'r awdur yn ymddiddan â hi.

Aelwyd Ucha: Ceir yma un erthygl yn olrhain hanes y ddau William Jones, yr hynaf a'r ieuengaf, y cyntaf yn fathemategydd o fri a'r ail yn arloeswr ym maes ieithyddiaeth. Dihangodd yr hynaf o gefndir tlawd yn Llanfechell oherwydd ei ddawn a'i athrylith mewn mathemateg. Teithiodd ei fab ymhellach fyth, i India, a gallai siarad 28 iaith yn ôl pob tebyg (heb gynnwys y Gymraeg, ysywaeth). Mae diddordeb mawr yr awdur yn y pwnc yn amlwg, ond gellid holi faint o werth sydd i erthyglau hanesyddol byrion fel y rhain pan fo'r un wybodaeth ar gael ar flaenau'n bysedd ar wefannau fel y *Wicipedia*.

Gamster: 'Chwarae Bando – *Yr Hogwr* Hydref 1797'. Ymgais yw hon i ysgrifennu erthygl ar gyfer papur Bro Ogwr, *Yr Hogwr*. Ond er mai newydd ddathlu chwarter canrif y mae'r papur hwnnw, mae'r awdur yn ysgrifennu fel pe bai'n Hydref 1797. Mae'n adroddiad doniol am chwarae bando rhwng y Pîl a Margam ar Draeth Cynffig, wedi ei ysgrifennu bron fel pe bai'n adroddiad ar gêm rygbi ryngwladol yn ein hoes ni. Mae'r adroddiad yn llawn cymeriadau lleol lliwgar, ac mae'r disgrifiad o'r gêm ei hun yn un cyffrous: 'Carlamodd y llanciau tua'r dŵr ac yno buont yn corddi'r ewyn gwyn gyda'u ffyn bando a'u traed a'u dyrnau nes i rywun o'u plith lwyddo i hyrddio'r colby yn ôl tua'r lan'. Heb wybod rhagor am hanes y gêm hon – na chwaith a ddigwyddodd o gwbl – mae'n anodd gwybod faint o wirionedd sydd yma, ond mae'n amlwg mai darn o ryddiaith creadigol yw hwn yn hytrach nag erthygl ar gyfer papur bro cyfoes. Mae dawn dweud gan yr awdur ac awgrymaf ei fod yn datblygu'r erthygl yn stori fer neu'n nofel. Serch hynny, mae angen cwtogi tipyn ar y paragraffau er mwyn dal sylw'r darllenydd.

Bwtsias y Gog: "A wyddoch chi? ... Cymru/ Maleisia'. Erthygl sydd yma am Kuala Lumpur gan Gymraes sydd wedi symud yno i fyw. Mae'n manylu ar rai o'r cysylltiadau rhwng ei gwlad a Malaysia bell. Cawn straeon diddorol, gan gynnwys yr un am y cyn-fyfyriwr o Aberystwyth a fu farw ddwywaith, a'r poster Guinness Cymraeg mewn bar Gwyddelig yng nghanol K.L. – 'Cato pawb! Fy Nguinness i!' Hoffwn i fod wedi clywed ychydig mwy am brofiad yr awdur ac ychydig llai o fanylu ar yrfaoedd Alfred Russel Wallace a Vincent Tan a phynciau tebyg, straeon sydd eisoes ar gael ar y we pe bai gan y darllenydd ddiddordeb ynddynt.

Plas Gwyn: 'Colli'r Post', 'Carchar i Ogledd Cymru', 'Hel Dail', a 'Tydi pawb ddim yr un faint'. Yr erthygl gyntaf yw'r fwyaf effeithiol – mae'n cymharu colli'r tir comin i dirfeddianwyr y bedwaredd ganrif ar bymtheg â gwerthu'r Post Brenhinol ym mis Hydref y llynedd. Mae'r ail erthygl ychydig yn llai llwyddiannus, gan ailadrodd dadl o blaid gostwng nifer y carcharorion yng Nghymru, heb ychwanegu ryw lawer sy'n newydd at y drafodaeth. Rhyfeddodau gwyddonol sy'n mynd â bryd yr awdur yn ail hanner y casgliad hwn, wrth iddo drafod ffotosynthesis a'n taldra ni o'i gymharu â'n cyndadau. Mae'r erthyglau hyn hefyd yn ddiddorol ac mae'n amlwg fod gan yr awdur y gallu i esbonio syniadau gwyddonol cymhleth mewn ffordd ddeniadol a chryno.

Bro Deri: 'Crwydro'r Caeau', 'Be' Nesa', a 'Sôn am Saunders'. Dyma awdur sy'n llwyddo i ysgrifennu'n syml ond gan ddal sylw'r darllenydd. Yn ei ysgrif gyntaf, mae'n mynd â ni am dro o amgylch mast teledu Blaenplwyf, gan drafod enwau'r caeau a geir yno. Mae'n amlwg ei fod yn 'nabod pob carreg a chamfa ac mae'r cysylltiadau posib gyda môr ladron ac Owain Glyndŵr yn ddiddorol iawn. Mae'r ail erthygl yn ein harwain i lawr y bryn i Ysgoldy Pentre'r Bont yn Llanfarian, gan fanylu ynglŷn â'r effaith a gafodd yr adeilad hwnnw ar ei hanes teuluol ef ei hun. Yr erthygl olaf, am Saunders Lewis, yw'r wannaf o'r tair am nad yw'r wybodaeth a geir ynddi mor wreiddiol, na'r hanes wedi ei wreiddio mor ddwfn yn y fro y mae'n sôn amdani. Efallai y byddai wedi bod yn well pe bai wedi canolbwyntio'n fwy penodol ar yr hyn a wyddai am amser Saunders Lewis yn Llanfarian yn hytrach na chyflwyno darlun cyffredinol o'r dyn. Cryfder yr erthyglau hyn yw fod yr awdur yn meddu ar ystorfa o wybodaeth am ei ardal ac yn gallu defnyddio'r papur bro fel cyfrwng i gadw'r hanes hwnnw'n fyw a'i drosglwyddo i'r genhedlaeth nesaf.

Anodonta: 'Storm yn torri'r ynys yn ddwy!', 'Dirgelwch y cregyn', a 'Natur y bardd'. Mae'r erthygl gyntaf, a'r orau o dipyn, yn canolbwyntio ar hanes Ynys Gorad Goch, a foddwyd gan y stormydd mawr ddechrau'r flwyddyn. Bu'r ynys yn destun chwilfrydedd mawr adeg y llanw uchel ym mis Ionawr eleni, wrth i sawl un holi pam yr oedd yr adeiladau hyn mewn lle mor ddiamddiffyn yng nghanol y Fenai. Roedd yn braf cael gwybod ychydig mwy am hanes y lle, a chael deall bod pwrpas ymarferol i'w codi ar dir isel yng nghanol y môr yn y lle cyntaf (sef dal pysgod), yn hytrach na bod yn gartref i ryw feudwy neu fynach fel yr oeddwn i wedi tybio. Gwaetha'r modd, nid yw'r ail erthygl am gragen y daeth yr awdur o hyd iddi ar lan Afon Cefni, na'r drydedd sy'n cyflwyno trawstoriad o farddoniaeth yn ymwneud â natur a'r amgylchedd, mor amserol a diddorol â'r gyntaf.

Glas y Dorlan: 'Botymau', 'Botwm arbennig', 'Rhagor o drysorau'r bocs Botymau'. Daw'n amlwg o'r dechrau'n deg fod yr awdur eisoes yn ysgrifennwr profiadol gyda chryn dipyn o ddawn ddisgrifiadol. Mae'r tair stori a geir yma yn debycach i lên micro neu straeon byrion. Yn y gyntaf, fe gawn yr awdur yn blentyn bychan yn 'sbrotian' yn y bocs botymau ac yn ceisio dyfalu beth yw'r hanes y tu ôl i bob un. Yn y ddwy stori arall, eir â ni – drwy gyfrwng y botymau – ar drywydd hanes ffrog briodas ei mam, a thaith bws i Lerpwl. Cefais bleser mawr wrth ddarllen yr hanesion hyn ond dydw i ddim yn siŵr ai papur bro yw'r cyfrwng delfrydol ar eu cyfer nhw.

Cacwn: 'Y Golofn Bigog' a 'Cofiwn?'. Mae'r ffugenw a'r teitl a roddwyd i'r erthygl gyntaf yn lled-awgrymu naws y gwaith hwn. Cwyno am y gwario mawr ar Gemau Olympaidd 2012 y mae, ac o ystyried bod bron i ddwy flynedd wedi bod ers hynny, does ganddo ddim llawer i'w ddweud am y pwnc na fydd y darllenydd eisoes wedi ei glywed hyd syrffed. Dychmygwch wenynen yn eich clust a fydd yn gwrthod gadael. Serch hynny, mae'r ail erthygl yn fwy amserol o lawer, gan dynnu sylw at y modd y penderfynodd Bwrdd Iechyd Betsi Cadwaladr y llynedd gau'r Ysbyty Coffa a agorwyd er mwyn cofio aberth y bechgyn lleol fu farw yn y Rhyfel Mawr 1914-18 (ym Mlaenau Ffestiniog, rwy'n dyfalu, er nad yw'r awdur yn enwi'r dref). Mae *Cacwn* yn ysgrifennu'n rymus ac yn ddig am y graith a adawodd y rhyfel ar ei fro, nid yn unig o ran nifer y bywydau a gollwyd ond hefyd y diweithdra, twf cenedlaetholdeb Prydeinig, a chwymp yn aelodaeth capeli'r ardal: 'Priodolir hyn yn rhannol i ddadrithiad ymysg nifer o'r milwyr, ar ôl profi erchyllterau'r gyflafan fawr, ac iddynt golli ffydd, a chefnu ar grefydd'. Er gwaethaf diffygion yr erthygl gyntaf, mae'r ail yn rhagorol ac yn dyrchafu'r ymgais hon i blith y goreuon yn y gystadleuaeth.

Barcud: 'Bro'r Barcud – Ardal Ysbyty Ystwyth'. Dyma awdur sy'n ysgrifennu mewn modd cryno a gafaelgar, heb wastraffu geiriau. Ceir yma erthygl ar gyfer papur bro'r *Barcud*, Ysbyty Ystwyth, am y penderfyniad i gau'r eglwys yno. Mae'r erthygl yn gymysgedd o'r holl elfennau gorau mewn papur bro, gan lwyddo i ddatgelu rhywfaint o hanes y fro tra'n cadw'r cyfan yn berthnasol i'w gynulleidfa bresennol, a chadw pobl yn hytrach na phethau yn ganolbwynt i'r hanes. Fel un sydd yn gwbl anwybodus am ddaearyddiaeth yr ardal, doeddwn i ddim yn siŵr a oedd yn trafod yr eglwys 'fach' ynteu'r eglwys 'dop' yn y pentref, ond roedd yr hanes yn un diddorol serch hynny, yn enwedig y straeon am 'John Latin' a'r hanesion y tu ôl i rai o gerrig beddau'r fynwent.

Idrac: 'Cel Du Twm Masiwn', 'Triawd y Buarth', 'Defis a Bond', ac 'Edrych i lygad y geiniog'. Mae'n lwcus fy mod yn byw ymysg y Cardis ers blynyddoedd bellach neu efallai na fyddwn i wedi gallu gwneud na phen na chynffon o'r erthyglau hyn, sydd i gyd wedi eu hysgrifennu mewn tafodiaith mor drwchus nes ei bod yn ymddangos fel iaith arall ar brydiau. Mae'r ail erthygl, yn enwedig, yn drysorfa o idiomau cefn gwlad: 'Gwyllt a di-wardd yw'r whilgrwt sydd fel mochyn heb ei gwyrso a thowlu llygad mochyn mae rhywun slei'. Serch hynny, roedd y gymysgedd o dafodiaith, dwyster y wybodaeth a'r tueddiad i garlamu o'r naill ffaith neu hanesyn i'r llall wedi mynd yn drech na fi ar adegau. Mae angen symleiddio a phwyllo os yw darllenydd am gael pleser wrth ddarllen yr erthyglau hyn. Rhaid gwylio hefyd nad yw coma'n ysgwyddo baich atalnod llawn mewn ambell frawddeg. Er hynny, cefais bleser mawr o'r darllen ac mae 'na ambell linell anfarwol: 'Pan fentrodd y capten agor ei geg roedd 'na gymaint o wynt fe chwythodd dwll ym mhen ôl ei drowser!'

Hen Begor: 'Maenclochog neu Maenclоćóz' a 'Rhos-y-Bwlch amdani gwlei!' Fe â'r awdur hwn â ni ar daith i gyffiniau gogledd Sir Benfro er mwyn trafod tarddiad rhai o'r enwau lleoedd sydd yno. Mae'r erthygl gyntaf yn olrhain hanes chwedlonol Maenclochog, ac yn dal y sylw o'r cychwyn cyntaf gyda'i darlun dychmygus o ddwsin o yrdd yn canu alaw soniarus ar res o feini hirion. Serch hynny, daw i'r casgliad ychydig mwy credadwy, ond llai rhamantus, mai o'r Wyddeleg 'cloćóz' y daw'r 'clochog' ac nad yw'n deillio o nodweddion cerddorol y cerrig lleol. Mae'r ail erthygl yn trafod yr enw 'Rosebush' a'r modd y Seisnigeiddiwyd yr enw Cymraeg gwreiddiol gan ddyfodiad y chwarel a'r agerfarch, gan orffen: 'Yr unig rosen yn Rhos-y-bwlch yw tafarnwraig y Dafarn Sinc'. Mae'r rhain yn erthyglau doniol a diddorol ac yn werth eu darllen.

Treflys: 'Rhamant y gorffennol?' Dyma erthygl wych am y penderfyniad i ddymchwel neuadd a chloc Porthmadog union bum deg mlynedd yn ôl. Mae'n dal diddordeb rhywun o'r cychwyn cyntaf, mae'n amserol ac, yn bwysicach fyth efallai, mae'n dweud rhywbeth amgenach ynghylch tranc canol trefi Cymru dros y degawdau diwethaf. Yma ceir hanes canolbwynt cymdeithasol tref yn cael ei chwalu a'i ddisodli gan gangen o Woolworths – sydd ei hun wedi cau erbyn hyn, wrth gwrs. Mae'r awdur yn amlwg yn ysgrifennu o'r galon ac yn defnyddio cyfrwng y papur bro er mwyn cadw darn coll o dreftadaeth ei dref yn fyw. Ceir ôl ymchwil manwl, yn ogystal â lluniau o'r gwaith o ddymchwel y cloc a'r archfarchnad ddigon di-nod a ddaeth yn ei le. Dylid cyhoeddi'r erthygl yma ar fyrder.

Er fy mod yn ystyried *Barcud*, *Idrac* a'r *Hen Begor* yn deilwng, rwy'n credu mai *Treflys* biau'r wobr eleni.

Yr Erthygl ar gyfer Papur Bro

RHAMANT Y GORFFENNOL

'O ba gyfeiriad bynnag y deuai dyn i dref Porthmadog, gwelid y cloc mawr yn y sgwâr yn llygadu arno i'w groesawu, a dyna'r adeg pryd y gallai'r plant, a fu ar wasgar, ddweud eu bod wedi cyrraedd adre. Gellid dweud mai cloc pawb ydoedd hwn, a dodrefnyn a oedd yn eiddo i bob tŷ a theulu yn y fro.'

Dyna baragraff cyntaf ysgrif y Bonwr John O. John, un o'n cymeriadau anwylaf, pan ysgrifennodd am 'Y Cloe Mawr' ar ben y Neuadd yn 1968. Mae'n ddisgrifiad perffaith o un o nodweddion amlycaf tref Porthmadog am ddegawdau, disgrifiad cynnes, annwyl, os oes modd bod yn annwyl wrth adeilad, fel pe bai'n disgrifio ffrind cyfarwydd, hoffus.

A ffrind oedd y Cloc Mawr i genedlaethau o blant Port, i'r llu o ymwelwyr a gyrchai i'r ardal yn flynyddol i fwynhau traethau'r Greigddu a Borth y Gest, ac i'r dyrfa o siopwyr-pnawn-Gwener a heidiai i'r dref o'r ardaloedd cyfagos. Y Cloc oedd canolbwynt y dref ac ymsythai'n awdurdodol uwch bwrlwm dyddiol y Stryd Fawr, a gellid clywed ei drawiad sicr o'r Garth i'r Traeth ac o'r Stesion Fawr i'r Stesion Fach. Tŵr Neuadd y Dref oedd ei gragen ond nid fel 'Y Neuadd' yr adnabyddid yr adeilad hwn gennym ni, bobol Port, wrth gwrs, ond fel y "Rhôl'. Codwyd y cloc i ddathlu dyddiad arbennig, dyddiad dyfod i oed Francis William Roche yn 1875, gŵr a ddaeth yn enwog oherwydd ei deulu, gan ei fod yn ŵyr i William Alexander Madocks, sylfaenydd a chynllunydd Porthmadog, drwy ei orchest fawr yn adeiladu'r Cob yn 1811. Roedd Francis Roche wedi ei blesio gymaint gan y bwriad nes iddo fynnu talu am y cloc o'i boced ei hun.

Y cloc oedd y goron ar adeilad poblogaidd a adeiladwyd yn wreiddiol i fod yn Neuadd Farchnad yn ôl yn 1846 drwy flaengaredd gwŷr busnes lleol. Fe ychwanegwyd Llofft y 'Rhôl yn 1875 i ateb y galw am neuadd amlbwrpas ar gyfer cyngherddau, dawnsfeydd a chyfarfodydd amrywiol. Erbyn 1902, gwelwyd yr angen am ryw lun o gysgod o amgylch canol yr adeilad, a chynlluniwyd canopi pwrpasol, canopi a ddaeth yn gysgod am flynyddoedd lawer i grwpiau bychain fyddai'n cwrdd i fân sgwrsio yng nghlydwch yr ambarél gwydr. Ar lawr isa'r neuadd, lle bu'r farchnad, caed siop ffrwythau, siop bysgod, swyddfeydd y Cyngor Tref, yn ogystal â llyfrgell gynhwysfawr at wasanaeth y trigolion. Nyth gwenyn o adeilad at bob achlysur ac mae hanesion lu am y masnachwyr hwyliog, megis Mr Gaffey a'i gydweithwyr.

Mor gyfoethog yw'r atgofion, am ddawnsfeydd bywiog o oes y 'Charleston' i oes y roc a rôl, am ddramâu dirifedi, cyngherddau mawreddog, nosweithiau llawen a seremonïau coroni breninesau'r carnifál. Ie, bwrlwm parhaus a rhywbeth yno at ddant pob un o'r trigolion. Dyna oedd bwriad y lle, man i gwrdd â ffrindiau, canolfan i gymdeithasu ynddi ac i fwynhau'r gyfeillach, meithrinfa perfformio i gannoedd ar gannoedd o blant ifainc Port. Yn y neuadd hon y cynhaliwyd cyfarfodydd pwysig cyn etholiadau lleol a seneddol, ac, wrth gwrs, ar risiau 'Rhôl y croesawyd ein timau pêl-droed yn dilyn llwyddiannau mewn ambell gwpan, a'r plant hefyd yn dilyn eu gorchestion hwy mewn Eisteddfodau Cenedlaethol. Ar risiau'r 'Rhôl ar Nos Galan yr heidiai'r trigolion i ganu emynau wrth aros i groesawu'r flwyddyn newydd yn seiniau cyfarwydd y cloc mawr am hanner nos. Coffa da ac annwyl iawn am adeilad unigryw.

Ond pam y tristwch? Beth aeth o'i le? Pam hel atgofion eleni? Am ei bod yn hanner can mlynedd union ers cyhoeddi'r newydd drwg fod yn rhaid cau Llofft y 'Rhôl, diwrnod y gall y rhan fwya o'r genhedlaeth hŷn ei gofio'n dda, diwrnod o sioc a siom. Gwrthodwyd caniatáu'r drwydded flynyddol i'r Cyngor yn dilyn adroddiad gan bensaer cydnabyddedig a ddatganodd fod y llawr yn sigledig, ac er y byddai o bosib yn ddiogel ar gyfer cynulleidfa'n eistedd yn llonydd, ni ellid cynnal dawnsfeydd nac unrhyw fath o achlysur oedd yn golygu symud ynddo. Cyhoeddwyd y datganiad hwn yn y papur lleol ar Fawrth 6ed 1964, er mawr dristwch i bawb ohonom, yn enwedig yng nghanol prysurdeb y paratoadau ar gyfer ymweliad Eisteddfod Genedlaethol yr Urdd â'r dref ymhen deufis.

Dyma oedd dechrau'r diwedd ac yn dilyn yr adroddiad, cau'r Neuadd fu'n rhaid ac nid agorwyd Llofft y 'Rhôl byth wedyn, er bod cynlluniau ar droed i gynnal ambell gyfarfod yno yn ystod wythnos yr Eisteddfod. Ond ar Ebrill y 10fed 1964, cyhoeddwyd bod yn rhaid cynnal profion terfynol cystadleuaeth y ddrama yng Nghricieth yn hytrach nag yn y Neuadd yn Port. Cadarnhawyd, fodd bynnag, na fyddai'n rhaid amharu ar gyfarfodydd y Cyngor, y Cwrt Sirol na Chwrt yr Ynadon gan mai ar y llawr isaf y cynhelid y rhain.

Cafwyd Eisteddfod yr Urdd gynhyrchiol a llwyddiannus iawn ar y Traeth, ond o dan y llawenydd a'r bwrlwm ar y stryd a than y cloc am ddyddiau lawer yn ystod yr ŵyl, yr oedd hefyd islais o dristwch drwy'r ardal gyfan. Plant ac ieuenctid Bro Madog yn cael pleser mawr wrth gynnig croeso arferol Port i aelodau'r Urdd o Gymru benbaladr ond, erbyn haf 1964, yn derbyn neges ddigalon, derfynol fod rhaid dymchwel y cloc ar gost o rhwng £2000 a £2500. Ond nid dyna'r cyfan. Fis yn ddiweddarach, ac yn dilyn derbyn tendrau am y gwaith, cafwyd adroddiad arall gan beirianwyr ymgynghorol Richards a Dumbleton ei bod yn ofynnol erbyn hynny ddymchwel gweddill yr adeilad yn ogystal, er mwyn sicrhau diogelwch y cyhoedd a'r staff gan fod y neuadd bellach wedi dirywio cymaint ers yr adroddiad blaenorol.

Adroddodd yr ymgynghorwyr y gallasai'r gost o ailadeiladu ac ail-doi'r Neuadd fod yn uchel iawn, a'r addasiadau angenrheidiol yn dilyn hynny yn enfawr. Gan 'resynu yn ddwfn', penderfynodd y Cyngor fod yn rhaid iddyn nhw ddymchwel yr holl adeilad ar gost o £3581.

Un mater difyr a gododd yn ystod cyfnod y dymchwel oedd i'r cwmni a gafodd y gwaith ofyn am yr hawl i weithio ar y Sul, er nad oedd hynny'n gynwysedig ym manylion y cytundeb. Yn dilyn trafodaeth hir, cynigiwyd caniatáu hynny ar yr amod nad oedd y sŵn yn tarfu ar wasanaethau'r capeli cyfagos. Cynigiwyd gwelliant na ddylid rhoi caniatâd oni bai y ceid sicrwydd fod hyn yn angenrheidiol o safbwynt diogelwch y cyhoedd. Y gwelliant a enillodd y dydd. Tybed a gaed sicrwydd o'r amod yma ac a fu gweithio ar y Sul?

Gosodwyd y sgaffaldiau ar ddechrau 1965 a dyna ddiwedd ar fywyd adeilad a ddaeth yn fwy nag adeilad, yn ffrind mynwesol i'r dref. Diflannodd y Cloc, diflannodd Llofft y 'Rhol, diflannodd Swyddfa'r Cyngor, y siopau bychain a'r canopi. Darfu'r sgwrsio dan yr ambarél mawr, darfu ymarferion plant y dref ar gyfer Gŵyl yr Ysgolion Sul, ni welwyd perfformiadau o ddramâu byth wedyn, a llonyddodd y traed fu'n dawnsio'r oriau ar nos Sadyrnau mewn dawnsfeydd a ddenai bobl ifainc o Flaenau Ffestiniog, Penrhyndeudraeth a Chricieth, ac ymhellach na hynny. Do, collwyd hen, hen ffrind, a mwy o dristwch oedd inni orfod diodde' degawd yn disgwyl am welliant i safle blêr, safle lle'r oedd chwyn yn tagu'r tir, y sbwriel yn cronni a'r llecyn fu'n fwrlwm o weithgarwch wedi ei fyrddio a'i neilltuo o'n gafael. Tref gyfan yn galaru ei cholled a'i chalon yn chwalfa lwyr.

Bu oedi ac oedi, a thrin a thrafod gydag amryw ddatblygwyr a chyda'r Awdurdod Cynllunio, cyn i ddim byd ddigwydd i'r safle. Anawsterau parcio pe ceid datblygiad sylweddol, meddai rhai, diffyg diddordeb, meddai eraill. Pwy a ŵyr? Bu sôn am westy â deg ar hugain o stafelloedd, bu sôn am fflatiau ac am siopau bychain ond, yn y diwedd, un o'r siopau mawr a ddaeth i lenwi'r bwlch, os ei lenwi hefyd, sef Woolworth, a bu yno am rai blynyddoedd nes iddi hithau ddiflannu, a bellach daeth siop fawr arall i lenwi'r gwagle. Mae'n cynnig cyflogaeth, yn sicr, ac yn cyfarfod ag angen pobl am waith, mae'n llenwi cornel ond lenwith hi byth galonnau hen drigolion Port fel y 'Rhôl a'r Cloc Mawr. Nid oes iddi bersonoliaeth, nid yw'n addurn i'r dref. Na, nid ffrind mynwesol mo hon.

O ba gyfeiriad bynnag y daw unrhyw un i dref Porthmadog heddiw, nid oes cloc mawr i'w groesawu, a does dim i wneud i'r plant fu ar wasgar deimlo eu bod wedi cyrraedd adre'. Ond dyna fo, ni ellir byw ar ramant yn unig – gwaetha'r modd!

Treflys

Dyddiadur heb fod dros 3,000 o eiriau

Mae 'Dyddiadur' yn destun anodd; nid pawb sydd â stori fel un Anne Frank ac nid pawb sydd â hiwmor Dafydd Huws/Goronwy Jones neu'r 'Wimpy Kid' ond, fel y mae'r tri uchod wedi'i brofi, mae modd creu campwaith trwy gyfrwng dyddiadur. Mae'n gyfle i'r darllenydd ddod i adnabod yr awdur, i rannu ei ymateb i ddigwyddiadau, i gael ei addysgu, ei ddifyrru a'i gyffwrdd. Yn y dwylo iawn, gall hyd yn oed fanylion ymddangosiadol ddibwys fod yn arf pwysig i hoelio sylw'r darllenydd. Mae'n rhaid gwybod beth i'w gynnwys a beth i'w hepgor, ac os oes gormod o sylwadau cwbl anniddorol, buan y pyla diddordeb y darllenydd, mae arna' i ofn.

Mae deuddeg wedi rhoi cynnig arni:

Jaco: 'Dyddiadur Parot'. Elfennau difyr ond dydi'r syniad mai parot sy'n sgwennu ddim cweit wedi taro deuddeg gan nad oedd unrhyw beth 'parotaidd' yn hanes y diwrnod cyntaf un, a phrin yw'r enghreifftiau eraill o weld y byd drwy lygaid parot. Gyda'r holl gwyno am dechnoleg a dyfyniadau lu o'r Beibl, ro'n i wedi amau ers tro mai Taid oedd wrthi. Syniad gwahanol a oedd bron â gweithio.

Lleucu: 'Mai 2013, yn fuan wedi'r gwrthdaro oherwydd y baneri'. Dyddiadur gwyliau yng Ngogledd Iwerddon. Gwaith diddorol a llawn gwybodaeth gydag ambell dro trwstan ond braidd yn hirwyntog. Byddwn wedi hoffi dod i 'nabod yr awdur yn well ynddo.

Gwyndy: 'Gwesty Tokyustay'. Cofnod digon bywiog a llawn brwdfrydedd o daith i Siapan. Mae yma fanylion bach lliwgar ond mae'n ormod o restr 'ac wedyn es i fan hyn, ac wedyn i fan'ma'. Roedd angen mwy arna' i: rhyw fath o stori, rhyw fath o daith yn fwy na dim ond mynd i rywle a mwynhau'r cyfan. Un o'r goreuon er hynny.

Shadrach: 'Cyniwair Gobaith'. Ceir myfyrdodau yn nhafodiaith sir Benfro ar bynciau amrywiol, o Facebook a'r rhaglen deledu am Merêd, i'r iaith Gymraeg. Mae'r stori am haid o genawon yn croesi'r ffordd wedi aros yn fy nghof ac felly hefyd hanes angladd Jâms Niclas. Dyddiadur difyr gyda darnau da ond roedd angen mwy o stori neu strwythur.

Meddylu: 'O Sul y Palmwydd i Sadwrn y Pasg'. Dyddiadur gwraig sy'n sâl, yn grefyddol, ac yn hynod ddiolchgar am bob dim. Mae'n cynnwys pennill i gloi pob diwrnod, a'r rhan fwyaf o'r rheiny'n diolch. Braidd yn hen ffasiwn ydi'r ymgais hon ond mae yma dipyn o hiwmor ysgafn ac rydym yn sicr yn dod i 'nabod yr awdur.

Cae Eos: 'Esgor ar Wae?' Ew! Mis a hanner, nid naw mis ym mywyd darlithydd ifanc dosbarth nos. Syniad digon difyr. Dyn di-briod yw'r dyddiadurwr sy'n dal i fyw efo'i fam ac yn penderfynu rhoi gwersi gyda'r nos i'w gymdogion ar hanes cathod. Mae'r gwaith wedi'i sgwennu'n gomig, ar gyfer ei berfformio yn fwy na'i ddarllen, 'dybiwn i. Mae yma ddarnau da ond dyw'r hiwmor ddim yn taro deuddeg bob tro ac mae gen i deimlad fod y cystadleuydd wedi methu dod o hyd i ddiweddglo erbyn y dyddiad cau.

Cardi oddi Cartref: Dyma ddyddiadur sy'n dechrau yn y 1970au ac yn parhau tan 2011, ac yn rhoi darlun o'r byd gwleidyddol yng Ngheredigion. Hanes teulu sydd yma, wedi ei sgwennu'n deimladwy a chynnil. Cawn ganlyniadau pob etholiad, gyda sylw hyfryd i Elystan, Geraint, Cynog ac Elin. Diddorol a gwahanol ond y diweddglo'n fymryn o frechdan wlyb ac mae'r treiglo'n rhyfedd.

Desourteaux: 'Dyddiadur Un Diwrnod yn Oradour-sur-Glane'. Dyn ifanc yn 1944, y diwrnod y lladdwyd 642 o'r trigolion gan filwyr yr Almaen. Syniad arbennig o dda, ac mae'r tyndra'n sicr yn cynyddu yn ystod y darn. Ond gallai'r arddull fod yn fwy 'byw' gyda mwy o ddeialog, mwy o ddangos yn hytrach nag o egluro. Mae'r darn am y maer yn dod allan o'r Hôtel de Ville wedi cael 'sgwrs' gydag un o swyddogion yr Almaen yn profi bod yma botensial, ond roedd angen saernïo mwy ar y gwaith hwn.

Elliw: Dyddiadur athrawes Ysgol Sul sydd hefyd yn gweithio i Estyn. Mae'n bytiog iawn ond yn llawn hiwmor a sylwadau sy'n codi gwên. Er enghraifft, yn y Gymanfa Ganu: 'Er nad oedd Dei (Jones) a'r cyfeilydd bob tro ar yr un donfedd, gorffennwyd pob emyn'. Roedd y defnydd o ebychnodau pan fu farw'r brawd yn fy nharo'n od; byddai defnyddio atalnod llawn wedi bod yn llawer mwy effeithiol a chynnil. Ond roedd y cofnodion yn sgîl y brofedigaeth yn cyffwrdd. Gwaith cynnil iawn, ond rhy gynnil ar y cyfan; byddai mwy na brawddeg neu ddwy ar y tro wedi codi'r gwaith hwn i dir uwch.

Miaren: 'Dyddiadur Chwe mis'. Hanes rhywun sydd wedi mynd i weithio am chwe mis yn Kuala Lumpur. Disgrifiadau sydd yma, rhai lliwgar ac effeithiol ond roedd angen mwy o amrywiaeth a mwy o wybodaeth. Beth oedd natur y gwaith? Beth am enghraifft o ambell sgwrs? Mae digon o ôl caboli disgrifadol yma ond roedd angen mwy arna' i: stori o ryw fath yn hytrach na rhip o luniau.

Brynglas: '1982'. Mae hi'n 1982 a'r Ariannin newydd ddechrau brwydro yn Ynys y Falklands. Hanes y rhyfel yw prif straeon y dyddiadur, gydag ambell gyfeiriad at gyngerdd, ras redeg neu gêm bêl-droed a 'Tom yn galw heibio'. Mae'r dyddiadurwr yn sicr wedi llwyddo i fynd â'r darllenydd yn ôl i gyfnod yr '80au, gyda chyfeiriadau at yr Arlywydd Reagan yn San Steffan, y Pab yn Wembley a marwolaeth Jennie Eirian, ond doedd y cyfanwaith ddim yn taro deuddeg i mi, mae arna' i ofn.

Symbal yn Tincian: 'Wythnos ym mywyd Ciwrad yn yr Eglwys yng Nghymru'. Yn wahanol i'r disgwyl (wedi darllen y pennawd), cefais gryn fwynhad yn darllen yr ymgais hon. Trafferthion ciwrad benywaidd mewn plwy' newydd sydd yma ac mae mwy o stori yn y gwaith hwn nag a geir gan yn y gweddill. Mae'r dweud yn gynnil ac annwyl gyda sylwadau crafog fel: 'O ia, fe wnawn ni uno cyn belled â bod pawb yn dod atom ni' a '"Allwn ni ddim fforddio i roi rhagor at y Genhadaeth Dramor", meddai Mrs J. "mae'n rhaid cael llieiniau *fine linen* newydd i'r allor erbyn y Nadolig"'. Ond ro'n i ar dân eisiau golygu'r gwaith hwn. Mae yma ormod o fanylion diangen a gormod o frawddegau sy'n dweud yr un peth. Sylwais hefyd fod y dyddiadur hwn wedi ei feirniadu eisoes (yn eithaf hallt!) yn yr Eisteddfod Genedlaethol yn 2008 gan Hywel Gwynfryn. Mae'n debyg fod yr awdur wedi golygu rhywfaint yma ac acw ers hynny ac mae'n sicr yn un o'r goreuon yn 2014.

Gwaetha'r modd, cystadleuaeth siomedig oedd hon ar y cyfan. Ni lwyddodd yr un ymgeisydd i'm hudo'n llwyr ac nid oes yr un ymgais y byddwn yn fodlon iddi ymddangos yn y *Cyfansoddiadau a Beirniadaethau* fel enghraifft o ryddiaith orau ein cenedl. *Symbal yn Tincian* a ddaeth agosaf ati ond er gwaethaf ei ddyfalbarhad, mae'n rhaid i mi atal y wobr eleni.

Rhyddiaith greadigol ar unrhyw ffurf heb fod dros 2,000 o eiriau: Coch

BEIRNIADAETH TONY BIANCHI

Wyth ymgais a dderbyniwyd. Y mae llawer i'w fwynhau a'i werthfawrogi ym mhob un, ond dau yn unig a fanteisiodd yn llawn ar hyblygrwydd y gystadleuaeth newydd hon. Ysgrifau neu storïau byrion digon traddodiadol a gafwyd gan y rhan fwyaf. Oherwydd natur haniaethol y testun, yr oedd tuedd i restru pethau coch, llunio pwt am bob un a thynnu'r pytiau at ei gilydd mewn ffordd fecanyddol braidd. Yn rhy aml, llusgwyd cochni i'r gwaith gerfydd ei wallt, dim ond er mwyn cwrdd â'r gofynion. Cynigiaf sylwadau isod ar bob un o'r wyth yn y drefn y daethant i law.

Sam: 'Coch'. Myfyrdod sydd yma ar nodweddion (honedig) pengochion. Mae'r ysgrifennu'n lân ac yn fywiog ac mae llais agos-atoch yr awdur yn tynnu'r deunydd gwasgaredig at ei gilydd yn y dull ysgrifol traddodiadol. Dylid dileu o leiaf hanner yr ebychnodau.

Cae Coch: 'Coch'. Dyma ymgais fwyaf beiddgar y gystadleuaeth. Mewn pedwar darn cwta, symudir o ddyddiau ysgol yn Sir Feirionnydd ddechrau'r ugeinfed ganrif, trwy'r Rhyfel Byd Cyntaf, i gae criced Gerddi Soffia yng Nghaerdydd. Ceir caleidosgop o leisiau, cyweiriau a ffurfiau, a'r diweddglo'n tynnu'r cyfan ynghyd mewn ffordd hynod drawiadol. (Gwallgof i rai, efallai; ysbrydoledig i eraill.) Gwaetha'r modd, mae'r testun yn frith o fân wallau (ac ebychnodau!) ac mae ôl brys ar y sgrifennu mewn sawl man. Bydd angen golygu'r gwaith yn drylwyr cyn ei gyhoeddi.

Sgarlad: 'Coch'. Ceir yma bytiau am amryw o bethau cochion, yn eu plith Cochfardd (Edward Thomas) a'i dai coffi yng Nghaerdydd oes Fictoria, Siôn Blewyn Coch, baner goch Merthyr 1831 a gwaed yr Iesu. Mae'r testun yn ddilychwin a pheth o'r cynnwys yn ddigon diddorol ond rhestr sydd yma yn y bôn yn hytrach na chyfanwaith creadigol.

Cyflyrdd: 'Llaw ddiofal a fydd gwag ...'. Stori fer ddoniol-dywyll sy'n symud, yn ddigon celfydd, o helyntion golchi siwmper goch at olygfa waedlyd y tro-yn-y-gynffon. At ei gilydd, adroddir y stori mewn modd syml a diwastraff ond mae'r arddull yn drwsgl ar brydiau.

Gwawr: 'Coch'. Stori fer fer yw hon (yr ymgais fyrraf o ddigon) ar ffurf cadwyn o un ar ddeg o ddarnau micro. Mae cynildeb y mynegiant yn gweddu'n berffaith i'r testun: dau gariad yn gwahanu, a'u dolur di-eiriau. Dyma awdur disgybledig sy'n gallu rheoli ei ddeunydd. 'Cleisiau cariad' yw'r cochni: dehongliad mwy awgrymog, llai pendant o'r testun nag eiddo'r rhelyw ac nid drwg hynny.

Ogwenna: 'Coch': Dyma glytwaith o bethau cochion – gwaed, machlud, mefus, ac yn y blaen – a'r cyfan, yn y diwedd, yn troi'n fyfyrdod ar henaint a byrhoedledd. Mae'r mynegiant yn loyw a'r sylwadau'n ddigon difyr ond rhestr yw'r gwaith hwn yn ei hanfod, heb ddigon o undod.

Jona: 'Ymson'. Dyma fyfyrdod arall ar henaint a marwolaeth, sy'n ymdrin ag atgofion plentyndod a rhai o'r gwrthrychau (megis sgarff coch yr awdur ifanc) sy'n gysylltiedig â nhw. Mae gorymdrech i gynnwys pethau testunol ond mae yma ysgrifennu tyner a threiddgar.

Bonc Bach: 'Coch'. Stori fer, wedi'i lleoli yn Sbaen, am ddyn a gafodd ddamwain a cholli'i gariad. Ceir llofruddiaeth felodramatig ar y diwedd ac mae'r defnydd o 'coch' ('lliw y diafol a lliw cariad') yn rhy dwt. Dylid chwynnu'r ansoddeiriau'n ddidrugaredd.

Brwydr rhwng cynildeb *Gwawr* a dychymyg byrlymus *Cae Coch* yw hon. Gwaith yr olaf, o'i olygu'n fanwl, sy'n apelio fwyaf at fy chwaeth i. Gwobrwyer *Cae Coch*.

Y Darn o Ryddiaith Greadigol

COCH

Coch ydy lliw daear yr hen bobol

Pam lliw coch? Beth ydy o? Pam galw rhandir cochlyd o ran lliw'r briddell yn Ddaearan 'rhen Bobl?

Ie! Yntê hefyd!

Lliw coch o ran gwaed, dicin i, a berthyn, o ran y lliw sydd iddo, i nifer helaeth o greaduriaid y maes yn ogystal. Mamaliaid ydynt hwythau'n bendifaddau. Dyna'r tyddyn, a llain o dir yn nechrau'r ugeinfed ganrif, ble ceir, er mwyn cynhaliaeth, warthag, ac ambell Gochan yn eu plith; Sunsur yr hwch fagu, a Chochyn y ci.

Safwch lonydd, Wiliam! Ie! chwi Wiliam Jôs, Tŷ'n bonc.

Mi fydd yr ail lun a dynn y ffotograffydd o'n Hysgol Wrthryfal yn ocê, sdi, Wil! Wyt ti'n fy nghlwad i, d'wed?

Crwt sy'n tynnu at ei un ar ddeg mlwydd oed, dyna pwy ydy Wil; dyfodol sicr iddo'n gweithio ar y tir, neu'n dilyn ei dad i un o'r chwareli llechi yn y Blaena'. Mae 'na sôn ar led fod 'na gloddio am aur yn ochor y Ganllwyd 'na, ond ewadd, braidd rhy bell ydy fan honno yn ôl Tada i gerddad yno, ac adra yn eu holau, bob diwrnod, ond ar y Sul. *Nid aur popath melyn chwaith, ebe Jên, ei fam, wrtho.*

Wyt ti'n cofio'r diwrnod tynnu llun yn Ysgol Wrthryfal? Ie'r flwyddyn 1905! Ymhen naw mlynedd, mi fyddai rhai o wledydd Ewrop yn wenfflam i gyd!

Ni fydd yntau, Wil Tŷ'n bonc, ymhen amser, ond un o'r wynebau mewn llun.

Y maen nhw wedi penderfynu ca'l ffotograffydd draw i'r ysgol, ebe Tada.

Ie, un a ddaeth ar y trên cyntaf efo'i holl gêr, yr holl ffordd o dref Pwllheli – cryn bellter – *pen draw'r byd, mewn gwirionedd*, yng ngolwg rhai o'r plantos yng nghefn gwlad. Felly, ffotograff du a gwyn amdani! Does iddo liwiau, a llun felly, hyd yma, heb unrhyw gochni ar ei gyfer! Does ynddo ond disgyblion, athrawon, a chefnogwyr. Yr Ysgol Brotest gynta' rio'd ym Meirionnydd. Creu hanas. Creu stori. Creu cynnwrf.

Dydy hi ond ysgol fechan wledig. Pwy a ŵyr beth fydd ei hanes ymhen can mlynedd? Heddiw, yn y flwyddyn 1905, y mae hi'n effro fyw, ac yn crefu am well addysg, un anghydffurfiol, nid Addysg uchel-aelog Seisnig-Brydeinig, wedi'i sylfaenu ar Gynllun sy'n ymroi i ddoctrineiddio a Phrydeinio cenedlaethau o blant Cymreig eu byd yng nghefn gwlad Cymru.

Mae hi wedi hen droi amser agor yr Ysgol.

Chi yn y rhes gefn, byddwch lonydd, da chwi. Ie, chi, Wiliam Tŷ'n bonc! Mae'r ffotograffydd ar fin tynnu llun. Mae'r ffotograffydd wedi teithio mor bell, a'i amsar yma'n brinnach na hannar sofran, coeliwch chwi fi!

*   *   *

Do! fe dynnwyd ffotograff â chamera wedi'i osod ar dreipod, ond ymhen rhai blynyddoedd, gall pawb weld, o syllu ar y llun, pa mor niwlog o aneglur ydy wynab Wil Tŷ'n bonc, a saif ar y dde yn y cefn. Bu iddo'n sicr symud ei ben yn ystod y ffrwydrad uwchben 'rhen flwch o gamera.

Ymunodd Wiliam â'r Fyddin tra oedd ym Maesteg. Wedi mynd yno i weithio yn y lolfa roedd o.

Rhan o Seithfed Fataliwn Gwŷr Traed yr Amwythig oeddet ti, onide Wil, a Phreifat Wiliam Jones, rhif 13759?

Fe'i lladdwyd ar y 14eg o fis Gorffennaf yn y flwyddyn 1916 yn y Somme, Ffrainc.

Do, gwelodd y mwg, ac mi aeth fel miloedd ar filoedd o Gymry ieuainc yn enw Lloegar i ganol y fflamau.

Rhai cochion?

Rhai mwy na choch! Cochni, weli di, sy bellach yn rhan o fysedd rhyw hen Frenin o Sais, nad oedd ddigon o ddyn, heblaw bod yn Gristion, i gyfaddawdu efo'i gefndar y *Caisar* yn yr Almaen, a'r ddau ohonynt yn honni mai Cristionogion oeddynt.

Ydy o?

Beth ydy o felly – y coch 'ma?

Pensal yn diferu gwaed. Gwaedlyn ar bapur.

Llun o'r haul yn machlud rydw i isio, Cynddelw Llŷr, nid swigyls, a dynion llawn coesa a breichia o blanad golledig yn y nen.

Ies, Mus!

Ia beth, Cynddelw Llŷr?

Ies, Mus! Reiti ho!

Cymeraf y bensal o'm ceg. Af ati i greu fel dwn i'm be.

Dwn i ddim! Oes ystyr iddo o gwbwl? Hy! dyma fi'n fan'ma'n dangos pa mor brysur ydw i.

Da iawn chwi, Cynddelw Llŷr. Daliwch ati!

Ies, Mus!

Ia beth, Cynddelw Llŷr?

Ies, Mus! Reiti ho!

Llenwi'r gwyndar efo awyr sy'n diferu o waed; coed, meysydd, a morfeydd, yn un llawnder o gochni. Daear 'rhen bobol. Hen, hen hanes creaduriaid o ddynion.

Wyt ti'n un o'r Crynwyr?

D'eud dim!

Ydy dy deulu'n Grynwyr? Dy rieni? Perth'nasa?

Yma, efo haul y pnawn yn llifo i'r stafall ddosbarth, ac yn gada'l brychau, miloedd o smotiau cochion, yn nodau ar fy nghroen. Gwae fi rhag hyn i gyd! Plentyn yr haul, nid plentyn Duw, a'r Canol llonydd, ydw i. Dim ond plentyn seith mlwydd oed ydyw i, yn rhyw ddechrau dallt, a dysgu byw!

Mus! Mus! Mi rydw i …

Wedi?

Reiti ho! Wedi ca'l y frech goch!

Dydy gwaed heb fod yn goch, sdi.

Pwy sy'n deud, Gwenllïan? Beth ydy o felly?

Melynder. Fel y stwff ddaw o dwll din chwilan poeri gwa'd!

Bwrlwm mewn gwythiennau; curiadau mewn calonnau.

Mus?

Ia, Cynddelw Llŷr?

Mi rydw i'n rhy hen i anfon homar o lythyr at 'rhen Siôn …

At bwy?

Siôn Corn? Ies, Mus. Hwnnw sy efo gwisg laes goch, a chlamp o farf wen sy'n hongian bron i lawr at ei dra'd o. Ma' hi …

Hi?

Ia, Gwenllïan fy nghariad fach i'n deud mai tyfu barf wna Siôn er mwyn cadw'i dra'd o'n gynnas!

Rhedyn

Ar fy hyd. Gwylio'r cymylau'n teithio'n araf bach uwch fy mhen yn y nen. Y maent yn union fel crwbanod wedi heneiddio hyd nes troi pob cragen o'u heiddynt yn loyw-wynion. Dyma ble'r ydw i, wedi fy amgylchynu efo rhedyn canol yr haf. Mewn llannerch. Ac yn y dyffryn islaw, does fawr o gyffro. Neb oddeutu'r stryd, na'r capel yn Soar. Ar y Sul, mi fydd y parc moduron, ger y capel, yn ddu o foduron. Dim byd yno heddiw, heblaw fen lwyd lawn creithiau Wili Dafydd, Ceunant.

Wrthyf fy hunan. Llygadu pob ffridd o ffurfafen. Yn ugain mlwydd oed. Ar fy hyd yng nghanol y glaswellt efo mur o redyn yn gorlan i'm gwarchod.

Mor wahanol fydd yr hanes ymhen rhai misoedd pryd y bydd yr holl redyn yn troi'n dalpiau o feddalwch llawn marwolaeth.

Wrthyf fy hunan? Nid yn hollol, 'chwaith. Daw cyffro i ddawnsio o'm cwmpas. Gast llwynog a'i chenawon sydd yno'n prancio. Neidiant o gwmpas heb sylwi fy mod i ar fy ngorwedd yng nghanol y rhedyn. Gwelaf o dan flew fy llygaid gynffonnau'n siglo; a'r blew rhuddgoch, ynghyd â chlustiau meinion, yn un cyffro byw. Ie, byd o chwarae, ac ni sylweddolant fod y gelyn-ddyn yn gorwedd wrth eu traed.

Dydy dail y rhedyn ond gwyrdd, a'r pnawn hwnnw ar y llechwedd uwchben Soar, try pob ffurf yn fwy na gwyrddni. Gwelaf yr henaint, a berthyn i gochni. Gwelaf eto ddiwedd ar ryddid.

Pysgodyn

Rargian ninna, rydan ni yma!

Y mae o i gyd yn dy feddwl.

Cof sy gen ti mewn golwg?

Galw di o beth bynnag a fynnot ti. Dydy o ddim yn beth y dylset ti roi dy ffydd yn llwyr ynddo.

Ond mi ddigwyddodd.

Rhyngot ti a'th tipyn gwantan o gydwybod am hynny.

Mi ddigwyddodd, do, wir i chdi.

Glan y 'Cyt', ger fy mhentra mabwysiedig, Y 'Cyt' oedd y ffos a arweiniai i'r traeth, ble ceid llifddorau i warchod y pentref rhag bwystfilwch llifogydd. Tri ohonom ni: dau frawd, Islwyn (Didw oedd ein henw anwes arno), a Jôs, sef Bryn, a oedd ryw damaid yn hŷn o ran oedran nag Islwyn a minnau, a'r ddau ohonynt efo gwalltiau cochion cochach na Gwylliaid Mawddwy!

Os da y cofiaf, roeddem ni i gyd, o ran dysg a dysgu byw, yn dal yn yr ysgol gynradd, dan ddylanwadau byth-oesol Annie Davies-Jones, a'r Prifathro amryddawn, Bennet Wiliams.

Ac yno ar lan y 'cyt', efo'i graffter arferol, a'i amynedd di-ben-draw, mi ddaliodd Islwyn, mewn bwced-fenthyg, glamp o bysgodyn – ie, y *frest goch* (un anghyffredin o fawr)

A dyna ble'r oedd Didw, fy ngwas gwyn i, yn cerdded mor dalog ag erio'd ar hyd ochr y 'Cyt,' gan gadw golwg oddi draw, ac yna'n rhythu'n hir ar y *trysor newydd*, a lechai yn y bwced, a gludai o gwmpas wedi'i gwasgu'n dynn at ei fynwes. Yna, blinodd ar greu sioe, a dyna ada'l y bwced, a'r *frest goch* ynddi, yn llygad yr haul, ar y dorlan. Dyna, pryd y gwnaeth Jôs a minnau ein symudiad!

Tosturi, cydymdeimlad, ond o weld un mewn caethiwed, dyma ddychwelyd cynnwys y bwced i'r ffos. Ni allaf gofio'r hyn a dd'wedodd Islwyn! Ni ddaw ei wyneb i'r cof! Y cyfan a welai Jôs a minnau i'w ganlyn oedd cochni brest y *Doctor Coch/Y Frest Goch*, yn diflannu o'r golwg.

Heddiw ddiwethaf, daeth y digwyddiad yn fyw i'r cof, gan siglo fel petai'n gynffon pysgodyn yn mwynhau ei ryddid yn fy meddwl. Do, bu imi, sawl tro wedi hynny, ddifaru fy ena'd darfu a difetha camp Islwyn, a'i lwyddiant o ddal brenin y *brestiau cochion*, a'r meistr ymhlith ei rywogaeth. Cyfaill oedd o. Teimlwn fel pe bawn wedi lladrata darn o'i fyd oddi arno.

Wyt ti'n Grynwr? Wyt ti'n coelio bod 'na Dduw? Does fawr o wahania'th. Hw'rach mai Comiwnydd o Gymro wyt ti!

Ac yna, o dipyn i beth, yng nghanol lliwiau'r atgofio, daw i ganol y gwlybaniaeth ryw gochni anesboniadwy, na allaf ei alw ond bywyd. Dichon y perthyn i hwnnw holl gryfder ein bodolaeth. Ie'r adnabyddiaeth, y dyfalbarhad, a'r ymlyniad, sy'n un gymysgfa ulw fyw!

Taro

Chwartar awr i dri o'r gloch. Y lle: *Gerddi Soffeia*, Caerdydd. Y mae pymtheg ohonom ni o ran nifer ar y llain chwarae; un ar ddeg o chwaraewyr yn perthyn i dîm criced Northampton, Lloegar, tri dyfarnwr yn eu cotiau gwynion, a llwyth llwydion o siwmperi wedi eu clymu am eu gweisg. Trwyn crwn, coch gan un dyfarnwr; hwnnw, o dan ei babell wen o het, sy'n siarad efo fo'i hun ar hyd yr amsar. Yn batio, y mae Gwyn fy mêt, a finnau. Fy nhro i ydy wynebu'r bowliwr cyflym, Driscol.

Sgoriais hyd yma naw deg a phedwar rhediad. Fy ngelyn ydy'r bêl goch galed. Fy nghyfaill ydy hi pan nad ydw i'n batio. Dyma Driscol, sy'n dangos holl rym ei ddannedd, bron nad ydynt yn cydbwyso ar fla'n ei dafod, yn hyrddio pelan tuag ataf. Gwelaf ei gysgod ef a'r bêl dan flew fy llygaid, a hefyd drwyn coch un o'r dyfarnwyr, a hyd yn oed eisteddleoedd Gerddi Soffeia. A'm holl nerth, trawaf y bêl goch!

Y mae'r ergyd yn diasbedain dros bobman. Synnwn i na chlywsant y glec tua'r Bae 'na yn y Llywodra'th! Hed yn uchel fel rhyw belan-dân, a disgyn yn yfflon i un o ffosydd gwaedlyd y Somme; 'r un lliw bron â rhedyn y llynedd, a gwaelodion, ynte Mus, y wisg berthynol i Siôn Corn, a welodd Cynddelw Llŷr yn ei freuddwydion, a'r fynwes lachar-goch honno, a berthynai i'r 'sgodyn nobl a ddaliodd 'rhen Didw. Yn sicr, os nad yn y Senadd, mi fydd hi'n glanio ymhlith y dyrfa. Cystal, os nad gwell, na chwe rhediad, a'm can rhediad inna'. Thwmp! Clywaf Gwyn, fy mêt, yn curo'i ddwylo. Ond yna, daw eryr o rywle, wedi dianc mae'n debyg o ryw filodfa neu'i gilydd, a thra'n hedfan, cyfyd galedrwydd y bêl griced yn ei grafangau. Ymhen chwinciad, try'n smotyn yn y ffurfafen. Y mae'n anelu am y gorwal, draw tuag at y mynyddoedd, ble ceir *Daearan 'rhen Bobl*, sy'n gym'int rhan o'r gwyndar, a'r gwyrddlesni, oherwydd yno, fe'n dysgir i gadw cwmni, a dysgu byw, efo tamaid bychan caled o gochni.

Cae Coch

Cystadleuaeth i rai sydd wedi byw yn y Wladfa ar hyd eu hoes ac yn dal i fyw yn yr Ariannin

Cyflwyniad cryno o hanes o leiaf chwe addoldy Cymreig y Dyffryn a'r Andes ar gyfer ymwelwyr (heb fod yn llai na 1,500 o eiriau) ar ffurf traethawd, cyfres o negeseuon e-bost neu flog

---

BEIRNIADAETH ROBERT OWEN JONES

Dau a gystadlodd, sef *Patagonia* ac *Aelod*. Roedd y ddau'n amlwg ddigon yn gyfarwydd â hanes yr addoldai a gynhwyswyd yng ngwaith y naill a'r llall ond cyfyngodd *Patagonia* ei hun i chwe chapel yn Nyffryn Camwy yn unig ac ni chrybwyllwyd capeli Godre'r Andes. Taflodd *Aelod* ei rwyd yn llawer ehangach gan roi disgrifiadau o bob achos crefyddol yn hanes y Wladfa. Gan mai llunio cyflwyniad ar gyfer ymwelwyr oedd diben y gwaith, byddai dewis a dethol mwy gofalus wedi bod yn ddoethach. Mae'n wir i *Patagonia* ddilyn canllawiau'r gystadleuaeth a dewis cyflwyno chwe chapel ond teimlaf y dylai fod wedi cynnwys Capel Moriah, Capel Tabernacl (Trelew) a Chapel Bethel (Y Gaiman), ymhlith ei drawstoriad.

Mae'r cyflwyniadau'r ddau'n tynnu sylw at bwysigrwydd crefyddol, diwylliannol a chymdeithasol y capeli o fewn eu dalgylchoedd. Mae'n syndod sylweddoli maint y bwrlwm a'r gweithgareddau a geid o'u mewn – oedfaon addoli, ysgolion Sul, ysgolion cân, cyfarfodydd cystadleuol a pharatoadau eisteddfodol. Mae'n bwysig fod ymwelwyr yn deall mor ganolog oedd y capel i bob agwedd ar fywyd cymdeithasol ardal. Yn wir, lleoliad capel a dalgylch yr aelodaeth oedd yn diffinio ardal.

Patagonia: Dewisodd drafod hanes Capel Berwyn (Rawson), Nazareth (Drofa Dulog), Bryn Crwn, Bethlehem (Treorci), Bethel (Tirhalen) a Dewi Sant (Dolavon). Mae yma ôl ymchwilio ac mae'r ffeithiau hanesyddol yn ddiddorol a dilys. Cynhwysodd dinc personol drwy gynnwys cerdd gan Irma Hughes de Jones yn yr adran ar Fethlehem, Treorci. Wrth drafod Bethel, Tirhalen, cyfeiriodd at ymweliadau'r Indiaid â'r oedfaon yn y blynyddoedd cynnar. Mae'r adran ar Eglwys Dewi Sant hefyd yn llwyddo i dynnu sylw at hynodion yr adeilad hwnnw. Er bod llithriadau yma ac acw (a gaiff eu cywiro gan y Golygydd, mae'n debyg), y rhyfeddod yw fod unigolion na dderbyniodd addysg ffurfiol yn y Gymraeg yn ddigon brwdfrydig i fentro mewn cystadleuaeth fel hon.

Aelod: Ceir ôl ymchwilio gofalus yma a gwneir ymgais i hoelio sylw ar nodweddion a allai fod o ddiddordeb i ymwelwyr. Mae'r adran ar Gapel Berwyn ynghyd â'r un ar Gapel Moriah a'r un ar Gapel Tabernacl, Trelew, yn dra effeithiol. Roedd y cyflwyniad i gapeli'r Andes hefyd yn gweddu i'r dim. Mae'r diwyg yn drefnus a'r dyfyniadau o gerddi ac o'r Ysgrythur yn dra addas. Serch hynny, mae cryn angen golygu ieithyddol ar y deunydd. Ceir adleisiau mynych o'r iaith lafar ond hefyd nifer helaeth o gystrawennau hynafol sy'n gwneud darllen y gwaith yn bur feichus ar brydiau. Rwy'n sicr nad yw *Aelod* (na *Patagonia* ychwaith) wedi derbyn addysg ffurfiol yn y Gymraeg a hynny sy'n esbonio ansicrwydd ac anghysonderau orgraffyddol. Mae'n drueni na fyddai'r gwaith wedi ei gywiro cyn ei gyflwyno.

Bu'n anodd tafoli gwaith y ddau ymgeisydd. Amlygodd y naill a'r llall gryfderau a gwendidau ond rhoddaf y wobr gyntaf o £150 i *Patagonia*, gyda £50 yn mynd i *Aelod*.

Hanes Chwech o Gapeli'r Wladfa

Mae capeli'r Wladfa bron i gyd dros eu cant oed erbyn heddiw. Un o'r rhai cyntaf, Moriah, ger dinas Trelew, yw'r unig un sydd ar dir y fynwent lle claddwyd yr hen Gymry a ddaeth ar y 'Mimosa' yn 1865.

Yn Nyffryn y Camwy, parodd pensaernïaeth y capeli i bensaer enwog ddweud mai 'pensaernïaeth heb benseiri' oedd yr adeiladau syml hyn. Yr oeddynt yn seiliedig ar y patrwm a geid yng Nghymru ond dibynnent ar y defnydd a oedd wrth law i'w codi. Gwyddom na ellid bod wedi cyflawni hyn heb y ffydd a oedd yn perthyn i'r hen Gymry a darllenwn fod angen gweithio'r tir i greu eu cynhaliaeth a gofalu am le i erfyn eu diolchgarwch mewn llawenydd neu dristwch yn y capeli hyn.

O fewn 60 o flynyddoedd, codwyd dros ddeg ar hugain o gapeli ond erbyn heddiw rhyw un ar bymtheg sydd ar eu traed dan ofal parchus. Ar y dechrau, yn y capeli yr oeddynt yn cadw ysgolion dyddiol i blant a hefyd lle i'r gwladfawyr dewr, a ddaethai gyda'r 'Mimosa' yn 1865, ymgynnull i drafod pynciau oedd yn ymwneud â dyfodol y Dyffryn. Dymunwn ninnau goffáu'r Capeli am eu bod yn symbolau tragwyddol o ffydd a threfn.

Tua'r tri degau, o fewn fy nghof i, yr oedd y capeli'n britho dyffryn y Camwy a mannau eraill tua'r Andes. Fel y tyfai'r boblogaeth, roedd angen torri tipyn ar y pellter i bawb gael cyfle i fynychu eu capel. Roedd pawb yn brysur a bywiog a hyfrydwch oedd gweld cymaint o aelodau'n cyrchu pob Sul i gadw tri chwrdd. Ar y dechrau, roedd cerbydau a cheffylau yn cyrraedd yn gynnar i fuarth Capel a phawb yn mynd â'u bwyd gyda nhw er mwyn cael bod yn agos i fynd i gwrdd y pnawn a'r nos. Ni wn ai'r ardal oedd yn cael ei henwi gyntaf ai ynteu'r Capel oedd yn rhoi ei enw ar yr ardal.

Cynhaliwyd yn y capeli wasanaethau Diolchgarwch bob blwyddyn ar ddechrau mis Ebrill, a hefyd Gymanfa Ganu a'r Band of Hope ar gyfer y plant, gyda chymorth y Pregethwr a'i deulu ac roedd rhai mamau'n paratoi'r plant ar gyfer y Gymanfa Ysgolion a'r Nadolig.

Er bod y ffyrdd yn droellog a charegog, 'roedd pob capel yn llawn ar y Sul. Erbyn heddiw, er bod palmant yn cyrraedd y rhan fwyaf ohonynt a golau trydan yn lle'r hen lampau (y byddai'n rhaid eu cynnal a'u cadw ers talwm), gwan iawn yw'r addoldai hyn o ran cynulleidfa a phrysurdeb y dyddiau hyn. Mae'r canu'n wan iawn a does dim pregethwr i gynnal oedfa yn Gymraeg; prin maent yn cael un gwasanaeth yn y mis a hynny dan arweiniad y 'pastor' neu bregethwr Sbaeneg. Mae Cymdeithas Dewi Sant wedi trefnu Cymanfa Ganu ym mhob Capel yn ei dro dan arweiniad pobl ifainc sydd yn gwneud eu gwaith yn gyson a threfnus.

Mae'r cylch haearn a oedd ers talwm yn cau'r giât fawr bellach wedi rhydu ac nid oes pwrpas i gau'r giât – mae'r ychydig foduron yn troi i mewn yn rhwydd ac eithriad yw gweld cerbyd a cheffyl o gwmpas. Ar hyn o bryd, mae sawl aelod o deuluoedd y Capeli mewn oed mawr, ac yn fregus eu hiechyd, ac mae'n dda fod y rhai sy'n estyn eu cymorth yn cadw cyrddau gyda'r plant, yn ein gobaith y bydd y rhain yn barod i lenwi'r bwlch unwaith eto.

Capeli'r Wladfa

Mae'r capeli sydd ar eu traed heddiw, 15 ohonynt, wedi cael eu hadeiladu rhwng 1880 a 1925.

1880: Moriah (Trelew)
1880: Hen Gapel Bethel (Gaiman)
1881: Berwyn (Rawson)
1887: Glan Alaw
1888: Seion (Bryn Gwyn)
1889: Tabernacl (Trelew)
1891: Nazareth (Drofa Dulog)
1894: Ebenezer
1900: Bryn Crwn
1901: Bethel (Tir Halen)

1904:   Bethesda
1908:   Bethlehem (Treorci)
1912:   Salem (Lle Cul)
1913:   Bethel (Gaiman)
1917:   Dewi Sant (Dolavon)
1925:   Carmel (Dolavon)

Agoraf y drws yn awr ar hanes chwech ohonynt sydd ag ychydig iawn o'r ffyddloniaid yn croesi i mewn i gadw cwrdd neu ysgol Sul. Cofiaf pan oedd pob un yn orlawn, flynyddoedd yn ôl a llawer o ofal amdanynt i gadw eu ffydd yn Nuw a natur.

Treuliais fy mhlentyndod yn y Wladfa ar lannau'r Camwy ac rwyf yn un o ddisgynyddion yr hen Wladfawyr. Llwyddodd y Cymry a sefydlodd y Wladfa i gadw'r iaith, y canu a'r holl ddiwylliant crefyddol dan faner yr Ariannin mewn gwlad eang a llwm a thymheredd hollol wahanol i'w hen Wlad. Yr unig gwmni oedd yr Indiaid a oedd yn rhedeg yn ôl ac ymlaen ar hyd llwybrau cul y paith. Daethant yn ffrindiau ac yn aml gwelid llaw wen a llaw dywyll yn cyfarch ei gilydd.

Bu bywyd y Cymry yn llawn gwroldeb ac ewyllys da yn unol â'u ffydd mewn pethau ysbrydol. I ddechrau roeddynt yn cadw cwrdd allan dan yr awyr las. Ymlaen wedyn rhwng pedair wal, ffenestr a drws lle'r oeddynt yn cadw sachau hadau, a phob yn dipyn mewn capeli a godwyd trwy'r Dyffryn ac yn yr Andes bell. Cafodd yr adeiladau hyn eu codi yn ôl patrwm Ewropeaidd ond gyda defnydd oedd wrth law a chymorth adeiladwyr, seiri a phawb o'r gymdeithas oedd wedi ymsefydlu yn yr ardal lle codwyd pob un.

Mae'r Llywodraeth wedi cymryd diddordeb i edrych ar eu hôl ac i'w hagor dan gyfrifoldeb un o'r cylch, er mwyn i dwristiaid wybod hanes a diben y capeli yn y Wladfa. Mae Cymdeithas Dewi Sant, Trelew, yn cefnogi'r syniad o gynnal Cymanfa Ganu ym mhob un unwaith y mis a phobl ifainc fydd yn arwain yn gyson a ffyddlon. Hefyd, cynhelir pregeth yn Sbaeneg unwaith yn y mis pan fydd y drysau'n agored i bawb sydd â diddordeb i gynorthwyo a bod yn aelod o'r gymdeithas. Mae Gŵyl y Glaniad hefyd yn cael ei lle ymhob capel.

Capel Berwyn

Mae ei enw'n gydnabyddiaeth i Richard Jones Berwyn a roddodd y tir ar gyfer adeiladu'r capel cyntaf yn Rawson, Chubut. Cafodd y capel ei godi yn 1881 gan James Bery Rees gyda chymorth y cymdogion.

Roedd y pregethwr cyntaf a gyrhaeddodd yn perthyn i enwad y Methodistiaid Calfinaidd ac felly meddyliwyd am godi'r Capel Bach i ddechrau ond fe'i dymchwelwyd gan lif mawr yn 1899.

Yn ôl a ddywedir mewn ysgrifau ar hanes y Wladfa, roedd y gwasanaeth crefyddol cyntaf a gynhaliwyd wedi i'r Cymry gyrraedd y Wladfa yma yn Rawson y Sul dilynol a hynny yn yr awyr agored. Eisteddai'r rhan fwyaf o'r gynulleidfa ar esgyrn pennau gwartheg a aberthwyd rai blynyddoedd yng nghynt gan weision y Br. Henry Libanus Jones. Tra oedd y Parch. Abraham Mathews ar ei draed, pregethai mewn eiddgarwch neilltuol. Cawsant le dan do wedyn mewn ystafell fach a oedd yn cael ei defnyddio fel ysgubor. Ei defnydd oedd mwd a gwellt ond wedi iddynt benderfynu gwneud Capel mwy, codwyd hwnnw â briciau a chyda tho sinc arno gyda dau rediad dŵr. Roedd yn mesur 5m ar y ffrynt, 8m o hyd a 4m o uchder, gyda drws ar y ffrynt a chwe ffenestr fach. Ychydig flynyddoedd yn ôl, cafodd ei weddnewid; rhoddwyd iddo gôt o galch a thywod a dŵr ar ei waliau a newid ei wedd, gan golli ei edrychiad gwreiddiol. Mae ynddo gwrdd bob Sul dan arweiniad pregethwr mewn Sbaeneg.

Capel Nazareth, Drofa Dulog

Tua 1881, codwyd y Capel Bach o briddfeini heb eu trin a bach iawn oedd ei faint. Fel yr oedd y boblogaeth yn tyfu, penderfynwyd adeiladu'r Capel Newydd yn 1891 ar ôl tynnu'r llall i lawr. Gweithiodd yr adeiladydd trwy'r gaeaf, gyda chymorth rhai o'r teulu, gan gario dŵr o'r afon mewn casgenni. Mae dau ddrws i fynd i mewn iddo, a chwech o ffenestri, a'r festri ag un drws a dwy ffenestr. Cafwyd yma Ysgol Elfennol genedlaethol Rhif 13 tan 1917 pan adeiladwyd ysgol gan y Llywodraeth. Yr athro cyntaf oedd J. Carrog Jones ac mae Ysgol 13 yn cario'i henw hyd heddiw. Cofir hefyd am gorau enwog yr athro John Carrog Jones a enillodd lawer gwaith yn Eisteddfodau'r Wladfa.

Mae Mrs Uriena Rhys Lewis wedi mynychu'r capel yma am dros hanner can mlynedd, gan ei bod yn byw yn yr ardal ac wedi gofalu am y capel a chadw'r cyfrifon ers y dechrau, Gyda Chymanfa Ganu y maent yn dathlu pob pen-blwydd ym mis Ionawr. Mae dwy briodas wedi eu cynnal yno a chynhaliwyd yr Ysgol Sabothol a'r Band of Hope yn gyson. Erbyn heddiw, fodd bynnag, mae'r capel yn cadw un cwrdd y mis yn Sbaeneg, ar y Sul diwethaf o bob mis, a dyrnaid bach o sefydlwyr sydd yn bresennol. Prynwyd yr organ gan y Br. Adna Davies o ardal Tir Halen a phan ddaeth y llif mawr yn 1899, codwyd yr organ i ben tas wair er mwyn ei chadw rhag difrod.

Capel Bryn Crwn

Teithiai cwch bach yn cario rhai cymdogion o'r ardal yn araf dros y dŵr a guddiai'r Dyffryn o fryn i fryn yn 1899. Gwelsant nad oedd y capel yr oeddynt wedi'i godi yn 1884 ar ei draed. Felly, unodd y gwahanol enwadau a chynnal cyrddau mewn tai o gwmpas yn yr ardal.

Oddi ar y cwch, gwelsant boncyn oedd yn uwch na'r dŵr ac mewn lle sych; roedd yn perthyn i gymdoges, Mrs Mariani, ac mi ddaru hi gytuno i'w roi 'gan fod pob tir yn perthyn i Dduw' yn ôl a lefarodd. Ymunodd pawb yn yr ymdrech i godi capel arall ond erbyn i'r mesurydd wneud ei waith gwelwyd ei fod ar ganol ffordd bwysig, felly gorfu iddynt ei chwalu. Yn 1900, roedd Capel Bryn Crwn wedi'i godi ar y boncyn lle mae i'w weld yn urddasol heddiw. John Davies oedd yr adeiladwr a gwnaed y gwaith gyda chymorth James Rolands, Llywelyn Griffiths ac Egryn Evans.

Dyma ei faint: 6m o ffrynt, 12m o hyd a 5m o uchder, gyda meinciau yn y canol, gan adael y ddwy ochr yn glir i'r cerddedwyr. Hefyd, mae'r festri ar y llaw dde. Gofalwyd yn dda amdano a gwelir lluniau ar y wal yn atgoffa pobl am yr adeg pan oedd yr ardal yn llawn o ffyddloniaid ynghyd â theulu'r Band of Hope gyda degau o blant. Pan ddathlwyd y canmlwyddiant, gosodwyd plac ar ddarn o garreg yn agos i'r adeilad i gofio'r achlysur.

Capel Bethlehem, Treorci

Fy Nghapel i
gan Irma Hughes de Jones

Yn faban fe'm dygwyd iddo
Ar fraich fy mam,
Ond ni chofiaf ddim am hynny
Na chynnau'r fflam.

Heb wybod, fe'm hunwyd rywfodd
Â'r ffyddlon lu,
A'r weddi, y gân a'r bregeth
Fu imi'n gu.

Teml ddigyntedd, lle cyrchodd
Ein tadau gynt,
Lle cyrcha ieuenctid heddiw
Ar ddedwydd hynt.

Lle cawn brofi o'r ŷd a'r grawnwin,
Ar esmwyth lawr,
A benthyg rhosynnau'r machlud
I liwio'r wawr.

Mae ein llenores annwyl, sydd wedi ein gadael bellach ers deng mlynedd,
yn dweud hefyd fod 'mynd i'r capel' yn rhan o'i hatgofion cynharaf a dyna
hanes llawer eraill o'i chenhedlaeth hi. Cafodd ei chapel hi ei agor yn 1908
wedi i'r ddau gyntaf gael eu dymchwel gan y llifogydd tua 1899; yn y
diwedd, cawsant ddarn o dir uchel i adeiladu arno.

Roedd y cyntaf un, o'r enw Frondeg, yn perthyn i enwad y Bedyddwyr, a'r
rhan fwyaf o'r aelodau wedi cyrraedd ar y 'Mimosa' yn 1865. Fe agorwyd
y capel yn 1878. Roedd mynwent fach rhwng yr adeilad a'r afon. Cedwid
yno ysgol ddyddiol i blant a chynhaliwyd hefyd Eisteddfod yno yn 1880 ac
yn 1882, pan drosglwyddwyd Cadair i'r bardd Thomas G. Pritchard, 'Glan
Camwy'.

Bethlehem oedd yr enw a awgrymwyd i'r capel newydd a agorwyd yn 1908.
Adeiladwyd hwnnw gan y gwŷr Robert T. Williams a Harri Ll. Thomas, a
Llewelyn Griffiths wnaeth drin y gwaith coed. Roedd dau ddrws i fynd
i mewn a safai'r pulpud rhwng y ddau ddrws. Cafodd yr organ ei gosod
ar y canol, yn agos i'r ail res o feinciau ond adeg dathlu canmlwyddiant y
Wladfa (1965), cafodd y capel ei atgyweirio a symudwyd y pulpud i'r wal
gefn lle gosodwyd yr organ hefyd. Yna, agorwyd drws ar y dde i fynd i
mewn i festri a adeiladwyd ar gyfer gwahanol weithgareddau'r capel ac
yno mae croeso i gael cwpanaid o de a danteithion ar ôl y cwrdd neu wedi'r
Gymanfa Ganu pan fydd y capel yn llawn o bobl ieuainc yn cymryd rhan
yn arwain ac yn paratoi ar gyfer y lluniaeth yn y festri.

Mae pregethwyr oddi yma ac o Gymru wedi bod yn traethu'r gair yn
ystod y blynyddoedd ac mae'r capel dan ofal y Br. Mario Jones sydd wedi
cyhoeddi llyfr dwyieithog i gofio am ganmlwyddiant y capel. Cedwir y
capel bach yn dwt ac yn lân ac mae'n bleser mynd yno a gweld lluniau'r hen
ffyddloniaid a fu mor selog i'r capel ar y pedair wal.

Yn ôl yr hanes, bu'r Capel yn llawn yn ei amser o holl drigolion y fro ac
ar y Sul roedd gwahoddiad i'r pregethwr fynd i gael cinio gyda theulu o'r
ardal. Cofiaf unwaith pan oedd Mrs J., â'i phlentyn yn ei llaw, yn cwrdd â'r
pregethwr ac yn gofyn iddo: 'A ddewch chwi draw i ginio, Mr –?' Gwelent
fod y Parchedig yn ymddangos yn amheus ond yn ddiolchgar, a dywedodd
y crotyn bach: 'Ie, dewch Mr –, i mam gael agor y tun *peaches* sydd ar eich
cyfer!'

Capel Bethel, Tir Halen

Yn yr amser cyn adeiladu'r capel, roedd y ffyddloniaid yn cyfarfod yn nhŷ David Rowlands, ac yn agos at y fan honno y codwyd y capel cyntaf ar y 1af o Ionawr 1888, pan bregethwyd gan y Parch. Morris Humphreys a ddaeth yma gyda'r 'Mimosa' (1865).

Annibynwyr oedd y rhan fwyaf ohonynt. Yn 1892, codwyd yr ail gapel a alwyd yn Bethel – diflannodd hwnnw yn ystod llif mawr 1899. Yno y bu'r ysgol ddyddiol yn yr ardal gyda'r athro enwog Owen R. Williams. Yn 1892, cododd enwad y Methodistiaid Calfinaidd eu capel ar dir Owen Roberts ond chwalwyd hwnnw hefyd gan y llif. Erbyn 1901, roedd y capel sydd mewn bod heddiw wedi'i godi, gyda'r un enw, 'Bethel', ac ymunodd pob enwad trwy'r Dyffryn i'w adeiladu.

Mae'n mesur 9m ar y ffrynt, 14m o hyd a 5.5m o uchder, ac mae festri ynghlwm ar yr ochr yn 10m o hyd a 9m o led, drws ar y ffrynt a thair ffenestr. Adeiladwyd â briciau coch a rhai eraill heb eu trin. Y briciau coch sydd fwyaf cadarn ar y ddwy ochr. Mae'r to o goed wedi'i leinio â sinc ac mae preniau cryf yn ei ddal at ei gilydd rhag i wyntoedd cryfion ei godi. Unwaith yn y mis y mae cwrdd ac nid oes pregethwr sefydlog. Mae dathlu Gŵyl y Glaniad yn cael ei le erioed a llawer o fri o'i gwmpas. Hefyd mae'r Gymanfa Ganu'n cael ei dathlu yn ystod y flwyddyn gyda chefnogaeth Pwyllgor Dewi Sant.

Yn ôl yr hanes a gefais gan fy modryb hynaf, roedd y capel hwn yn agos i lwybr a gymerai'r brodorion i ddod i lawr i'r dyffryn ac yn aml deuent at y capel i wrando ar y canu. Rhoddent eu dwylo'n gysgod dros eu llygaid ac edrychent trwy'r ffenestri ac yn y man deuai'r pregethwr neu ryw ddiacon allan a'u gwahodd i mewn. Eisteddent yn dawel a distaw nes gorffen y cwrdd, wedi cael eu plesio'n arw. Fel y rhannwyd meinciau'r ysgol, rhannwyd hefyd feinciau'r capel, gyda'r Indiaid.

Eglwys Anglicanaidd Dewi Sant, Maes Teg, Dolavon

Hen Gloch Llanllyfni
Myfyr ar nos Sul yn y Wladfa
(Anfonwyd hen gloch Eglwys Llanllyfni yn rhodd i Eglwys Llanddewi, Dyffryn Uchaf y Wladfa)

A mi yn sefyll yn y cwrdd,
A'r llyfr emynau yn fy llaw,
Ar hwyrddydd tawel yn y wlad,
Fe ganai Cloch Llanddewi;

Cloch a fu'n canu 'mhell yn ôl
Yng nghlochdy hen Llanllyfni.

Y Gloch a glywsai'r 'Hen Dalsarn'
Pan âi ar hynt i draethu'r Gair,
Ac yn ei sŵn bu Robert Jones
Yn cerdded i addoli;
A saint y fro a frithai'r ffyrdd
Yn sŵn hen Gloch Llanllyfni.

Yn ymyl y bedyddfaen llwyd
Y safodd mamau llawer oes
I roi eu plant yng ngofal Iôr
Rhag maglau byd a'i rwydi;
Atebwyd gweddi llawer mam
Yn sŵn hen Gloch Llanllyfni.

Aeth llawer mab a merch drwy'r porth
At allor serch â chalon lon,
I ddechrau byw ar fore teg,
A'u bywyd yn ddilenni;
Fe unwyd llawer dau yn un
Yn sŵn hen Gloch Llanllyfni.

Cerddodd angladdau trwy'r glwyd,
Gan wrando ar y pruddaidd gnul,
A gobaith bywyd dan ei glwy,
A'u calon wan yn torri
Wrth ddilyn elor tua'r bedd,
Yn sŵn hen Gloch Llanllyfni.

Fe gododd gwawr ar dywyll nos,
Wrth wrando'r Rheithor yn ei ŵn
Yn sôn am atgyfodiad gwell;
Daeth cysur yn y cyni
Wrth ganu'r emyn am y Nef
Yn sŵn hen Gloch Llanllyfni.

R. J. Jones

Yn 1883, cyrhaeddodd y Parchedig Hugh Davies, yn 50 oed, gyda'i deulu, ei wraig a phedwar o blant i'r Wladfa o ddinas Bangor (Cymru). Y syniad cyntaf oedd dod drosodd am bum mlynedd i weithio gyda'r gynulleidfa Anglicanaidd ar ffarm N°263, yn agos i Dolavon – Maes Teg yw enw'r ardal

– ond estynnodd y pum mlynedd tan y diwrnod y bu Hugh Davies farw ar yr 16 o Hydref, 1909.

Yn 1891, adeiladwyd yr Eglwys ar ffarm rhwng y Gaiman a Dolavon. Cafodd yr Eglwys gyntaf yma ei chodi â blociau o glai a tho sinc a throsglwyddwyd y deml a hectarau o dir o gwmpas am ddim.

Yn 1909, daeth gwynt cryf, stormus a ddistrywiodd ran o'r adeilad ac er i'r Eglwys gael ei hailgodi, oherwydd rhyw ansicrwydd, cafodd ei chwalu yn 1914 ac adeiladwyd yr Eglwys newydd, bresennol yn ei lle, gyda chynllun y Parch. David Williams o Eglwys Anglicanaidd Sant Marcos, Trelew, ac fe orffennwyd yr adeilad yn 1917. Yr adeiladydd oedd Edward Lewis o'r Gaiman a'r saer oedd William Williams.

Daeth y gloch sydd yn nhop y tŵr o Lanllyfni yn Arfon (Cymru) lle bu'n gweithredu am 300 o flynyddoedd. Daeth y cymorth ar gyfer codi'r Eglwys gan y Sociedad Anglicanaidd o'r Brifddinas, Buenos Aires, a hefyd o gasgliad gan y gymdeithas Anglicanaidd yma. Y pregethwr diweddaraf, yn y gorffennol, oedd y Parch. Rhys Rees a ddychwelodd i Gymru wedi'r Ail Ryfel Byd. O hynny ymlaen, bu'r Eglwys dan ofal Hopkin Davies (tad Rebeca) a'i frawd, meibion Hugh Davies, a buont yn ffyddlon yn ei gwarchod rhag iddi gael unrhyw niwed.

Yn 1965, aed â'r meinciau a'r pulpud i Gapel Berwyn yn Rawson, y capel cyntaf a gododd y Cymry yn 1868 ac a chwalwyd gan y llif mawr yn 1899. Cafodd yr Eglwys ei hailgodi ymhen amser, wedi'i hatgyweirio, a'i hagor yn y flwyddyn 1989; a thrwy gyfundrefn Eglwys Anglicanaidd yr Ariannin, dewiswyd pregethwr sefydlog, er yn awr ac yn y man daw pregethwr o'r Brifddinas i roi neges. Mae'r pulpud a'r bedyddfaen, yr organ, y llyfrau a'r 'Projector hanesion y Beibl' i gyd yn cael eu cadw y tu mewn i'r Eglwys. Mae'r meinciau wedi dod o gapel Glan Alaw a gaewyd. Mae'r adeilad wedi ei godi yn y steil Gothig, gyda briciau coch a tho o bren wedi'i orchuddio â sinc. Mae wedi ei chynllunio ar ffurf Z, gan fod y festri'n rhan ohoni. Y tu allan, mae'r tŵr, lle mae'r gloch, 12 metr o'r llawr, a dyna'r unig dŵr sy'n sefyll yn amlwg o holl gapeli Dyffryn Camwy. Ger yr eglwys, mae tŷ ar gyfer y pregethwr, wedi'i ffurfio i gadw'r cyfan yn weddus a hardd mewn ardal deg, sef Maes Teg.

Patagonia

ADRAN DRAMA

Y Fedal Ddrama
er cof am Urien William

Cyfansoddi drama lwyfan heb unrhyw gyfyngiad o ran hyd. Gwobrwyir y ddrama sydd yn dangos yr addewid mwyaf ac sydd â photensial i'w datblygu ymhellach o gael cydweithio gyda chwmni proffesiynol

---

BEIRNIADAETH SARA LLOYD A ROGER WILLIAMS

Derbyniwyd tair ymgais ar ddeg a braf oedd cael ystod eang o ddramâu ar amryw o themâu. Roedd y ddau ohonom yn gytûn ein bod am wobrwyo drama theatrig a oedd yn perthyn i'r llwyfan yn hytrach nag i unrhyw gyfrwng dramatig arall.

Yn gyffredinol, roeddem yn siomedig fod cymaint o'r dramâu'n ymwneud â themâu tywyll a du. Nid yw sefyllfa dywyll o reidrwydd yn golygu bod y sefyllfa a bortreadir yn sefyllfa ddramatig. Roedd gormod o'r dramâu'n canolbwyntio ar adrodd hanes cymeriadau ac yn cyfeirio at ddigwyddiadau yn y gorffennol. Mae stori a adroddir yn y presennol, stori a welwn yn esblygu ac yn datblygu o flaen ein llygaid a thrwy weithredoedd byw'r cymeriadau, yn tueddu i gynnig profiad mwy dramatig a boddhaol.

Mae nifer o'r dramâu wedi eu seilio ar gysyniadau creadigol a diddorol iawn. Byddai'r ddau ohonom wedi dymuno gweld yr awduron yn adeiladu ar y cysyniadau dechreuol hynny a'u datblygu er mwyn creu dramâu mwy swmpus a chyfoethog. Siomedig, hefyd, oedd gweld bod y menywod sy'n ymddangos yn y dramâu yn cael eu portreadu'n gyffredinol fel cymeriadau ymylol. Yn aml iawn, sonnid am fenywod a oedd yn ganolog i straeon y dramâu ond roedd y cymeriadau hynny'n absennol neu'n ddi-lais. Roedd y portread o'r cymeriadau benywaidd hefyd yn dueddol o fod yn negyddol.

Sappho: 'Y Gomedi Ddagreuol'. Drama fer yn portreadu cyfnodau allweddol ym mherthynas gŵr a gwraig. Gwelwn brofiadau cyffredin, y ddau'n cofio digwyddiadau o'u hanes ond drwy eu hanghytuno yr ydym yn dod i adnabod y ddau a dynameg eu perthynas nhw. Mae'r awdur yn llwyddo i daflu goleuni ar fyd y cwpwl gyda deialog sy'n bachu ac nid yw'n dibynnu ar esbonio. Hoffem fel yr archwiliwyd yr adegau bychain, dibwys mewn bywyd sy'n datblygu i fod yn bethau sy'n newid trywydd bywyd. Teimlem fod lle i esblygu cysyniad y ddrama i wneud y ddrama'n fwy sylweddol ac i chwilio am y ddrama yn sefyllfa'r cymeriadau.

Seth: 'Gwerthoedd Cymharol'. Dau gymeriad yn adrodd hanes eu perthynas garwriaethol o safbwyntiau gwahanol. Archwilir beth yw atgof a sut yr ydym yn dewis cofio digwyddiadau o'n gorffennol. Mae mwynhad i'w gael mewn clywed atgofion gwahanol y cymeriadau a cheisio dyfalu beth yw'r wir stori. Mae mwy o le i ddatblygu'r cymeriadau ac i wahaniaethu rhwng ieithwedd y ddau. Mae'n gysyniad diddorol ond nid aeth y dramodydd i'r afael â'r hyn sydd yn ddramatig ym mherthynas y ddau. Er ein bod yn hoff iawn o'r cysyniad, mae'n cyfyngu ar esblygiad y gwaith. Mae potensial i'r awdur fynd yn ddyfnach ac i ddweud llawer mwy am y cymeriadau a'r ffordd y mae pobol yn dehongli digwyddiadau yn eu bywydau.

Dolce Vita: 'Heb law mam'. Drama ddynol ac emosiynol sy'n portreadu teulu sydd ar fin colli mam ac yn methu dod i delerau â'r golled. Dyma ddramodydd hyderus gydag uchelgais i bortreadu cymeriadau gyda deialog gredadwy a real. Nid oes arno ofn portreadu bywyd ac emosiynau cryf, nid yw'n dal yn ôl ac mae'n fodlon mynd i lefydd anghyfforddus. Yr oedd y ddrama yn y golygfeydd cyntaf yn chwarae gyda'r arddull – y rhannau corfforol yn hynod ddiddorol – ond roedd yr arbrofi'n mynd yn angof wrth i'r ddrama fynd yn ei blaen. Ceisiem ddyfalu pam yr oedd hyn wedi digwydd a theimlem fod angen i'r dramodydd benderfynu beth yw'r arddull orau ar gyfer y gwaith wrth iddo/iddi fynd ati i ailddrafftio.

Dorcas: 'Yn y Dechreuad'. Dehongliad o stori Adda ac Efa; drama sydd nid yn unig yn adlewyrchu hanes Beiblaidd ond yn gofyn cwestiynau mawr am natur perthynas unigolyn â Duw. Roedd defnyddio iaith ffurfiol yn amlwg yn ddewis bwriadol ac efallai'n pennu cyfnod ond yn ein pellhau oddi wrth y cymeriadau. Roedd y datblygiad dramatig fymryn yn araf.

Croesi Dwylo: 'Cyngor Cyfun'. Gwaith sy'n trin nifer o bynciau cyfoes, gan gynnwys cam-drin plant, priodasau hoyw a menywod sy'n cytuno i gael plant ar ran pobol eraill. Yn hytrach nag amlygu'r sefyllfaoedd dramatig ar y llwyfan, mae'r awdur wedi dewis eu trin a'u trafod mewn golygfeydd gyda therapydd. Mae'r awdur yn colli cyfle i fynd i'r afael â sefyllfaoedd dramatig iawn.

Y Dramodydd: 'Cymeradwyaeth'. Drama sy'n edrych ar natur theatr a safonau'r sîn theatr Gymraeg bresennol. Mae'r dramodydd am i'r gynulleidfa gael eu herio gan arddull a natur y gwaith ac yn mynnu ein bod ni'n gwerthuso ein diwylliant theatrig. Oherwydd hynny, ni fyddai'r ddrama at ddant pawb. Mae'r awdur wedi cael ei ysbrydoli, neu ei gythruddo, gan ddramâu o draddodiad theatr gelyniaethus. Archwiliad diflewyn-ar-dafod sy'n barnu chwaeth ein cyfarwyddwyr artistig ac yn cymharu cynyrchiadau cwmnïau theatr Cymru â gwaith sy'n cael ei greu'n rhyngwladol. Mae'n ddrama sy'n cynnig profiad theatrig heb os ond mae'n rhedeg allan o stêm tua'r diwedd ac mae'r diweddglo'n siomedig o gymharu â'r pethau mawr y mae'r dramodydd yn ceisio'u dweud.

Non Bobo Marina: 'La Primera Cena'. Dramodydd hyderus sydd wrth waith yma, yn adrodd stori dyn yn cyfarfod â'i dad am y tro cyntaf ers deng mlynedd ar hugain. Mae'n strwythuro'r ddeialog gyda chrefft a dychymyg ac yn llwyddo i fachu'r gynulleidfa. Pedwar cymeriad diddorol, clir a gwahanol i'w gilydd, er bod y ddau ohonom yn teimlo nad oedd y menywod yn y ddrama wedi cael y sylw a haeddent. Mae lle i ddatblygu hyn yng nghyd-destun y darlun gan Davni Elvira sydd wedi ysbrydoli'r gwaith ac i fynd yn ddyfnach i esblygu'r drafodaeth am natur ein perthynasau ni.

Ap Emlyn: 'Cofio'r geiriau'. Portread o ddau ddyn mewn oed yn byw mewn cartref i'r henoed ac am wahodd 'Hogia Llandegai' i berfformio yno. Drama am gof, colli cof ac wynebu henaint. Roeddem yn hoff o'r defnydd o ganeuon i adleisio sefyllfa'r ddau; roedd yn ychwanegu haen arall yn ddramatig. Dechrau stori sydd yma ac roedd y ddau ohonom am weld y cymeriadau'n mynd ar ryw fath o daith. Mae lle i'r awdur ddatblygu'r stori'n sicr er mwyn creu sefyllfaoedd dramatig a mynd i fyw teimladau'r ddau.

Shem: 'Tradwy'. Mae'r ddrama'n trafod themâu sy'n cynnwys ofn, rhyfel, protestio a cholled. Mae'r awdur wedi creu cymeriadau llawn, gyda gorffennol sydd yn eu gyrru. Mae gafael dda ar iaith yma ac mae'r awdur wedi creu ieithwedd wahanol i'r tri chymeriad. Mae defnydd o symbolau a delweddau cryf yn y darn. Er hynny, ni chawsom ein darbwyllo am bwysigrwydd symbol yr esgid. Roedd yr awdur wedi creu byd cyflawn a'r teimlad o gymdeithas wedi ei pharlysu ond roedd neges a byrdwn y ddrama'n aneglur.

Mabon: 'Y Cynhebrwng'. Mae gan y ddrama hon agoriad cryf sy'n dal y dychymyg. Mae'r awdur yn chwarae gyda'r ffurf theatrig drwy gael ysbryd y tad ar y llwyfan yn cynnig sylwebaeth ac yn llywio meddyliau ei fab. Roeddem yn hoff o'r archwiliad o'r berthynas rhwng y fam a Ceri. Roedd addewid cryf yma ond roedd y ddrama'n colli ei ffordd wrth iddi fynd yn ei blaen. Roedd y defnydd o gymeriad Cerys yn rhy syml a'r wybodaeth fod Ceri wedi lladd ei dad yn dod yn rhy hawdd o ystyried bod seicoleg y cymeriad mor gymhleth ar y dechrau.

Diweddgan: 'Y Sais Drws Nesa'. Mae'r awdur yn ein harwain i fyd tywyll rywle yn y dyfodol agos lle mae'r Gymraeg wedi ei herlid. Wedi rhyfel yn erbyn gelyn iaith Seisnig, mae pob siaradwr Cymraeg wedi ei ddal a'i ddiddymu. Mae'r awdur yn ymgorffori'r hyn a deimla sy'n digwydd i'r iaith. Ar brydiau, mae'r themâu hyn yn teimlo'n llawdrwm. Nid yw sefyllfa'r ddrama'n caniatáu trafodaeth fwy cytbwys ac ystyriol am dynged yr iaith a'r camau y mae angen eu cymryd er mwyn sicrhau ei dyfodol. Er hynny, roedd deialogi braf yma ac arddull gref a chyson drwy'r gwaith.

Terry a Tony: 'Y Pechadur'. Cawn ddarlun clir o orddibyniaeth mam a rhwystredigaeth mab fel dyn aeddfed wedi ei gadwyno i'w fam. Dilynwn daith Gene, y mab, yn ei ymgais i'w ddatgysylltu ei hun o'r berthynas lethol a chamu i'r byd y tu allan i'w fflat. Mae dechrau'r ddrama'n cynnig gormod o wybodaeth am sefyllfa'r ddau ac yn ein harwain yn gynnar iawn, gwaetha'r modd, at ddyfalu beth fydd diwedd y stori. Mae defnyddio hen ffilmiau i greu byd ffantasi afreal yn amlygu sefyllfa'r cymeriadau'n dda ond mae lle i esblygu taith Greta ac i fod yn gynilach ynglŷn â theimladau'r prif gymeriadau tuag at Sonia, y dieithryn.

John Harri: 'Jaria'. Mae'r awdur yn ein swyno i fyd naturiolaidd yr ydym yn ei adnabod ond gyda thro swreal. Mae cysyniad diddorol wrth wraidd y syniad hwn: siop lle gellir profi synau wedi eu dal mewn jariau sydd ar silffoedd. Mae'n ddrama sy'n trafod pŵer atgofion, ein cof personol a'n cysylltiad gyda'r gorffennol. Sefyllfa ddifyr ond teimlem ein dau fod llawer mwy i'w archwilio yn y testun cyfoethog hwn er mwyn dod o hyd i sefyllfaoedd dramatig. Man cychwyn addawol, efallai, ar gyfer drama ddiddorol ac unigryw.

O'r tair drama ar ddeg a ddaeth i law, roedd y ddau ohonom yn unfrydol fod tair wedi cyrraedd y brig, 'Cymeradwyaeth', 'Heb law mam' a 'La Prima Cena'. Roedd llawer iawn i'w edmygu yn y tair hyn. Mae 'Cymeradwyaeth' yn uchelgeisiol iawn ond gan fod y ddrama'n beirniadu dramâu eraill, teimlem fod y dramodydd wedi gosod iddo'i hun safon uchel iawn i'w chyrraedd. Er mwyn ein darbwyllo ni am yr hyn sydd ganddo/ganddi i'w ddweud, mae'n rhaid i'r gwaith ein bodloni gant y cant. Gwaetha'r modd, nid oedd diwedd y ddrama'n gwneud hynny.

Mae 'Heb law mam' yn arbrofi gydag arddull ac mae llawer i'w edmygu am y cymeriadu a'r ddeialog reddfol ac angerddol. Mae gafael dda ar iaith yma. Rhaid canmol yr awdur am fynd ati i greu nifer o gymeriadau llawn a byd cyflawn. Roedd diwedd y ddrama'n siomedig gan ei bod hi'n dechrau mynd yn sebonllyd, gyda'r dramodydd efallai'n teimlo bod angen adeiladu at *grescendo* dramatig a oedd yn groes i arddull gweddill y darn.

Mae 'La Primera Cena' yn ddrama hyderus sy'n cydio o'r dechrau ond fel y ddwy arall yn colli ei ffordd rywfaint tuag at y diwedd. Ond mae'r ddrama'n gosod sefyllfa gyfoethog ac yn trin y deunydd mewn ffordd wreiddiol. Y mae dyfnder yma a chymhlethdod i'r cymeriadau.

Wedi cryn drafod, mae'r ddau ohonom yn unfrydol fod y Fedal Ddrama'n cael ei chyflwyno i ddrama sy'n theatrig, yn ddramatig ac yn dangos dealltwriaeth o grefft y dramodydd. Enillydd y Fedal Ddrama eleni yw *Non Bobo Marina*.

Addasu un o'r canlynol i'r Gymraeg: 'One Man Two Guvnors' (Richard Bean), 'Joking Apart' (Alan Ayckbourn), 'Dream Play' (August Strindberg), 'Five Kinds of Silence' (Shelagh Stephenson)

BEIRNIADAETH LYN T. JONES

Derbyniwyd pum ymgais ond cyfieithu yn hytrach nag addasu a gafwyd yn y rhan fwyaf ohonynt. Mae 'addasu' yn rhoi'r hawl – ac yn disgwyl – i'r ymgeiswyr fod yn fwy creadigol. Dylai'r gwaith terfynol fod yn Gymreig ei naws neu gollir ei berthnasedd yn llwyr.

Dewisodd dau ymgeisydd addasu 'Joking Apart' (Ayckbourn), lle ceir dathliad ynghyd â beirniadaeth finiog ar fywyd y dosbarth canol, ac wrth bortreadu'r holl niwrosis gwahoddir ni'r gynulleidfa i chwerthin am ein pennau ein hunain. Cawn Richard ac Anthea yn bâr (ond nid priod) perffaith, sy'n llwyddo i gawlio bywyd pawb o'u cwmpas. Y dosbarth canol Seisnig a bortreadir ac mae hynny'n gwneud addasu'r ddrama fymryn yn anos.

Gretta Mai: 'Cellwair Cuddiedig' (Ayckbourn). Lluniwyd deialog ddigon naturiol, gyda chyffyrddiadau o dafodiaith Ceredigion yn rhoi lliw i'r cyfan, er bod brychau iaith yn amharu ar y cyfanwaith. Cadwyd at enwau'r cymeriadau gwreiddiol ond nid yw'r jôc am 'Hugh/You' yn gweithio. Ceir amryw o linellau sy'n gyfieithiadau a bair i ambell araith swnio'n annaturiol a chlogyrnaidd – e.e. '*Dim ond dweud na fydd yn gwneud llawer o les iddo, fydd e?*'. Ambell dro, newidir yr ystyr yn llwyr – e.e. '*ma'r crwt yn hanner call*' yn lle '*dyw'r crwt ddim hanner call*'. Onid oes llyfnder yn y ddeialog, mae'n anodd i actor lefaru'r geiriau – e.e. '*Fydden ni'n hoffi pe baet ti ddim yn siarad fel hyn*'. Onid gwell: '*Hoffwn i 'taet ti ddim yn siarad fel hyn*. Ni fu fawr o addasu ar y gwreiddiol, mae arnaf ofn.

Fflur: 'A Bod o Ddifrif' (Ayckbourn). Trowyd Richard ac Anthea yn Geraint ac Alwen ac er nad yw eu hailfedyddio yn Cymreigio'r sefyllfa wreiddiol, mae tipyn mwy o addasu yma. Fel gyda'r ymgeisydd blaenorol, mae cadw'r enw Huw yn colli'r jôc Seisnig. Ceir rhai cyffyrddiadau arbennig o ddyfeisgar – e.e. symud Siôn o Lychlyn i Ynys Môn (Gwlad y Medra) i adlewyrchu ei gymeriad gallu-gwneud-pob-dim. Yma eto, mae cyfieithu'n hytrach nag addasu'n peri i linellau swnio'n glogyrnaidd i'w llefaru (try '*oy, oy, oy! Hands off* yn '*oi,oi,oi! Cadwch eich dwylo i ffwrdd*'). Oherwydd y ddeialog herciog annaturiol achlysurol, collir llawer o'r hyn sy'n ganolog i'r gomedi ond gwnaethpwyd ymdrech wirioneddol at addasu'r ddrama i gynulleidfa Gymreig.

Mali: 'Un Dyn, Dau Feistr' (Bean). Addasiad o gomedi Carlo Goldoni a ysgrifennwyd ym 1743 yw'r ddrama hon. Bu'n llwyddiant ysgubol er 2011, gyda'r Cymro, Owain Arthur, yn ennill clod mawr am ei bortread o Francis Henshall. Lleolir y ddrama yn nhref Brighton yn '60au'r ganrif ddiwethaf gyda Francis yn ddamweiniol fwriadol yn was i ddau feistr. Sefyllfa ddelfrydol i osod ffars mewn unrhyw gyfnod. Dengys y dramodydd ddigon o greadigrwydd wrth addasu rhestr y cymeriadau, gan newid enwau pob un ohonynt ac adleoli'r cyfan o lan môr de-ddwyrain Lloegr i Fangor a glannau'r Fenai. Aeth un cam ymhellach drwy ailfedyddio'r prif gymeriad yn Arthur. Mae yma eto gyfieithu yn hytrach nag addasu, a phob hyn a hyn merwinir y glust wrth glywed cyfieithu idiomau Saesneg yn llythrennol – e.e. '*Peidiwch â bod fel wy drwg am y peth*'. At hynny, ceir llawer gormod o wallau teipio a chamsillafu a awgryma na fu golygu manwl ar y gwaith. Trueni, oherwydd mae yma gyffyrddiadau arbennig o effeithiol a byddai prawf ddarllen a chywiro wedi dod â hon yn agos iawn at y brig. Amlygwyd rhagor o ddiofalwch drwy roi geiriau yng ngenau cymeriad anghywir, gydag Arthur yn llefaru geiriau Dei 'Deryn'. Mae *Mali*'n meddu ar wreiddioldeb a hiwmor, a chyda gofal a thrylwyredd, byddai'n ymgeisydd cryf.

Mot: 'Pum math o Dawelwch' (Stephenson). Dyma ddrama un act bwerus eithriadol, yn portreadu teulu a fu'n byw dan ormes y tad, Billy. Cawn gofnod cignoeth o'i ymddygiad treisiol, yn feddyliol a chorfforol, tuag at ei wraig a'i ferched. Yn wir, obsesiwn Billy am reolaeth lwyr sy'n gyrru popeth, mewn byd lle ceir ganddo reolau caeth, dyletswyddau haearnaidd, a chosb. Dilynwn yr hanes drwy gyfres o gyfweliadau rhwng y teulu a phlismyn, seiciatryddion a chyfreithwyr yn eu tro. Mae'n gignoeth o ran testun ac iaith ac ni ellir dianc rhag hynny wrth fynd ati i'w haddasu. Ofnaf fod gormod o gyfieithu yn yr ymgais hon hefyd. Canlyniad hynny yw deialog sy'n herciog ac annaturiol i'w llefaru (e.e. '*Janet: Ddwedodd hi os mai dim ond rheina o'n ni eisie*'). Am ryw reswm, ni roddwyd y Gymraeg am *Bitch* a *Bitches*, er na welaf fi ddim o'i le ar ddefnyddio *Gast* a *Geist* yn y cyd-destun hwn. Gyda llaw, 'celfi' yw'r term cydnabyddedig yn y theatr am *properties*, nid 'eiddo'. Gwnaed ymdrech deg gyda drama eithriadol o anodd ond gwnaethpwyd hynny gyda gormod o gyfieithu llythrennol a phrinder addasu.

Joseff: 'Castell Breuddwydion' (Strindberg/Churchill). Mae addasiad Caryl Churchill o ddrama swreal Strindberg yn gyforiog o hiwmor. Cawn Agnes ddeniadol yn ymweld â'r ddaear i brofi sut beth yw bywyd dynol, ac yna adrodd yn ôl i '*dduw, y duwiau, pwy bynnag*'. Cawn ein tywys drwy gilfachau'r isymwybod drwy gyfres o freuddwydion a chymeriadau lliwgar. Aeth yr addasiad â ni i dir fymryn uwch na'r ymgeiswyr eraill ond nid yw'r gwaith heb ei frychau. Unwaith eto, byddai mwy o ofal wedi bod yn eithriadol fuddiol, ac am ryw reswm, ni chynhwyswyd cyflwyniad perthnasol iawn Caryl Churchill nac ychwaith nodyn gwreiddiol Strindberg. Gwnaethpwyd ymdrech i fathu gair newydd yn y Gymraeg am bigiad gwenynen drwy gynnig *coliodd y wenynen*. Gwreiddiol, o leia'!

Er i *Mali* a *Joseff* ddod yn agos iawn, nid oes yr un ohonynt yn cyrraedd y brig, a'r tro hwn, gyda thristwch, rhaid atal y wobr.

Cyfansoddi dwy fonolog wrthgyferbyniol heb fod yn hwy na 4 munud yr un

BEIRNIADAETH SIWAN JONES

Derbyniais wyth ymgais, pob un yn amrywiol iawn o ran themâu, storïau a chymeriadau. Yn gyffredinol, roedd y safon yn dderbyniol a gwahanol rinweddau'n perthyn i waith pob un o'r cystadleuwyr. Gwaetha'r modd, oherwydd natur gofynion y gystadleuaeth i greu dwy fonolog wrthgyferbyniol, roedd tueddiad i un ohonynt fod yn gryfach na'r llall.

Jimmy Tarbuck: Mae cysylltiad thematig rhwng y monologau hyn, sef caethiwed ac unigrwydd, diffyg cyfathrebu a'r gagendor rhwng cenedlaethau. Cyfansoddwyd un o safbwynt hen ŵr, caled yr olwg, a'r llall o safbwynt dyn ifanc ugain oed. Mae hiwmor du, eirionig yr hen ŵr yn apelio'n fawr – er enghraifft, y llinell olaf ergydiol: 'Ddim yn cofio be ddigwyddodd ddoe, medda' fi; diawl, 'ddigwyddodd na'm byd ddoe ...' Mae'r awdur wedi llwyddo i greu stori, sefyllfaoedd, a chymeriadau diddorol. Gwaetha'r modd, ni chredaf fod yr ail fonolog gystal nac mor gyflawn â'r gyntaf.

Yin a Yang: Yr hyn sy'n apelio'n fawr gyda'r monologau hyn yw'r stori a'r cysylltiad sy rhwng y ddau gymeriad, Arwyn ac Alison, a sut mae'r cysylltiad hwnnw'n cael ei ddadlennu. Mae Arwyn yn ceisio lladd ei hun ac Alison yw'r nyrs sy'n ei gynorthwyo. Dyma'r unig gystadleuydd sy wedi ymdrechu i roi cyfarwyddiadau manwl ar sut i lwyfannu'r monologau. Ond, gwaetha'r modd, mae angen ystwytho sgript y ddau gymeriad. Er bod adeiladwaith y stori'n grefftus, mae angen i'r awdur ddarganfod llais y cymeriadau.

Wil.Ai.Fam: 'Iori /Jason'. Monolog 'sociopath' yw'r gyntaf a'r ail yn ddarlun byw o anobaith, alcoholiaeth a diflastod bywyd llanc ifanc. Mae tôn ac arddull y ddwy fonolog yn llwyddiannus o wrthgyferbyniol. Drwy rythm herciog y cymalau, daw cymeriad Iori yn fyw ac mae adeiladwaith y fonolog yn ein harwain at y diweddglo sinistr: 'Tyd yma, pws bach ...', llinell y byddai unrhyw actor wrth ei fodd yn ei datgan. Mae ieithwedd Jason yn gwbl addas hefyd yn yr ail fonolog. Cymeriad yn aros am fws 42 tra'n rhoi blas lliwgar a difyr i ni o'i fywyd diflas.

Sara Roberts: Mae rhinweddau pendant yn perthyn i'r ddwy fonolog, gydag ymdrech deg at greu dwy arddull hollol wrthgyferbyniol sy'n llwyddiannus ar brydiau. Gwraig yn chwilio am gariad sydd yn y fonolog gyntaf wedi'i hysgrifennu mewn arddull fydryddol. Oherwydd yr arddull hon, hwyrach y dylai'r awdur fod wedi gwerthuso effeithiolrwydd pob llinell yn ofalus.

Llais merch ysgol Blwyddyn 11 o'r Barri sydd yn yr ail fonolog, cymeriad difyr ond mae angen datblygu'r cynnwys a chreu stori a chefndir i'r fonolog er mwyn dyrchafu'r gwaith.

Iago Bach: 'Mair (1) a Mair (2)'. Mae cysylltiad thematig yn perthyn i'r ddwy fonolog gan fod y ddau gymeriad yn ymddangos fel rhywun arall, un fel gwrach mewn panto a'r llall fel Mair Forwyn mewn sioe Nadolig. Yn hynny o beth, mae'r ddwy fonolog yn astudiaeth o bwy ydyn ni, mewn gwirionedd. Yn sicr, mae 'na botensial datblygu'r ddwy fonolog ymhellach o safbwynt y cymeriadau hyn a'r syniad craidd. Mae'r fonolog gyntaf wedi'i hysgrifennu mewn arddull ffraeth *'stand-up'*. Gwaetha'r modd, ni chredaf fod yr awdur wedi darganfod llais merch ifanc 15 oed yr ail fonolog ac mae'r diwedd braidd yn ystrydebol.

Jean: 'Cwmni / Cysga!' Astudiaeth o fywyd menywod yw'r ddwy fonolog, y gyntaf trwy lygaid gwraig yn ei 40au, wedi ysgaru, yn siarad â mam ifanc yn glaf ar ei gwely angau, a'r ail yn fonolog mam ifanc yn dioddef o iselder ôl-enedigaeth. Braidd yn ddigyswllt ac anhrefnus yw'r fonolog gyntaf a byddai wedi elwa o ganolbwyntio ar stori Gwen a'i hantur gyda 'rhyw John Trefolta' a hepgor y claf yn y gwely. Mae dwyster yr ail yn drawiadol ac yn fwy llwyddiannus gan ei bod yn canolbwyntio ar un sefyllfa ac ar un cymeriad ac yn ymgais at greu arddull benodol i lais y cymeriad hwn. Gresyn bod yr ail fonolog hon heb ei datblygu ymhellach.

Crawca: 'Tad sydd ar golli ei wraig i gancr / *Charm offensive'*. Disgrifiad byw, emosiynol iawn o ddyn ar fin colli ei wraig i gancr yw'r fonolog gyntaf ac mae rhythm herciog y llais yn effeithiol gyda chyffyrddiadau o hiwmor ar adegau. Cigydd yn ei ugeiniau yw cymeriad yr ail fonolog. Mae yma ymgais deg i ganfod llais y llanc a chyflwyno cymeriadau'r gweithle. Ond braidd yn anghyflawn yw'r gwaith. Byddwn i wedi bod wrth fy modd yn clywed mwy am Psycho Sid a Chelsea.

Prosach: 'Gada'l / *Got Any Gum, Chum?'*. Stori am berson yn ceisio lladd ei hun sawl gwaith yw'r fonolog gyntaf ond braidd yn denau yw'r ymdrech at bortreadu'r cymeriad a chyflwyno'r cefndir yn llawn. Ar y llaw arall, mae hanes y ferch a'r gwm cnoi yn llawer mwy adloniadol gyda hiwmor a llais y ferch ifanc yn gryf. Mae yma strwythur tynn a'r diweddglo gyda'r *hot pants* yn clymu'n dwt at y 'boi' sydd ar ddechrau'r stori.

Rhoddaf y wobr i *Wil.Ai.Fam*.

Nid yw'r Eisteddfod yn ystyried bod y deunydd arobryn yn addas, am wahanol resymau, i'w gyhoeddi yng nghyfrol y *Cyfansoddiadau a Beirniadaethau*.

Cyfansoddi sgript comedi sefyllfa – y gyntaf o chwech yn ei chyfanrwydd a braslun o'r lleill yn y gyfres. Pob un i fod rhwng 25 a 30 munud o hyd

BEIRNIADAETH DANIEL GLYN A MATTHEW GLYN JONES

Defnyddiwyd y meini prawf a ganlyn wrth feirniadu sgriptiau'r comedïau sefyllfa: A oedd yr awdur wedi llwyddo i greu byd/ sefyllfa gredadwy ar gyfer y cymeriadau? A oedd pob llinell o ddeialog nid yn unig yn ddoniol ond hefyd yn gwthio'r stori yn ei blaen? Sut y cafodd y stori a'r is-straeon eu sefydlu a'u datrys i greu diweddglo boddhaol?

Y Cymunedwr: 'Y Gymuned'. Roedd y sgript yn cynnwys stori ac is-straeon cysylltiol ond methodd yr awdur fanteisio arnynt. Er bod y cymeriadau'n ddiddorol, gyda'u hynodrwydd penodol eu hunain, roedd pob un yn anodd ei hoffi, gan wneud yr amser yn eu cwmni yn faich yn hytrach nag yn hwyl. Un o gryfderau'r sgript oedd gallu'r awdur i greu byd credadwy heb fod angen gormod o esbonio.

Figaro: 'Teulu Bach Cytûn'. Roedd diffyg cyfarwyddiadau llwyfan yn gwneud i'r sgript fod yn statig iawn. O ganlyniad, roedd y cymeriadau'n treulio'r rhan fwyaf o'r amser yn esbonio'r hyn roeddent yn ei wneud yn hytrach na gadael i'r gynulleidfa weld eu gweithredoedd. Roedd y ddeialog yn ddigon realistig ond roedd elfennau mwy 'slapstic' yn drwsgl.

bethcat: 'Trafferth mewn Tŷ'. Deialog naturiol iawn ond o bryd i'w gilydd roedd y ddau brif gymeriad yn siarad gyda'r un 'llais' ac o ganlyniad yn ei gwneud yn anodd gwahaniaethu rhyngddynt. Er bod y cymeriadu'n dda, roedd y sgript yn rhy hir ac yn debycach, mewn arddull a strwythur, i ddrama yn hytrach nag i gomedi sefyllfa.

Er bod rhywbeth i'w ganmol ymhob sgript, roedd y beirniaid yn teimlo nad oedd y gweithiau a dderbyniwyd yn cynnwys digon o hanfodion sgript *sitcom*. Neb yn deilwng felly.

ADRAN DYSGWYR

CYFANSODDI I DDYSGWYR

Cystadleuaeth y Gadair

Cerdd: Arwr. Lefel: Agored

BEIRNIADAETH EMYR DAVIES

Ymgeisiodd deunaw, a rhoes y testun, 'Arwr', gyfle i'r beirdd sôn am arwyr personol neu genedlaethol neu'n wir i archwilio natur arwriaeth yn y byd cyfoes. Roedd safon iaith y goreuon yn raenus iawn. Nid oedd mân wallau treiglo a sillafu'n effeithio ar safle'r gerdd yn y gystadleuaeth ond, weithiau, roedd camsyniadau cystrawen a geirfa'n amharu ar ddealltwriaeth. Ar y cyfan, roedd hi'n gystadleuaeth dda ac mae rhywbeth cadarnhaol i'w ddweud am bob cynnig.

Rhosyn: Mae hon yn gerdd gynnil, a'r bardd yn holi ei gydwybod ei hun ar ôl bod am noson allan yng Nghaerdydd. Ceir cyferbyniad rhwng yr hanner can punt a wariwyd ar bryd o fwyd a'r hanner can ceiniog a roddwyd i'r dyn digartref. Efallai nad dewis rhwng bod yn 'fradwr' neu'n 'arwr' sydd yma, mewn gwirionedd, ond rhwng cydwybod a difaterwch.

Iolo Ddu: Dyma gerdd hiraf y gystadleuaeth, sydd bron yn faled ar ffurf cwpledi sy'n odli. Mae'r odlau acennog/ diacen yn swnio braidd yn drwsgl ac mae nifer o wallau mewn gramadeg a geirfa'n amharu ar ddealltwriaeth. Hanesion carwriaethol y bardd sydd yma ond mae hi'n anodd dilyn trywydd meddwl y bardd ar brydiau a gweld cysylltiad â'r testun gosod. Serch hynny, cododd ambell linell wên, e.e. 'Dw i isio teithio ac i fod yn ficer/ Mae gen i fy mhasbort yn fy nicyr'.

Gwenllïan Hedydd Morgan: Owain Glyndŵr yw'r arwr yma, a cherdd yn y wers rydd. Mae'r cystadleuydd yn cyfarch Glyndŵr yn uniongyrchol, er y byddai 'ti' yn fwy priodol na 'chi' mewn cyd-destun fel hwn. Mae'r gerdd yn fyr iawn a'r diweddglo braidd yn llipa, gydag ambell linell anffodus fel 'Dim mwyach dach chi'. Serch hynny, mae hwn yn gynnig derbyniol.

Tyrfell: Athronydd a beirniad cymdeithasol yw hwn ac mae'n ddeifiol wrth feirniadu'r 'arwyr' cyfoes sydd yn 'ddim ond pigmïaid yn y jyngl gwleidyddol.' Ailadroddir y pennill cyntaf yn gyfan ar y diwedd ac mewn cerdd sydd mor fyr, mae hynny'n chwithig. Braidd yn haniaethol hefyd yw'r darnau pregethwrol yn y canol ond mae'r Gymraeg yn lân.

Guto Nyth Brân: Cerdd ddiffuant wedi ei hysbrydoli gan raglen deledu am yr hanesydd John Davies. Mae'r mynegiant yn gynnil wrth ddisgrifio'r athrylith yn ei gegin flêr ond braidd yn fawreddog ac anghynnil yw'r diweddglo: 'O henffych well, hanesydd annwyl …'

Evan John: Ceir adleisiau o gerdd Kipling 'If', wrth i'r bardd roi cynghorion i'r mab ifanc. Mae'n ceisio taro ar gywair arwrol neu epig, heb lwyddo bob tro. Mae yma gyfoeth o idiomau Cymraeg a geirfa anghyffredin ond trueni am rai camgymeriadau diangen sy'n tywyllu'r ystyr.

Bedo: Athronyddu am natur arwriaeth y mae *Bedo*. Mae'r gerdd braidd yn haniaethol a rhai camgymeriadau dryslyd ynddi ond dyma feddyliwr deallus sydd wedi troi traethawd yn gerdd. Er bod yr odli'n dderbyniol, mae'r llinellau'n rhy hir i'w gwneud yn effeithiol.

Aderyn y Berllan: Y Rhyfel yw'r sbardun y tu ôl i'r gerdd hon, wrth i'r cystadleuydd gofio am dad (neu gyfaill) a fu'n gweithio fel gof. Mae digon o hiraeth a chynildeb teimladwy yn y gerdd ond digwydd ambell gamgymeriad sy'n amharu ar ddealltwriaeth. Nid yw'r diweddglo'n eglur: beth yw 'hylltra cas y traed o bridd'?

Rhosyn Gwyllt: Cerdd hunangofiannol sydd yma a'r bardd yn cynnig teyrnged dwymgalon i'w fam. Ceir rhai cyffyrddiadau da ac mae rhywbeth diffuant am y gerdd gyfan. Trueni am rai llinellau trwsgl, e.e. 'Rwy'n gwarchod 'n fy nghalon lluniau annwyl', ond mae'n gerdd hoffus.

Cronydof: Mae syniad gwreiddiol y tu ôl i'r gerdd hon. Gofyn cwestiwn rhethregol y mae'r bardd: 'Beth am y gwragedd a adawyd ar ôl yn ystod y Rhyfel, a'r milwyr a ddaeth adre wedi eu clwyfo?', gan awgrymu mai nhw yw'r arwyr go iawn. Nid yw'n archwilio'r thema'n ddyfnach na hynny ond dyma gerdd gynnil a chywir.

Eles Fleur: Cerdd sy'n deyrnged i arwr penodol a fu'n ceisio achub y teithwyr a oroesodd drychineb y 'Titanic' yw hon. Mae'n agor yn gryf wrth ddisgrifio'r hen ŵr yn eistedd wrth y môr, gan edrych yn drist tuag at y dŵr a'r gorffennol. Mae hi braidd yn sentimental, a rhai camgymeriadau'n amharu ar y gerdd, ond mae'r cystadleuydd yn gwybod sut i greu darlun cynnil.

Iolo: Soned a gafwyd, sy'n gallu bod yn fesur hyfryd yn y Gymraeg fel yn y Saesneg. Iolo Williams, y naturiaethwr, yw'r arwr y tro hwn, a mynegir edmygedd o'i waith, wrth iddo geisio gwarchod cefn gwlad Cymru. Braidd yn rhyddieithol yw'r gerdd ac mae angen mwy o *awgrymu* yn lle dweud yn blaen. Trueni am gamosod yr ansoddair yn yr ymadrodd 'heini cerddwr.'

Y Teulu i Gyd: Ufuddhau i orchymyn Harri Webb i 'ganu i Gymru' y mae'r bardd hwn ac mae ganddo wybodaeth helaeth am hanes Cymru. Y thema yw fod lleisiau hanes yn ei ddilyn ac ni ellir dianc rhagddynt. Mae'n defnyddio'r wers rydd yn ddigon cynnil a dim ond un neu ddau o gamgymeriadau sy'n tynnu oddi wrth y gerdd. Mae'r annog rhethregol braidd yn llawdrwm o bosib.

Ember: Mae eironi'n drwm drwy'r gerdd wrth i'r bardd sôn am ei arwres, 'Britannia', sy'n gwrthsefyll y mewnlifiad estron: 'Gwthiwn bob un estron diflas / dros glogwyni Dover gu'. Mae'r penillion yn gywir ac yn goeth, er bod y mydryddu a'r odli'n drwsgl ar brydiau. Er bod hwn yn ddychanwr da, byddai'n well tocio'r gerdd a chwilio am gic i bob pennill i'w wneud yn fwy effeithiol.

Siglen Fraith: Dwy soned a gafwyd gan y bardd hwn, wedi eu mynegi'n gyfoethog mewn cywair tra hynafol a dyrchafedig. Anghyffredin, a dweud y lleiaf, yw geiriau astrus fel 'deincryd', 'gwylltfil', 'heilltion', 'gôr' (yn golygu 'crawn' neu 'grachen'). Disgrifio helfa a lladd anifail y mae'r soned gyntaf; yn yr ail, sylweddolir mai ei dad yw'r 'lladdwr' (ynteu'r ysglyfaeth?). Mae'r bardd yn llwyddo i raddau helaeth i ddal naws yr arwrgerdd ond mae'r stori'n mynd ar goll.

Y Golomen Wen: Dyma fardd sy'n gwybod beth y mae arno eisiau ei ddweud ac mae'n ei ddweud yn ddiflewyn-ar-dafod. Nid yr 'arwyr' teledol, confensiynol yw'r arwyr go iawn, meddai, ond y rhai sy'n mynd i weithio dros eraill mewn sefyllfaoedd anodd a pheryglus. Efallai fod y syniad yn simplistig ond mae wedi ei fynegi'n bwerus. Mae'r ailadrodd cynyddol, 'Nid yw fy arwyr ...', yn effeithiol a'r diweddglo'n gryf.

Blodyn yr Haul: Mae hon yn gerdd raenus yn y wers rydd a fu bron â chipio'r Gadair. Cerdd i fab a syrthiodd wrth gerdded yn ei gwsg yw'r testun, a'r cefndir yn Ne Affrica (er nad Mandela yw'r arwr hwn). Hanesyn personol sydd yma, efallai, ond mae'r stori'n glir ac wedi ei fynegi'n gynnil. Dyma fardd sy'n gwybod sut i droi syniad yn gerdd.

Jacques: Dyma'r gerdd a ddaeth i'r brig. Cerdd yw hi am ddadrith, mewn gwirionedd, wrth i freuddwydion bachgen am ddilyn ôl traed ei arwyr droi'n ddifaterwch canol oed. Dyma fynegi pwerus: 'Chwyddai'r wast wrth i'r gwallt gilio; / prifiai'r plant a rheolai rheolwaith ...' Mae'r diwedd ychydig yn amwys: sut daeth y tro ar fyd, a 'chyrraedd craffter'? Wedi dweud hynny, does dim dwywaith nad yw hon yn gerdd gref a graenus ac mae hi'n llawn deilyngu'r wobr gyntaf a'r Gadair.

Diolch i bawb am gystadlu.

Y Gerdd

ARWR

Ar gôl mam-gu,
yn llygadrwth o flaen llyfr *Ladybird*,
ei harwr hi oedd ei arwr e,
dewin neu dywysog,
'Wele gariad: mae'n unioni cam fan hyn,
achub rhiain deg fan draw.'

Yn grwt gliniau bryntion,
mynnai taw fe fyddai arwr ei chwedl e –
ai gyda'i law wrth lyw rhyw long,
neu ar gefn ei geffyl gwyn:
bywyd yn wyliau byth bythoedd,
heb ymyrraeth oriau'r ysgol.

O dan gynfasau'r diffyg o hunanhyder
pymtheg oed,
chwysai, awchai ei galon am gusanau;
uwch ei ben, gwgai hanner duw:
gŵr o'r sgrîn fawr â gen gref –
gorchfygwr pob geneth glws.

Diwrnodau didaro coleg:
fraich ym mraich ei fêts
gorymdeithiai tuag at y bariwns,
siantio dros *Mandela*, ei frest yn goch â *Che*,
yn sicr y dôi'r chwyldro –
goresgynnwn ni ryw ddydd.

Gwelwai'r gwrthsafiad
gyda gwallt cwta a siwt fain;
yn y ddryswig ddinas
dechreuodd e ar drywydd golud:
yn addoli bob dydd wrth draed Mamon;
boddi'i enaid yn yr hwyr â *Bob Marley*.

Chwyddai'r wast wrth i'r gwallt gilio;
prifiai'r plant a rheolai rheolwaith;
drwy darth o anegni
teimlai law trallodion y byd,

heb weld y bobl a'u hysgwyddai drosto,
heb ffocysu ar neb.

Gyda llesgedd y llygaid
cyrraedd craffter –
dirnadaeth i ganfod arwr di-wad:
un sy'n 'i ddiystyru'i hun er lles eraill,
un sy'n mentro croen a chysur
heb erfyn am dâl, diolch, na chlod.

Jaques

Cystadleuaeth y Tlws Rhyddiaith

Darn o ryddiaith, hyd at 500 o eiriau: Colli. Lefel: Agored

BEIRNIADAETH MERERID HOPWOOD

Diolch i'r chwech ar hugain nid yn unig am gystadlu ond am ddysgu'r Gymraeg, a hynny i safon ardderchog. Os 'Colli' yw'r thema, yna'n sicr mae'r Gymraeg wedi ennill drwy waith y dysgwyr hyn.

Collwyd pob math o bethau ar y daith, o'r diriaethol i'r haniaethol, a chafwyd ambell wers hanes a dôs neu ddau o athroniaeth. Cafwyd hefyd gyffyrddiadau llenyddol da iawn. Rhwng y cyfan, treuliais oriau difyr yng nghwmni'r dysgwyr yn chwilio, galaru, canfod a dathlu. Gair byr am bob cystadleuydd.

Gobeithio: Ffugenw addas iawn i stori sy'n ymwneud â cholli swydd, colli hunanhyder, colli hunan-barch, ac yna hanes yr adennill a'r rhyddhad o allu edrych yn ôl ar gyfnod tywyll gyda gwên.

Llwch Angel: Mae hwn hefyd yn cynnig gobaith drwy'r düwch, a rhaid canmol y modd celfydd y mae'n symud o'r lleddf i'r llon a chynnal diddordeb y darllenwr.

Vienna: Efallai y gallai fod wedi cyfleu ychydig mwy o'r arswyd sy'n siŵr o ddod wrth feddwl eich bod wedi colli plentyn ar ddiwrnod llawn antur ar lan y môr. Serch hynny, mae digon o ddychymyg ar waith ac roeddwn innau hefyd yn teimlo'r rhyddhad o weld pawb yn ôl ar y bws yn ddiogel! (Cofier nad oes modd trosi 'who' gyda 'pwy' bob tro.)

Blodyn yr Haul: Mae tro annisgwyl yng nghwt atgofion yr ymgeisydd hwn a hynny'n rhoi min i'r gwaith. Defnyddia idiomau'n hyderus.

Cadno: Roedd y teitl 'Colli' yn rhwym o roi gogwydd trist i'r gystadleuaeth, a chwa o awyr iach, felly, oedd hiwmor y cystadleuydd hwn. Mae'r syniad o ennill cymar yn lle colli merch ar ddydd priodas, wrth i'r gŵr golli pwysau ac ailddarganfod ei wedd olygus, yn rhoi tro dyfeisgar i'r testun.

Y Fugeiles: Mae dogn o ysgafnder yn y gwaith hwn hefyd wrth i'r awdur weld yn yr holl golledion agwedd gadarnhaol o werthfawrogiad – ac eithrio yng ngholled y fodrwy ddyweddïo, sydd mewn lle mor ddiogel fel nad oes neb yn cofio ym mhle!

Aderyn y Berllan: Darn o waith swreal bron wrth i'r awdur ymweld â phâr priod, a'r naill yn amau bod Alzheimers ar y llall – gobeithio mai ffrwyth dychymyg sydd ar waith fan hyn!

Y Chwarelwr: Llwyddodd i greu darlun manwl o oriau olaf dyn unig, wrth iddo golli pob synnwyr fesul tipyn nes cyrraedd yr anadl olaf. Mae'r clo sy'n disgrifio'r croesi i fyd o heddwch yn gynnil ac yn orfoleddus.

Y Glas y Dorlan sy' wedi ffoi: Cynildeb yw nodwedd clo'r darn hwn hefyd, pan ddefnyddir symbolau o fyd yr adar i gyfleu'r newid rhwng dyhead merch ifanc a mam-gu.

Glas y Dorlan: Myfyrdod a geir ac wrth gloi gyda geiriau Martin Luther King, rhoddir gwaith cnoi cil i ni: 'Dydy mesur dyn yn y pen draw ddim yn fater o le mae'n sefyll mewn eiliadau o gysur a hwylustod, ond lle mae'n sefyll ar adegau o her ac adfyd'.

Mynyglog: Rhestrodd nifer o'r ymgeiswyr eu colledion ond mae rhestr y cystadleuydd hwn yn cwmpasu colled iechyd milwyr a cholled yr awdur o'i iaith a'i frwydr i'w hadennill.

Mae Golau: Yn y gwaith hwn, cyfosodir colli allweddi'r tŷ gyda chwaer yn colli iechyd i gancr.

Anwen: Hi sydd â'r rhestr hiraf, ond gwir fyrdwn ei gwaith yw hanes ei mam a'r dygnwch sy'n ysbrydoliaeth i bawb.

Ewythr Prothero: Dyma feddyliwr praff. Cefais flas ar ei ddadansoddiad o'r gair 'hiraeth' a'i esboniad o darddiad yr agwedd bruddglwyfus o natur y Cymro. Mae'n cyd-blethu ei syniadau â dyfyniadau pwrpasol o waith Dylan Thomas yn gelfydd.

Felicity: Mae hi hefyd yn diffinio hiraeth, ac yn ennyn cydymdeimlad llawn y darllenydd wrth iddi wynebu gorfod gadael Cymru a symud i Loegr.

Cronydof a *Crwt y Rhondda*: Dyma haneswyr treiddgar y gystadleuaeth. Hanes Merthyr a geir gan y naill a Senghennydd gan y llall. Mae'r ddau'n cyfleu ffeithiau a dehongliadau'n feistrolgar. Dyma adnoddau defnyddiol a man cychwyn da i drafodaeth a dadl.

Un o Fforddygyfraith: Llwyddodd i osgoi ysgrifennu'n ystrydebol wrth ddarlunio dyn a gollodd bopeth, a fentrodd obeithio ac, wedi eiliad o olau, a lithrodd gan golli'r cwbl drachefn.

Y wiwer goch a'r *Crëyr Glas*: Cafwyd gan y ddau hyn ysgrifennu teimladwy, diffuant iawn, a llais yr athronydd i'w glywed hwnt ac yma.

Y ci Jac: Cystadleuydd â dawn dweud (tybed ai adlais o ysgrif Dewi Emrys sydd yn y teitl?) ac mae'r frawddeg 'Geiriau bach, geiriau trwm' yn mynd i aros yn y cof am amser.

Y Golomen Wen: A ninnau ym mlwyddyn cofio canrif y Rhyfel Mawr, mae'n briodol bod y cystadleuydd hwn wedi portreadu colledion milwr sy'n ymestyn ymhell y tu hwnt i faes y gad.

Daisy: Down yn awr at un o lenorion gorau'r gystadleuaeth. Adeiladodd bortread cywrain o gwmpas sgwrs ailadroddus rhwng tad a mab, a'r tad yn dioddef o ddementia. Mae hi'n cadw cwmni i'r tri arall sydd ar y brig, sef *Anthropos*, *Meritmor* ac *oes pys*.

Mae *Anthropos* yn feddyliwr craff yn ogystal ag yn ysgrifwr da, ac mae *Meritmor* yn gwybod sut i wau geiriau'n gelfydd a thynnu'r darllenydd i'w stori, wrth ein harwain o wely mewn ysbyty i adferiad, o golli i ennill iaith. Ond barnaf mai *oes pys* sy'n haeddu'r wobr eleni. Mae'n sylwgar a chynnil. Disgrifia'r rhieni yn y stori'n lladd amser drwy roi 'sglein ar dapiau'r sinc', a thrwy gydol y darn cawn ein harwain i feddwl mai bore priodas yw thema'r stori, tan y funud olaf pan ddeallwn mai bore angladd ydyw. Gwaith caboledig sy'n llawn deilyngu'r wobr.

Y Darn o Ryddiaith

COLLI

Deffrais yn sydyn, ac er gwaethaf y tywyllwch roeddwn i'n gwybod nad oeddwn yn fy llofft fy hun. Ond cyffrôdd yr aroglau fy mrith gof nes i mi adnabod llofft fy mhlentyndod. Pan sylweddolais hynny, cofiais hefyd mai heddiw oedd y diwrnod mawr a dechreuodd fy stumog droi a charlamodd fy meddyliau rhwng colli a dathlu ... colli hen fywyd a phoeni am beth fydd yn digwydd ar ôl y garreg filltir hon? Ynteu dathlu'r bywyd a oedd wedi bod ac edrych ymlaen at agor pennod newydd yn hanes fy nheulu?

Ond, yn y pen draw, dw i'n gwybod, does dim angen poeni. Does dim byd yn aros yr un fath mewn bywyd, nac oes? Ac mae popeth wedi cael ei drefnu. Mae'r capel wedi ei logi, mae blodau wedi eu harchebu ac mae fy ffrog yn hongian ar ddrws y cwpwrdd dillad. Ddoe, siaradodd Dad efo'r gwesty, lle bydd pawb yn mynd ar ôl y gwasanaeth, i gadarnhau rhifau. A bydd y ceir yma am un ar ddeg o'r gloch i fynd â ni i'r capel.

Bydd 'na rywbeth arbennig ynglŷn â gweld yr holl deulu a hen ffrindiau. Rydan ni'n wasgaredig ledled Cymru ac felly dim ond yn ymgasglu ar gyfer priodasau, angladdau a bedyddiadau fel arfer. Mae meddwl am hynny'n codi fy nghalon nes i mi gofio am Nain Pen-y-Bryn. Hwn fydd y digwyddiad teuluol cyntaf er pan gollodd hi'r dydd. Ac er y bydd pawb yn ei cholli hi, roeddwn i'n agos iawn ati hi. Fel ei hunig wyres, roeddwn i'n gannwyll ei llygad ac roedd hi'n arfer sôn bod arni eisiau fy ngweld i'n priodi a chael plant er mwyn dod yn hen Nain. Bydd wedi colli'r cyfle nawr.

Mae amser yn mynd, felly dw i'n codi a mynd i lawr y grisiau i'r gegin, lle mae Mam a Dad yn symud yn fân ac yn fuan ond heb wneud llawer. Mae ganddyn nhw deimladau cymysg am heddiw hefyd, dw i'n siŵr, ond dydyn nhw erioed wedi medru dangos eu teimladau, felly maen nhw'n cadw'n brysur yn ailblygu'r llieiniau sychu llestri a rhoi sglein ar dapiau'r sinc. Rydan ni'n cael brecwast efo'n gilydd ond does neb isio dweud dim byd o bwys. Dw i'n hapusach pan ddaw'r amser i ymbaratoi a chael treulio oriau'n cael cawod, sychu a threfnu fy ngwallt a rhoi colur ymlaen cyn gwisgo'n ofalus,

O'r diwedd, mae hi'n un ar ddeg, ac mae'r ceir yn mynd â ni i'r capel. Dw i'n falch bod y gwasanaeth yn cael ei gynnal yn y capel hwn – y theatr lle mae chwedlau'r teulu o gariad a cholled a gobaith wedi cael eu perfformio dros y canrifoedd. Y tu mewn i'r capel, mae popeth yn barod ac mae'r gweinidog yn dechrau: 'Croeso i bawb sy wedi dod at ei gilydd yma heddiw er mwyn cefnogi'r teulu yn eu colled fawr, ond hefyd i ddathlu bywyd Mrs Anni Griffiths, Pen-y-bryn, 92 oed, annwyl fam, chwaer, a Nain ...'

oes pys

Sgwrs rhwng dau berson mewn maes awyr. Tua 100 o eiriau. Lefel: Mynediad

---

Daeth naw ymgais i law, sy'n siomedig o gofio faint o ddysgwyr lefel Mynediad sy'n dysgu yng Nghymru. Mwynheais ddarllen pob un o'r ymdrechion a hoffwn eu hannog i gyd i ddal ati – wrth ddysgu'r Gymraeg ac wrth ysgrifennu a chystadlu. Ar y cyfan, roedd safon y Gymraeg yn dda iawn.

Eliffant: Jôc ar ffurf deialog a geir yma a'r cyngor doeth ei bod yn well eistedd yng nghefn yr awyren achos 'dyw awyrennau ddim yn bacio i mewn i fynyddoedd'.

Lucy: Cawn sgwrs rhwng dau riant sy'n codi eu plant mewn maes awyr. Mae'r Gymraeg yn gywir ac yn cynnwys rhai patrymau na fyddai rhywun yn disgwyl eu gweld gan ymgeisydd lefel Mynediad.

Cariad: Defnyddiwyd patrymau syml iawn yn effeithiol i greu deialog lle mae'r ddau sy'n sgwrsio'n dod i'r casgliad eu bod am fynd i'r sinema yn hytrach na theithio i'r Maldives gyda Wonky Wings Holidays.

Ceiniog: Dyma ddeialog ddoniol iawn lle mae'r teithiwr yn sylweddoli wrth ddesg y maes awyr ei fod wedi bwcio i fynd i Siberia, nid Serbia.

Yoda: Deialog fach hyfryd iawn ond dylid bod yn fwy gofalus, gan fod nifer o gamgymeriadau bach yn y gwaith. Dylid cofio'n arbennig nad ydyn ni'n defnyddio 'yn' o flaen 'wedi'.

Megan Jones: Dau hen ffrind yn cwrdd mewn maes awyr sydd yma. Defnyddiwyd patrymau lefel Mynediad yn dda iawn.

Mozzy: Problem canfod ei sbectol haul sy gan *Mozzy*, wrth ruthro am 'gât dau ddeg un'. Deialog fach hyfryd.

Shard: Cawsom ddeialog rhwng dau berson sy'n mynd i America. Mae'r ddeialog yn dda ond mae angen bod yn ofalus i beidio â chymysgu ffurfiau 'ti' a 'chi'.

Ruben: Hanes Elen a'i gŵr sydd newydd ddychwelyd o Seland Newydd yw'r sgwrs yma. Mae'r sgwrs ei hun yn ddigon difyr ond mae nifer fawr o gamgymeriadau yn y darn hwn.

Wrth feirniadu, roeddwn yn edrych am waith oedd yn amlwg wedi'i gyfyngu i'r patrymau y byddai rhywun yn disgwyl eu gweld ar lefel Mynediad, a dyna a gafwyd yn y rhan fwyaf o'r ymdrechion. Roedd yn gystadleuaeth dda iawn ond am wneud i mi chwerthin, rhoddaf y wobr i *Cariad*.

Y Sgwrs

SGWRS RHWNG DAU BERSON MEWN MAES AWYR

Cledwyn:	Helo. Cledwyn dw i. Sut dach chi?
Megan:	Helo, Megan dw i. Dw i'n o lew?
Cledwyn:	Dw i'n mynd ar wyliau.
Megan:	Dw i'n mynd ar wyliau hefyd.
Cledwyn:	Lle dach chi'n mynd?
Megan:	Dw i'n mynd i'r Maldives.
Cledwyn:	Dw i'n mynd i'r Maldives hefyd!
Megan:	Efo pwy dach chi'n mynd?
Cledwyn:	Dw i'n mynd efo Wonky Wings Holidavs.
Megan:	Dw i'n mynd efo Wonky Wings hefyd!
Cledwyn:	Lle dach chi'n aros?
Megan:	Dw i'n aros yn y 'Bates Motel'
Cledwyn:	Dw i'n aros yn y 'Bates Motel' hefyd!
Megan:	Dw i'n nerfus.
Cledwyn:	Dw i'n nerfus hefyd. Dach chi isio diod?
Megan:	Oes plîs, fodca dwbl.
Cledwyn:	Dyma chi. Mi wnes i siarad â'r peilot wrth y bar, mae o wedi meddwi!
Megan:	Dw i isio mynd adra rŵan.
Cledwyn:	Dach chi isio mynd i pictiwrs?
Megan:	Pa ffilm?
Cledwyn:	'The Great Escape'
Megan:	Oes!

Cariad

Darn o ryddiaith: 'Y Penwythnos Gorau Erioed'. Tua 150 o eiriau. Lefel: Sylfaen

---

BEIRNIADAETH CHRIS REYNOLDS

Braf iawn oedd gweld 15 o gyfansoddiadau ar gyfer y gystadleuaeth hon eleni, ac yn gyffredinol roedd y safon yn dda iawn.

Er mai lefel Sylfaen yw hon a rhai o'r ymgeiswyr heb fod yn dysgu Cymraeg ond am ychydig o flynyddoedd yn unig, disgwylir cywirdeb mewn cystadleuaeth yn yr Eisteddfod Genedlaethol. Ar y cyfan, roedd safon iaith yr ymgeiswyr yn dda iawn ac, ar adegau, ymhell tu hwnt i'r lefel a ddisgwylir.

Gyda golwg ar y testun, 'Y penwythnos gorau erioed', chwiliwn am ddarn oedd yn gallu cyfleu cyffro, neu brofiad y tu hwnt i'r cyffredin ond, gwaetha'r modd, doedd hynny ddim i'w weld bob amser. Roedd rhai o'r darnau'n ddisgrifiadol ond heb gyfleu'r cyffro neu'r emosiwn oedd yn codi'r digwyddiad i fod y 'gorau erioed'. Serch hynny, roedden nhw'n ddarnau hyfryd i'w darllen a heb os byddwn yn annog *Lucy Blodwen*, *Gwenfair*, *Gwrthwrth* a *Teleri Jones* i fwrw ati i ysgrifennu rhagor.

Shamu las: Hoffwn dynnu sylw arbennig at yr ymgeisydd hwn. Roedd ei waith wedi'i ysgrifennu'n dda ac yn adrodd stori ddiddorol iawn ond, gwaetha'r modd, ysgrifennodd dros ddwywaith y nifer o eiriau a ganiateid. Mae ysgrifennu'n gynnil yn ddawn ynddi'i hun ac yn rheswm pam y gosodir uchafswm geiriau mewn cystadleuaeth fel hon. Gwaetha'r modd, oherwydd i *Shamu las* dorri'r amod hon, ni allaf ei ystyried ymhellach.

Hoffwn droi'n awr at y dosbarth nesaf, darnau sy'n cynnig mwy o sylwedd ond nad ydynt yn cyrraedd y brig am ryw reswm neu'i gilydd.

Sidan Gwyn: Ysgrifennodd ddarn sy'n seiliedig ar stori geni Iesu a thaith y bugeiliaid. Mae hwn wedi'i ysgrifennu'n dda iawn ond mae'n benthyg gormod o ddelweddau, syniadau a chymalau o ffynonellau eraill ac mae'r rhain efallai'n cuddio llais y cystadleuydd ei hun.

Cliff Wilkinson: Darn yn adrodd hanes aduniad teulu ac yn disgrifio gweithgareddau dathlu'r achlysur. Roedd ei ddisgrifiadau'n dda ond eto heb gyfleu'r 'stori' yn ddigonol i gyrraedd y brig.

Ffrances: Trafododd daith i Baris a nodi uchafbwyntiau'r ddinas. Mae'r elfennau o fwynhad yn amlwg yn y darn ond efallai ei fod braidd yn rhy syml i gyrraedd y safon uchaf.

Sali Llew: Adroddodd stori syml ond effeithiol yn sôn am gwrdd â dieithryn ar y traeth. Gwaetha'r modd, mae ambell frawddeg drwsgl yn atal y darn hwn rhag cael ei ystyried ymhellach.

Gwdihŵ Llyfrgar: Camgymeriadau bach sydd yn difetha rhyw ychydig ar y darn hwn, a hynny'n drueni gan fod yma stori hyfryd am hanes priodas annisgwyl y mab.

Pum ymgeisydd sy'n weddill ac maen nhw'n cynnig darnau sydd yn fwy rhugl o ran iaith ac o ran llif y stori, a hynny sy'n eu codi uwchben y lleill.

Dilys a *Poussis*: Mae darnau rhyddiaith y ddau hyn yn debyg gan eu bod wedi'u hysgrifennu'n dda iawn. Maent yn adeiladu stori trwy ddisgrifio, a pharatoi meddwl y darllenydd, cyn cyrraedd uchafbwynt y stori ar ddiwedd y darn, sef geni merch a geni oen.

Carol O'Rouke: Adroddir hanes ei diwrnod yn cynorthwyo Siôn Corn. Mae hwn yn ddarn annwyl iawn sy'n disgrifio'i gwaith caled yn paratoi ar gyfer yr ymweliad Nadoligaidd ac mae'n llawn delweddau hyfryd.

Mae'r ddau ddarn olaf a ganlyn yn disgrifio dyddiau braf o fwynhau natur ac ymlacio.

Mozzy: Mae'n mynd â ni'n ôl i ddyddiau plentyndod wrth drafod 'Penwythnos o ddiniweidrwydd'.

Merch Gwynfryn: Mae'n disgrifio penwythnos o fwynhau yng nghefn gwlad yng nghanol byd natur arfordir ardal Cei Newydd.

Mae'r gystadleuaeth hon yn agos tu hwnt ac roedd yn bleser darllen y darnau i gyd. Pe bai'r ymgeiswyr wedi gwneud rhyw ychydig rhagor o waith ar eu darnau, byddwn i'n gallu gwobrwyo unrhyw un o'r pump uchaf ond, fel y mae'r darnau, mae disgrifiadau *Merch Gwynfryn* a'i defnydd o eiriau yn ei chodi, o ryw ychydig yn unig, i frig y gystadleuaeth a rhoddaf y wobr, felly, i *Merch Gwynfryn*.

Y Darn o Ryddiaith

Y PENWYTHNOS GORAU ERIOED

Dw i wedi mwynhau llawer o benwythnosau hapus a chyffrous ym Mharis, Llundain, a hyd yn oed yn Efrog Newydd (am benwythnos hir), ond y penwythnos gorau erioed oedd mewn pentre bach yng Ngheredigion – Cei Newydd.

Codais i'n gynnar ddydd Sadwrn i weld y dolffinod yn yr harbwr. Roedd hi'n gynnes ac yn dawel pan ymddangosodd y dolffinod. Llamon nhw yn y môr a rhannu'r tonnau gyda'u cyrff sidan. Sefais i ar wal y porthladd wedi fy swyno. Wedi hanner awr hudol, es i nol at fy nheulu a cherddon ni i Langrannog ar hyd Llwybr Arfordir Cymru. Gwelon ni glogwyni uchel, môr arian, blodau gwyllt, adar y môr, morloi llwyd a mwy o ddolffinod – a disgleiriodd yr haul.

Canon ni a chwerthon ni trwy'r lonydd glas o Langrannog i Gei Newydd yn y bws.

Yn yr hwyr, coginiodd fy nai facrell ffres ar y tân yn yr ardd ac roedden nhw'n flasus iawn. Eisteddon ni yn yr ardd gyda gwydraid o win coch ac edrych dros y toeau ar Fae Ceredigion. Roedd y machlud yn ogoneddus ac roedd y dolffinod yn dawnsio yn y môr disglair.

Efrog Newydd am benwythnos hir? Dim diolch. Hwn oedd y penwythnos gorau erioed – yng Nghei Newydd.

Merch Gwynfryn

E-bost yn bwcio unrhyw beth neu unrhyw un. Tua 200 o eiriau. Lefel: Canolradd

---

BEIRNIADAETH ELIN MEEK

Roeddwn i'n siomedig mai chwe ymgais yn unig a ddaeth i law, o gofio bod degau o ddosbarthiadau ar lefel Canolradd yng Nghymru. Ond diolch i'r chwe ymgeisydd a oedd yn debyg iawn o ran safon eu hiaith a'r ffordd yr aethon nhw ati i lunio e-bost oedd yn cynnig gwybodaeth ac yn holi amdani. Daliwch ati – i ddysgu ac i gystadlu!

Poussis: E-bost at westeion oedd wedi bwcio un o fythynnod yr ymgeisydd sydd yma ac esboniodd y cystadleuydd iddi gyfieithu'r e-bost sy'n cael ei anfon fel arfer at y rhai sy'n bwcio. Gwaetha'r modd, er bod y cynnwys yn dderbyniol iawn, doedd dim modd ystyried yr ymgais o ddifrif gan nad oedd wedi ateb gofynion y dasg yn gywir y tro hwn.

Gwladys Garddwraig: E-bost yn gwahodd Derek Brockway i ddod i siarad â chlwb garddio. Mae'r e-bost yn nodi dyddiadau posibl, yn gofyn cwestiynau perthnasol iawn ac yn rhoi gwybodaeth addas am y clwb.

Morlo: Ymgais ddoniol dros ben gan Dracwla Ifanc sy'n bwcio ystafell am ddwy noson i'w rieni oedrannus sydd dros gant a thrigain oed! Mae tipyn o ddychymyg a fflach yma ac mae'r frawddeg olaf yn ysgubol.

Brochwel ap Siôn: E-bost yw hwn i archebu tocynnau i Sioe Katherine Jenkins yn Theatr Hafren am bris gostyngol i barti o ddysgwyr. Mae'r ymgeisydd yn holi cwestiynau priodol ac yn mynd ati hefyd i archebu pryd o fwyd yn y bwyty cyn y sioe. Mae'r iaith yn lân iawn.

Bysedd Gwyrdd: E-bost yn bwcio ystafell mewn gwesty yw hwn. Mae'r ymgeisydd mor eofn â gofyn am ad-daliad oherwydd bod ei rhieni yng nghyfraith yn byw ar bwys y gwesty! Mae'n gofyn cwestiynau da am weithgareddau posib i'r teulu yn yr ardal.

Deins: Mae ar y cystadleuydd eisiau bwcio man cyfarfod ar gyfer brecwast busnes ac mae'n disgrifio'r digwyddiad yn fanwl, yn nodi'r gofynion o ran yr adnoddau technegol a'r bwyd ac yn holi sawl cwestiwn da hefyd.

Mewn cystadleuaeth dda, *Morlo* sy'n mynd â hi am lwyddo i fod mor ddoniol a dychmygus.

Yr E-bost

BWCIO

Gwesty-y-gŵr-drwg@hotmail.com
Ionawr 2014

Ysgrifennaf ar ran fy rhieni oedrannus. Hoffwn fwcio ystafell ar eu cyfer am ddwy noson, sef 21ain a 22ain o Ragfyr. Mae'r ddau dros gant a thrigain oed ond maen nhw'n heini iawn o achos eu diet arbennig. Nid yw'r un ohonyn nhw'n siarad Saesneg na Chymraeg. Ydy'r ystafell yn eang, o dan y to, efo llawr llechi a bath enfawr fel yr hysbysebwyd ar y we yn dal ar gael? Fedrwch chi gadarnhau bod gan yr ystafell hon ffenestr fawr efo llenni trwchus? Mae fy rhieni'n alergol i'r heulwen. Wnewch chi ddiffodd y gwres canolog cyn iddyn nhw gyrraedd achos mae'n well gynnyn nhw'r oerfel?

Yn ôl y we, mae'r pris yn cynnwys brecwast. Oherwydd bod fy rhieni yn bwyta yn ystod y nos, dydyn nhw ddim yn cael brecwast o gwbl. Fuasai hi'n bosib cael gostyngiad? Hefyd, does dim angen i chi lanhau'r ystafell ar 22 Rhagfyr achos dylai fy rhieni gysgu trwy'r dydd.

Un peth arall: bydd fy nhad i'n teithio efo ystlumod. Does ganddyn nhw ddim anghenion bwyd arbennig ond maen nhw'n creu llanast mawr.

Diolch am eich cydweithrediad. Mae fy rhieni'n edrych ymlaen at eu harhosiad mewn gwesty traddodiadol mewn lleoliad cyfareddol ac at flasu'r cynnyrch lleol ffres.

Cofion gorau,
Dracwla Ifanc

Morlo

Adolygiad o lyfr Cymraeg ar gyfer papur bro. Tua 200 o eiriau. Lefel: Canolradd

BEIRNIADAETH STEVE MORRIS

Cafwyd ymateb calonogol iawn i'r gystadleuaeth hon gyda 18 o gystadleuwyr. Mae tystiolaeth yn y gwaith a ddaeth i law fod hyn yn adlewyrchu twf a phoblogrwydd clybiau darllen yn gyffredinol ac mae'n dda fod pob cystadleuydd wedi dewis llyfr gwahanol i'w adolygu. Mae dysgwyr Cymraeg yn darllen yn eang iawn a phob math o lyfrau'n apelio atyn nhw.

Gwaetha'r modd, roedd tueddiad gan rai i roi crynodeb o gynnwys y llyfr yn hytrach nag ysgrifennu adolygiad. Roedd eraill wedi camddeall teitl y gystadleuaeth ac ysgrifennu adolygiad ar gyfer cylchgrawn dysgwyr yn hytrach na phapur bro. Mae hyn yn cynnwys gwaith *Clustog Fair, Y Gwningen, Carpe Diem, Ponty Boy, Sarah Davis, Maldwyn, Cronydof, Grace* a *Rhandirmwyn*.

Rhaid cofio, hefyd, fod ysgrifennu ar gyfer papur bro yn golygu defnyddio Cymraeg clir, graenus ond heb fod yn rhy ffurfiol chwaith. Llwyddodd y canlynol i wneud hynny ac i gynhyrchu adolygiad da a fyddai'n addas i unrhyw bapur bro.

Blodyn Haul: 'Y Maison du Soleil'. Adolygiad da wedi'i ysgrifennu mewn arddull briodol sy'n llwyddo i godi digon o ddiddordeb yn y plot (heb ddatgelu gormod) i wneud i mi brynu'r llyfr.

Golwg Bell: 'Ody'r teid yn mynd ma's?'. Byddai'r adolygiad hwn yn berffaith i bapur bro *Clebran*, wrth gwrs, ac mae'n dda fod darllen y llyfr wedi codi awydd ar yr ymgeisydd i fynd i ymweld ag ardal Llandudoch a darganfod mwy am filltir sgwâr Mair Garnon James.

Y Golomen Wen: 'Blasu'. Mae brwdfrydedd y cystadleuydd dros nofel Manon Steffan Ros yn glir iawn yn yr adolygiad ac mae'n llwyddo i daro'r cywair iawn yn berffaith ar gyfer darn mewn papur bro.

Teithiwr: 'Delme'. Gwaith addawol iawn er bod yr adolygwr yn cymryd yn ganiataol, o bosibl, fod ei ddarllenwyr yn gwybod yn barod pwy yw Delme Thomas.

Ffrwdwyllt,: 'Hen Garolau Cymru'. Dewis diddorol iawn ar gyfer adolygiad ac mae'n rhaid ei ganmol ar lwyddo i ysgrifennu darn boddhaol iawn ar gasgliad o 60 o garolau Plygain.

Siglen Fraith: 'Dal i fynd'. Dyma adolygiad da arall sy'n llwyddo i drafod y llyfr mewn arddull sy'n briodol iawn ar gyfer papur bro.

Y Darllenydd Hapus: 'Fel Aderyn'. Nofel arall gan Manon Steffan Ros (yr awdures fwyaf poblogaidd ymhlith y cystadleuwyr, gyda llaw). Adolygiad trylwyr a chytbwys sydd eto yn ein hannog i brynu'r llyfr a'i ddarllen.

Foelfras: 'Geiriadur Cymraeg a Saesneg'. Ceir yma adolygiad o eiriadur 10,000 o eiriau y daeth yr ymgeisydd o hyd iddo mewn siop ail-law am 50 ceiniog! Mae rhagair i'r geiriadur gan neb llai na David Lloyd George.

Evan John: 'Straeon Tafarn'. Mae'r adolygiad hwn yn cynnwys peth o hiwmor y llyfr gwreiddiol ac unwaith eto, mae'n llwyddo i greu darn a fyddai'n addas iawn ar gyfer papur bro.

Llongyfarchiadau i bawb ac mae'n argoeli'n dda i'n papurau bro fod cymaint o'n siaradwyr newydd yn gallu ysgrifennu gwaith a fyddai'n sicr o apelio at eu darllenwyr. Rwyf am roi'r wobr i *Y Golomen Wen*.

Yr Adolygiad

CLAMP O NOFEL!

Os ydych chi'n chwilio am lyfr y gellwch chi ymgolli ynddo fe dros adeg y gwyliau, peidiwch ag edrych ddim pellach! Rydw i wedi darganfod un sy'n berffaith i chi – *Blasu* gan Manon Steffan Ros!

Mae'r stori'n dechrau ym mharti pen-blwydd wyth deg oed Pegi, y prif gymeriad, pan roddodd ei mab lyfr iddi hi i ysgrifennu ei hatgofion ynddo. Ond nid ydy'r stori'n cael ei hadrodd gan un person – dyna un peth sy'n gwneud y llyfr hwn ychydig yn wahanol – ysgrifennwyd pob pennod o safbwynt rhywun gwahanol. Mae hynny'n rhoi i ni olwg o fywyd Pegi a hefyd gipolwg o fywyd y person ei hun. Mae'r straeon yn gwau gyda'i gilydd mewn ffordd ddiddorol ac mae pob stori'n perthyn i Pegi.

Rych chi'n gallu dyfalu o'r teitl fod bwyd yn thema bwysig iawn sy'n rhedeg drwy'r holl nofel, a hynny yw'r ail ffordd y mae'r llyfr yn wahanol. Mae pob pennod yn dechrau gyda rysáit, gyda'r bwyd sy'n cael ei ddisgrifio yn chwarae rhan yn y bennod hon – o ran hynny rydw i'n gallu cymeradwyo'r bara sinsir a phwdin barlys – blasus iawn! Mae'r awdures wedi bod yn glyfar iawn yn y ffordd y mae hi wedi defnyddio bwyd trwy'r nofel. Defnyddir bwyd fel symbol o nifer o deimladau, gan gynnwys hapusrwydd, caredigrwydd, creulondeb, hiraeth a dioddefaint. Hefyd, mae'n ymgodymu â'r broblem o anhwylderau bwyta.

Os ydych chi'n edrych am gynnwrf, antur a phryder, efallai nad hwn ydy'r llyfr i chi. Ar y llaw arall, os ydych chi'n chwilio am lyfr lle mae pob gair yn bwysig, llyfr sy'n llawn o gymeriadau credadwy sy'n eich arwain chi drwy *roller coaster* o emosiynau gyda throbwynt ar y diwedd, yna rydych chi wedi dod o hyd iddo.

Mae *Blasu* yn llyfr sy'n sefyll ben ac ysgwydd uwchlaw llyfrau eraill; mae'r geiriau'n gallu paentio lluniau yn eich meddwl. Dyma'r llyfr gorau yr ydw i wedi ei ddarllen ers amser hir!

Y Golomen Wen

Gwaith Grŵp neu unigol

Sgwrs trydar ar thema agored. Dim mwy nag ugain neges. Lefel: Agored

---

BEIRNIADAETH ALED HALL

Ymgeisiodd y ddau a ganlyn:

Hapusrwydd: Sgwrs drydar yn llifo'n hyfryd gydag iaith raenus heb fawr ddim gwallau iaith o gwbl heblaw am rai pethau bach megis 'wnaeth y babi cyrraedd' ac 'yn y breseb'. Gwnaed defnydd clyfar o'r # a rhaid dweud fy mod wedi hoffi'r testun yn fawr iawn gyda'r wedd fodern ar 'Stori'r Geni', #daiawn.

Clawddwr: Testun hanesyddol, eisteddfodol, gwych, sef sgwrs rhwng 'Y Bardd Trwm dan Bridd Tramor', sef Hedd Wyn (yn y rhyfel), a'i deulu (gartref) – ond teimlaf mai cyfres fach o lythyrau sydd yma yn hytrach na sgwrs drydarol. Sylwais ar ambell air wedi'i gamsillafu, fel 'tywedd' am 'tywydd', Trawsfyned' am Trawsfynydd, 'bwta' yn lle 'bwyta', ac ambell gamdreiglad – e.e. 'i gweithio', 'angen weithio' a 'y cerdd yn canol', ond fe ddaw'r rhain gydag amser, wrth gwrs, #daliwchati.

Rhoddaf y wobr i *Hapusrwydd*.

PARATOI DEUNYDD AR GYFER DYSGWYR

Agored i ddysgwyr a siaradwyr Cymraeg

Cwis cyfrwng Cymraeg i ddysgwyr ar unrhyw ffurf. Ystyrir cyhoeddi'r enillydd ar *Y Bont*

BEIRNIADAETH EDWYN WILLIAMS

Daeth pedair ymgais i law ac roedd pob un yn ddiddorol ac yn cynnig her i'r unigolyn, er bod dau ar y brig.

Y Wylan: Ugain cwestiwn a geir yma. Byddai hwn yn addas ar gyfer dechrau noson i dwymo lan neu i sbarduno trafodaeth. Mae'r cwis yn addas i Gymry iaith gyntaf yn ogystal ag i ddysgwyr ac yn sicr mae'r cwestiynau'n rhai heriol. Mae rhai gwallau gramadegol a byddai angen eu cywiro cyn defnyddio'r cwis. Gan mai ugain cwestiwn yn unig a geir, nid yw'n gwis cyflawn.

Y Soldiwr: Mae chwe rownd i'r cwis hwn. Mae'r ddwy rownd gyntaf yn cynnwys cwestiynau amlddewis a chwestiynau rownd tri yn seiliedig ar Gymru a rownd pedwar ar y Byd. Mae cwestiynau rownd pump yn seiliedig ar ardal Llanelli ac yn hynod addas pe bai'r cwis yn cael ei gynnal yn ardal Eisteddfod Genedlaethol 2014. Rownd o luniau gwahanol ddinasoedd y byd yw'r un olaf ac mae'r ymgeisydd yn nodi y gellid defnyddio'r rhain mewn dosbarth o ddysgwyr i annog sgwrsio. Ceir amrywiaeth dda o gwestiynau sy'n rhoi cyfle i bawb lwyddo a sbarduno'r ymgeiswyr. Defnyddir patrymau cyfarwydd i ddysgwyr yn y cwestiynau. Paratowyd cyfarwyddiadau ar sut i gyflwyno'r cwis a geirfa. Mae'r ffaith fod y cwisfeistr wedi paratoi geirfa ar gyfer dysgwyr yn gwneud y cwis yn addas iawn i dimau o ddysgwyr o bob lefel. At hynny, cynhwysir taflenni ateb sydd yn hwyluso cyflwyno'r cwis. Os bwriedir cyhoeddi'r cwis, bydd angen sicrhau hawl i gyhoeddi'r lluniau.

Du a Gwyn: Sgwâr cris-groes a geir yma a dyma'r ymgais wannaf. Nid yw'r cystadleuydd wedi llwyddo i greu cwis. Nid oes unrhyw gwestiwn wedi ei baratoi a'r cwbl sydd yn rhaid ei wneud yw gosod geiriau o wahanol faint mewn grid parod.

Cari: Gwaith addawol iawn. Mae pedair rownd wedi eu paratoi ac yn sicr maent yn addas ar gyfer dysgwyr. Mae'r rownd gyntaf wedi ei seilio ar drefnolion a'r ail dan y teitl 'Blynyddoedd yn ôl'. Yna, ceir rownd o adnabod logos. Mae'r rownd olaf yn defnyddio llythrennau a rhifau platiau ceir i geisio dyfalu pwy allai fod yn berchennog ar y car – nid tasg hawdd! Mae hwn yn gwis da ar gyfer dysgwyr a theimlaf fod y cysyniad o'r platiau ceir yn hynod effeithiol ond yn rhy anodd ar adegau. Os bwriedir cyhoeddi'r cwis, bydd angen sicrhau bod hawl i ddefnyddio'r logos.

Rhoddaf y wobr i *Y Soldiwr.*

Tlws y Cerddor

Gwaith i ensemble llinynnol (3 ffidil, 3 ail ffidil, 2 fiola, 2 cello ac 1 bas dwbl). Un symudiad neu fwy heb fod yn hwy na 7 munud o hyd)

BEIRNIADAETH LYN DAVIES AC EURON J. WALTERS

Da o beth yw nodi bod wyth ymgeisydd ar gyfer Tlws y Cerddor eleni a'r arddulliau cerddorol yn aml yn wahanol iawn i'w gilydd, yn unol efallai â'r oes amlddiwylliannol rydym yn byw ynddi a chan gofio bod Cymru wedi cynhyrchu cerddorion rhyngwladol amlwg mor wahanol i'w gilydd â'r modernydd blaengar Richard Barratt, a Karl Jenkins, un o gyfansoddwyr mwyaf poblogaidd ein byd ni heddiw. Mae mwyafrif y gweithiau wedi eu cyflwyno'n ddestlus os nad yn broffesiynol, ac anfonwyd hefyd dapiau o amryw o'r gweithiau cyflawn. Mae'n amlwg fod llawer o'r cystadleuwyr yn dal o dan ddylanwad y mudiad 'minimal' lle mae'r harmonïau'n statig am gyfnodau hir a'r diddordeb yn cael ei gynnal trwy ailadrodd ffigurau gwahanol yn y gwead. Rhaid wedyn synhwyro'r union funud i newid yr harmoni er mwyn ennyn datblygiadau thematig. Gwendid nifer o'r cystadleuwyr yw na lwyddasant i wneud hynny bob tro. Does neb yn sefyll ben ac ysgwydd uwch y lleill, ond dyma sylwadau ar bob ymgais.

Estron: 'Rondo i Linynnau'. Braidd yn ansoffistigedig a bratiog yn strwythurol yw'r darn ac er bod esiamplau o fesurau mwy goleuedig mewn mannau, nid yw'r strwythur a'r syniadau crai yn datblygu fawr ddim. Ai cyfansoddwr ifanc sydd yma? Mae'r darn yn berffaith ar gyfer cerddorfa ysgol ond disgwylir rhywbeth mwy uchelgeisiol mewn cystadleuaeth fel hon. Defnyddiwyd 'Sosban Fach' ynghyd â nifer o alawon Cymreig eraill ond heb eu clymu'n un.

Ap Meurig: 'Calmo V'. Mae'r darn yn ddyfeisgar ac yn fentrus o ran arddull a thechneg ac mae'r defnydd a wneir o ganonau drwy'r darn yn gerddorol ddiddorol ond eto'n troi yn ei unfan heb wir ddatblygu syniadau. Ar fater o ymarferoldeb, er i'r cyfansoddwr osod barrau ar rhannau cerddorfaol unigol, does dim ar y sgôr a heb hynny (gallai'r barrau fod yn llinell doredig hwnt ac yma er mwyn cynorthwyo arweinydd, dyweder), byddai arwain y darn braidd yn anodd. Bwriad y cyfansoddwr yw osgoi'r ymdeimlad o acenion amlwg ond byddai modd chwarae'r darn heb acenion a chyda barrau, beth bynnag. Fel arbrawf, nid yw'n taro deuddeg.

D. V. Rhyd: 'Uwch y Cymylau'. Mae'r ddau symudiad wedi eu cyflwyno'n broffesiynol ond bod yr arddull donaidd braidd yn ailadroddllyd (hyd yn oed pan mae'n ymddangos ar ei fwyaf minimalistig) ond rhaid dweud bod gan y cyfansoddwr syniad da o ysgrifennu idiomatig i linynnau. O weld y teitl, disgwyliwyd rhyw naws arallfydol, annelwig ond ni chafwyd hynny. Mae'r cyfan braidd yn statig (er y dechrau hyderus) ac nid yw'r gerddoriaeth yn hedfan. Ceir yn y gwaith ambell gymal effeithiol megis y dudalen olaf.

Adlewych: 'Drych i'r Delfryd'. Ceir llawer o ddychymyg cerddorol yn y darn hwn sy'n argraffiadol gelfydd o'r dechrau'n deg er yn dueddol i orddibynnu ar effeithiau neu bosibiliadau pellach o allu offerynnau llinynnol i greu seiniau gwahanol megis cyseiniau ac yn y blaen. Byddai angen clust go denau i glywed llawer o'r manylion hyn ond mae'r gwaith yn ei grynswth yn dlws a sensitif iawn mewn mannau, hyd yn oed os ydyw braidd yn ddigyfeiriad. Mater o farn ydyw a yw'r effeithiau a'r strwythur yn undod artistig sy'n argyhoeddi'n llwyr. Mae rhan y fiola braidd yn anodd yn dechnegol ac yn ymylu, mewn mannau, ar fod yn anchwaraeadwy. Mae'r manylder eithriadol mewn diwyg hollol broffesiynol ond yn ein tyb ni ein dau mae'r cystadleuydd yn euog o orglyfrwch.

Rigoletto: 'Scherzo Macabre'. Ysgrifennwyd rhan wahanol i bob offeryn (yr unig gystadleuydd i wneud hynny), a hynny'n gelfydd iawn. Mae yma ddigon o amrywiaeth gwead a nifer o fotiffau byrion yn cael eu taflu o ran i ran, a llawer o arwyddion dynameg eithafol cyfagos yn cyfrannu at natur ddireidus a brawychus y darn. Byddai adran ganolog mewn dull *misterioso*, dyweder, yn gwneud hwn yn gyfanwaith mwy boddhaol fyth.

2.4.7.: Twm a Ploryn. Mae'n amlwg o'r gerddoriaeth mai'r un cyfansoddwr sydd yma o safbwynt arddull sy'n rhythmig ymwthiol ynghyd â bod yn hollol ymwybodol o'r priflif blaengar Ewropeaidd. Mae amryw o'r syniadau crai'n gafael ac ar adegau nid yn annhebyg o ran gwrthbwynt ymwthiol i Tippett, dyweder. Yn 'Chwalfa' gan *2.4.7.* y ceir yr ymgais fwyaf llwyddiannus o dipyn. Mae wedi darganfod ffordd i ddianc o rigol y dull minimal a chyflwyno rhywbeth dramatig a hudol. Mae'r teitl yn gwbl addas. O'r dechrau, cawn ffigwr cyson, hyfryd yn y rhannau isel, ac o gam i gam caiff ei ddatblygu mewn modd cynnil iawn, nes iddo, ryw hanner ffordd trwy'r darn, chwalu'n deilchion o dan ymosodiad ysgytwol. Yna, ceir cadensa dirdynnol gan y feiolin, cyn ceisio tynnu popeth ynghyd, gydag adlais o'r hyn a fu. Mae'r diweddglo mewn unsain herfeiddiol a chadarnhaol. Efallai y byddai cadensa hyd yn oed yn fwy effeithiol o'i rannu gyda'r offerynnau eraill er mwyn i bawb gael ei lais, ond heb os mae hwn yn waith cwbl ddeniadol i berfformwyr a chynulleidfa. Yn 'Eigiau' gan *Twm*, mae llawer o'r sylwadau uchod yn berthnasol ond bod y gwaith yn orddibynnol ar gyfyngau sy'n ailadrodd mewn modd anghysurus, braidd. O safbwynt 'Tri Symudiad' *Ploryn*, ein teimlad yw nad oes yma ddigon o sylwedd cerddorol i gynnal tri symudiad. Byddai un symudiad estynedig, fel yng ngweithiau eraill yr ymgeisydd, yn gwneud mwy o synnwyr. Ond yma eto, mae esiamplau o ysgrifennu cyfoethog a chyffrous.

Wedi i ni ein dau bwyso a mesur y cyfansoddiadau eleni a thrafod yn fanwl ragoriaethau'r gwahanol ddarnau, daethom i'r casgliad fod y gweithiau gorau i'w cael gan *Rigoletto, Ploryn, 2.4.7.* a *Twm.* Er mor dderbyniol yw'r 'Rondo Macabre' gan *Rigoletto*, mae gwaith *2.4.7.* wedi apelio fwyfwy wrth ystyried ymhellach a hynny ar sail y dechneg gadarn, y sicrwydd strwythurol a ffresni'r cynnwys sy'n dal i'r dim deitl y darn, 'Chwalfa'. Felly *2.4.7.* biau'r Tlws eleni gyda phob clod.

Emyn-dôn i eiriau John Gwilym Jones

BEIRNIADAETH TYDFIL REES ENSTON

Braint fawr fu cael beirniadu'r gystadleuaeth hon a charwn ddiolch i'r 28 a gystadlodd. Mae'n braf cael gwybod fod cymaint â hynny wedi dangos diddordeb ac wedi mynd ati i gyfansoddi.

Mae geiriau godidog John Gwilym Jones wedi creu gweddi daer ar y ffurf 9898D, mesur digon cyfarwydd i gerddorion caniadaeth y cysegr, gan fod nifer o enghreifftiau enwog ar gael, megis 'Mae ffrydiau 'ngorfoledd' (David Charles, Caerfyrddin); emyn anfarwol Elfed, 'Yr Arglwydd a feddwl amdanaf', ac 'Mi welaf ym medydd fy Arglwydd / Ogoniant gwir grefydd y Groes' y byddwn ni'r Bedyddwyr yn ei ganu (er na chafodd ei gynnwys yn *Caneuon Ffydd*!).

Y peth cyntaf i'w wneud yw darllen y geiriau nifer o weithiau er mwyn cael adnabod y mesur a'r mydr. Cofiwn, wrth gwrs, fod angen ystyried datblygiadau'r byd cyfoes a thybiaf ei bod yn bryd i Bwyllgor Cerdd yr Eisteddfod ystyried gosod tasg i gyfansoddi Cân Gysegredig Fodern a fyddai'n gweddu i gyfryngau cyfarwydd yr oes hon.

Er cystal yr enghreifftiau modern gan Martyn Nystrom a Graham Kendrick a'u tebyg, a genir gan amlaf yn unsain, cofiwn y gwaddol bendigedig sydd gennym fel Cymry o ganiadaeth pedwar llais, gan nad oes yr un genedl arall yn y byd, hyd y gwn i, yn meddu ar ddim tebyg.

Pregethais pan oeddwn yn athrawes gynt wrth y rhai a fynnai gael caneuon modern yn y gwasanaeth boreol mai dim ond yn yr ysgol y byddai'r mwyafrif o'n hieuenctid yn canu a/neu'n clywed ein tonau a'n geiriau annwyl, a bod perygl i'r cwbl ddiflannu heb y trosglwyddiad yma. Credaf ei bod yn ddyletswydd ar ein hysgolion Cymraeg i'w defnyddio.

Wrth feirniadu, euthum ati i ddewis gwaith ar y ffurf draddodiadol, gan y credaf mai i gynulleidfa'n addoli y bwriedir y cyfanwaith gorffenedig.

Roedd y cystadleuwyr yn dangos ystod amrywiol o ddoniau a rhai'n fwy mentrus na'i gilydd. Cafwyd enghreifftiau o donau cryfion gyda chynghanedd fedrus a blaengar, a'r ymgeiswyr ar y cyfan wedi deall a dilyn yr arddull briodol. Mae'r cynnyrch yn rhannu'n bedair adran.

Y bedwaredd adran

Gwnaeth *Ystafell Ddirgel*, *Capten*, *Elfan*, *Heneglwys* ac *O'r Cwm* ymgais weddol ond heb lwyr ddeall nac ateb gofynion y dasg a osodwyd o ran arddull nac o ran safon y gynghanedd. Gobeithiaf y daliant ati i ddysgu mwy ar y grefft.

Y drydedd adran

Dengys gwaith *Iolo Organnwr*, *Penbryn*, *Elystan*, *Heledd*, *Hafren*, *Hawys* a *Morwen* addewid i'r dyfodol ond, ar yr achlysur hwn, collasant beth ar hanfodion y mydr a/neu'r gynghanedd.

Yr ail adran

Mae tonau *Meurig*, *Yfory*, *Tan Rallt*, *Tomos*, *Celyn*, *Betws*, *Iwan*, *Alwen*, *Dinesydd*, *Mabon* a *Pennant* yn arddangos arwyddion clir o ddeallusrwydd a gallu cerddorol. Hoffais ambell gyffyrddiad bach lliwgar a diddorol yma a thraw.

Yr adran gyntaf

Cyfyd gwaith y cystadleuwyr hyn i safon uchel o ran y gerddoriaeth a'r ystyriaethau defosiynol y mae galw amdanynt. Cofiwn o hyd mai gweddi sydd gennym yma ac nid dathliad o fuddugoliaeth neu ymdaith filwrol.

Morgan: Cyfansoddodd dôn yn y dull traddodiadol, gan gynnwys brawddegau cryfion, cytbwys. Mae'r diweddebau'n hwylus a chymen gyda thrawsgyweiriadau priodol. Mae yma ddawn gerddorol amlwg gan un sy'n deall y cyfrwng i'r dim.

Hwntacyma: Cawsom eto dôn gadarn ar y ffurf draddodiadol. Gwelsom gywirdeb safonol o ran y gynghanedd ac roedd y diweddebau'n gorffwys yn esmwyth. Adeiladwyd yn effeithiol at uchafbwynt cyn diwedd y dôn ac roedd y cwbl yn rhedeg yn syml a llyfn.

Rhys: Ymgais o ansawdd cynganeddol sicr, a'r mydr yn dilyn yr osgo emynyddol a ddisgwyliwn, gyda'r diweddebau'n digwydd yn ystwyth a naturiol. Cafwyd trawsgyweiriad boddhaol ar ganol y dôn, a dilynwyd hynny gan nifer o gymalau unsain tra effeithiol. Adeiladwyd yn gelfydd at ddiweddglo hyfryd i dôn a hoffais yn fawr.

Selyf: Gwelwn fod y cyfansoddwr hwn yn hen gyfarwydd ag arddull canu cynulleidfaol. Mae yma emyn-dôn o sylwedd ac iddi lif cerddorol hyfryd. Mae'r defnydd o ddilyniannau prydferth a chofiadwy yn arwain at ddiweddglo campus. Da iawn.

Mab y Môr: Yn y dôn 'Rhyd-lydan', cawsom waith aruchel o ran mydr, cynghanedd ac alaw. Mae yma arddangosiad meistrolgar o natur yr emyn-dôn gynulleidfaol draddodiadol ar ei gorau. Fe lifa'r alaw'n rhwydd a swynol a'r cordiau'n ei chynnal yn sicr gydag ambell gyffyrddiad lliwgar o gordiau'r 7fed. Symudwyd wedi'r hanner ffordd drwy gyfrwng y 6ed Almaenig i gywair dieithr anturus – ond dim ond am un cymal cyn troi'n ôl gartre' i adeiladu'n gelfydd cyn y diwedd at uchafbwynt bendigedig. Mae'r emyn-dôn ar ei hyd yn gerddorol, ystyriol a chanadwy, a hyfrydwch o'r mwyaf i mi yw cael cyhoeddi mai *Mab y Môr* gyda'i waith, 'Rhyd-lydan', a ddyfarnaf yn fuddugol eleni.

Yr Emyn-dôn Fuddugol 2014
(i eiriau John Gwilym Jones)

Gad inni dy weld yn dod atom
    fel heulwen ar doriad y dydd
gan doddi drwy'r rhew sy'n ein henaid
    a'r barrug sy'n fferru ein ffydd.
Rhyddha ni o'n hofer ddefodau
    a'n daliodd am dymor mor faith,
a dangos y wlad o lawenydd
    a gawn wrth lafurio'n dy waith.

Llefara dy syml wirionedd
    drwy dryblith ein geiriau i gyd;
pan glywir trugaredd dy gariad
    distawed doethineb y byd;
mynega addewid maddeuant
    fel eli ar bryder a braw
nes ildiwn i fentro'r yfory
    yng ngafael cadernid dy law.

Yn awr, a'n hyfory yn disgwyl,
    rho glywed yr her yn dy lais
i ddymchwel y byrddau sy'n llunio
    rhyfeloedd casineb a thrais;
a'n herio i weini tosturi
    hyd strydoedd y newyn a'r haint,
gan ddilyn y traed fu dan hoelion
    a synnu mor wyrthiol yw'n braint.

Mab y Môr

Chwech o ganeuon unsain ar gyfer ysgolion cynradd

BEIRNIADAETH J. EIRIAN JONES

Mentrodd pedwar ymgeisydd i'r gystadleuaeth hon a da cael dweud bod y safon yn gyffredinol uchel gyda rhinweddau'n perthyn i waith y pedwar. Y gamp amlwg, wrth gwrs, yw ceisio cynnal cysondeb drwy'r casgliad a dyna, gwaetha'r modd, fu'n faen tramgwydd i ambell ymdrech. Rhaid canmol y pedwar ymgeisydd am arfer gofal wrth ddewis geiriau i'w gosod, gan osgoi'r demtasiwn i orlwytho lleisiau ifainc gyda gofynion afresymol. Mater pwysig arall i'w ystyried yw'r cyfeiliant piano; mae angen iddo gynnig cefnogaeth heb fod yn rhy ymwthiol a bod, hefyd, o fewn cyrraedd pianyddion llai profiadol.

Mari: Cafwyd amrywiaeth bleserus iawn o fewn y casgliad hwn yn ymestyn o garol Nadolig, 'Geni Iesu', at anturiaethau'r 'Llygoden Fach'. Nodwyd y cyfan, gan gynnwys y geiriau, mewn llawysgrifen daclus a chafwyd syniad da am greu alawon canadwy i'r llais ynghyd â chyfeiliannau pwrpasol. Gosodwyd y geiriau'n gywir bob tro ac mae i bob cân ffurf glir. Teimlwyd mai 'Y Glaw' oedd cân gryfaf y casgliad, gyda'i ffigur cyfeiliant bachog. Un pennill a gafwyd er bod marciau ailadrodd clir ar gyfer ail bennill ar y copi. Teimlwyd bod arddull y walts yn gwbl addas i'r gosodiad o 'Y Garafán' ac effeithiol iawn hefyd oedd cyffyrddiadau cromatig yr alaw yng nghymal agoriadol 'Y Llygoden Fach' ynghyd â'r defnydd o gord cywasg y seithfed. Er hyn, teimlwyd bod rhai cymalau (mewn nifer o'r caneuon) yn uchel o gofio ystod oedran y plant dan sylw. Byddai hefyd wedi bod yn dda cael gweld mwy o amrywiaeth o safbwynt arddulliau cerddorol o fewn y casgliad a cheisio osgoi gorddefnyddio'r ffurf stroffig.

5 y Dydd: Yma defnyddiwyd rhaglen gyfrifiadurol i gofnodi'r gwaith a chyflwynwyd cryno ddisg o'r chwe chân yn ogystal. Darparwyd hefyd gopi o'r geiriau ar wahân i'r gerddoriaeth – defnyddiol iawn. Yn ychwanegol at y cyfeiliant piano disgwyliedig, cafwyd rhannau ar gyfer offerynnau taro ac offerynnau melodig i'w defnyddio neu eu hepgor yn ôl y galw – syniad da o gofio mai cyfansoddi ar gyfer ysgolion cynradd oedd y gofyn. Mae'r caneuon yn frith o syniadau cerddorol gwreiddiol a dychmygus, gyda'r ysgrifennu lleisiol yn syrthio'n gyffyrddus o fewn cwmpawd lleisiol yr oedran a bennwyd. Roedd yr amrywiaeth o safbwynt cynnwys ac arddull o fewn y casgliad hwn yn ardderchog. Mae cyfeiliant trawsacennog a chyffrous 'Y Tymhorau' yn hoelio'n sylw ar unwaith gyda'r offerynnau cyfeiliant ychwanegol yn fodd i gynnal ein diddordeb. Sefydlwyd awyrgylch emynaidd cwbl bwrpasol yn 'Gwneud y Pethau Bach' gyda rhannau'r ffidil a'r cello yn cyfrannu'n llwyddiannus at osod y naws. Hoffais y cyffyrddiadau cyweiriol hynod o ddiddorol a gafwyd yng ngosodiad 'Cofiwn Blant y Byd', gyda'r ffigurau cyfeiliant ar y piano yn cynnig digon o amrywiaeth drwy gydol y gân. Ceir clo grymus a gafaelgar gyda'r newid cywair i B^b fwyaf. Mae'r gosodiad hwyliog a diddorol o '5 y dydd' gyda'i symud parhaus rhwng F fwyaf a D leiaf yn creu cyferbyniad da o fewn y chwe chân ac yn glo cofiadwy i'r casgliad cyfan. Ymdrech i'w chanmol.

Barras: Amlygwyd nifer o syniadau ffres yng nghaneuon y cystadleuydd hwn gyda'r amrywiaeth o safbwynt themâu'r farddoniaeth yn cynnig digon o sgôp am gyferbyniad effeithiol o fewn y casgliad. Cafwyd yma alawon i'r llais yn llifo'n gerddorol ynghyd â chrebwyll da hefyd o sut i greu cyfeiliannau piano trawiadol. Hoffwn yn arbennig y cwaferi esmwyth sy'n darlunio tonnau'r môr yn 'Clychau Cantre'r Gwaelod', heb anghofio'r hanner cwaferi byrlymus a ddisgrifia'r storm. Hoffwn hefyd y cyffyrddiadau harmonig diddorol a gafwyd rhwng barrau 24 a 29. Egyr 'Llangrannog' yn addawol, gan osod seiliau rhythmig cadarn ar ddilyniant cryf o gordiau ond, gwaetha'r modd, teimlwyd bod y llithrennau niferus yn gwanhau'r elfen rythmig sydd mor hanfodol i drosglwyddo naws y geiriau. Cynhwyswyd dwy garol Nadolig yn y casgliad ac mae i'r ddwy gyfeiliannau piano sy'n gydnaws â gofynion y geiriau. Ceir adeiladwaith crefftus iawn yng nghytgan 'Gŵyl y Nadolig' sy'n arwain at uchafbwynt teilwng a llwyddiannus. Penderfyniad mentrus oedd gosod geiriau 'Mr Pigog' i gerddoriaeth a hynny am fod y newid cyson ym mydr y geiriau mor heriol. Canmolaf yr ymdrech i nodi rhythmau posib i eiriau penillion 2 a 3 ond ni theimlwn fod y prif acenion yma yn disgyn yn gwbl esmwyth bob tro. Roedd y defnydd o nodau cromatig yn yr alaw yn drawiadol ond teimlwn hefyd mai braidd yn uchel oedd ambell gymal o gofio'r ystod oedran. Diolch yn fawr am arfer cymaint o ofal wrth nodi'r caneuon; defnyddiwyd rhaglen gyfrifiadurol ond fe ychwanegwyd hefyd nifer o fanylion perthnasol â llaw.

Gwin Coch: Cynlluniwyd yr ymdrech hon ar ffurf cylch o ganeuon i'w perfformio (o bosib) yn ddi-dor. Mae'r cerddi a ddewiswyd yn rhai addas ac yn sicr o fewn dealltwriaeth ystod oedran y gystadleuaeth a cheir llinyn cyswllt amlwg rhyngddynt. Eto, mae'r caneuon yn wrthgyferbyniol ac yn cynnig digon o gyfle i sicrhau amrywiaeth. Egyr y gân gyntaf yn fyrlymus a bachog gyda rhythmau trawsacennog a chyffrous. Mae i osodiad 'Ymhen Cenedlaethau' alaw afaelgar yn gorwedd ar ddilyniant cryf o gordiau ac fe welir yma hefyd, fel gyda'r gân gyntaf, syniad ardderchog am drawsgyweirio effeithiol i gynnal y diddordeb. Mae'r gosodiadau o 'Ym Mhentref Nazareth', 'Cân y Doethion' a 'Diweddglo' yn hynod o swynol gyda chyfeiliannau sy'n atgyfnerthu naws y geiriau bob tro. Llwyddwyd i ddal hiwmor y geiriau yn 'Cân y Bugeiliaid' gyda'r arddull 'swing a jeif' yn taro'r union nodyn yr oedd ei angen. Seiliwyd y cyfan ar batrwm Blŵs 12 bar hynod hwyliog. Yn ddi-os, fe fyddai hon yn apelio'n syth. Hawdd gweld bod yma gyfansoddwr wrth reddf ac aeddfed ei syniadau ond, gwaetha'r modd, ceir enghreifftiau o ganu deulais o fewn rhai o'r caneuon ac felly nid oeddent bob tro yn ateb union ofynion y gystadleuaeth hon.

Diolch i'r holl gyfansoddwyr am eu hymdrechion a diolch iddynt hefyd am y pleser o gael bwrw llinyn mesur dros eu gwaith. Dyfarnaf y wobr i 5 y *Dydd*, gan obeithio y cawn weld cyhoeddi'r casgliad yn fuan!

Carol blygain i ddau neu dri llais yn y dull traddodiadol

BEIRNIADAETH RHIANNON IFANS A BETHAN BRYN

Daeth saith alaw i law ac roedd safon y cyfansoddiadau'n uchel ar y cyfan.

Wrth gyfansoddi alaw ar gyfer carol blygain, mae disgwyl bod iddi naws addolgar a'i bod, ar yr un pryd, yn gyfrwng i gyfleu gwybodaeth ysgrythurol a phrif bwyntiau'r ffydd. Byddai'n braf gweld hefyd fod rhai o'r hen elfennau cerddorol cyfarwydd yng ngwead yr alawon newydd hyn gan mai'r cyfarwyddyd penodol eleni oedd cyfansoddi 'yn y dull traddodiadol'.

Ffoadur: 'Herod sy'n dod o hyd'. Mae tinc ychydig yn fodern i'r alaw ac i'r cynganeddiad ac felly, er ei hyfryted ac er mor effeithiol ydyw'r cyfanwaith fel carol Nadolig, nid yw naws y garol blygain draddodiadol yn ddigon cryf yn y darn hwn.

Dathlu: 'Fe ddaeth y dydd'. Cafwyd alaw hyfryd a chofiadwy, a'r harmonïau'n rhedeg drwyddi'n esmwyth a chynnes. Efallai y byddai'n well pe bai'r gair cyntaf, 'Fe', mewn anacrwsis er mwyn i rythmau'r geiriau syrthio'n fwy naturiol yn y barrau agoriadol, ond cafwyd adeiladu hyfryd o gerddorol yn yr ail hanner. Wrth gloi, efallai y gellid naill ai ganu'r llinell 'Arloeswr ein ffydd' yn unsain neu ei chynganeddu'n llawn, yn hytrach na gadael dau nodyn yn ddigynghanedd.

Hafren: 'Carol Blygain'. Dyma ymgais hynod ganadwy ar y geiriau poblogaidd, 'Ar dymor gaeaf'. Mae nifer o uchafbwyntiau effeithiol i'r gwaith hwn. Clywir tinc traddodiadol yma er bod ffresni hefyd i rai o'r cordiau. Gwerthfawrogwyd yr elfen ffiwgaidd dri chwarter ffordd drwy'r pennill, ac mae'r alaw dlos yn cario'r gwaith yn ei flaen yn hwylus. Efallai fod angen edrych eto ar ambell gynganeddiad, fodd bynnag.

Madryn: 'Carol Blygain'. Mae angen sopranos da i ganu hon, a chyflwynir yma gyfleoedd i drosglwyddo moliant addoliad. Mae yma wreiddioldeb a chordiau soniarus ond efallai fod ailadrodd y llinell olaf yn fwy nodweddiadol o emyn-dôn nag o garol blygain.

Teilo: 'Y Glaswelltyn'. Alaw seml, addas ar gyfer carol blygain draddodiadol. Byddai'n braf pe bai'r cantorion yn cael mwy o amrywiaeth nodau yn y cwpled cyntaf, serch hynny, yn enwedig ym marrau 2, 4 a 6. Ond cynigir mwy o felodi ac amrywiaeth cynghanedd yn yr ail gwpled.

Dyfrig: 'Betty Brown'. Dyma garol sy'n symud yn gyflym ac sy'n ddeniadol ei rhythmau. Mae rhywbeth agos at y pridd ynghylch y gwaith hwn ac mae potensial mawr iddo. Gwaith ar gyfer dau lais ydyw ond, fel y saif, mae gormod o unsain ynddo ac efallai fod dau wythawd a hanner yn ormod o fwlch rhwng nodyn y soprano a nodyn y bas yn y bar clo.

Niclas: 'Carol Blygain'. Dyma gyflwyniad bleraf y gystadleuaeth a'r unig waith a gyflwynwyd wedi'i ysgrifennu â llaw. Ond wedi craffu cryn dipyn, gwelwyd bod yma felodi hyfryd, wedi'i chynganeddu'n gerddorol. Efallai y byddai B$^\flat$ yn well nag G ar '*welo*', a gellid edrych eto ar gynganeddiad 'Ceidwad' er mwyn rhoi llinell gryfach i'r llais bas. Eto, byddai A yn fwy naturiol na B$^\flat$ ar ganol y gair 'addfwyn', yn enwedig ar ôl dod o'r cord blaenorol. Ond manion yw'r rhain mewn cyfansoddiad aeddfed.

Mewn cystadleuaeth ddiddorol, dyfernir £125 i *Niclas* a £75 i *Dathlu*.

Gosodiad SATB neu TTBB, gan ddefnyddio rhan o eiriau'r offeren draddodiadol

Daeth saith ymgais i law; dyma ychydig sylwadau ar bob un.

Iolo Organnwr: 'Sanctaidd, Sanctaidd' ('Sanctus'). Gosodiad hirfaith a heriol ar gyfer Côr SATB a chyfeiliant piano. Yn sicr, mae'r cyfansoddiad hwn, sydd mewn arddull gyfoes unigryw, yn arddangos sgiliau cyfansoddi ardderchog. Mae'r agoriad *ppp*, 'Sanctaidd, Sanctaidd', yn gosod naws gyfriniol i'r gwaith o'r cychwyn cyntaf. Drwy gydol y gwaith, cawn nifer o atganau lleisiol adeiladol, anghytseiniol a chytseiniol. Mae'r harmonïau'n gyfansawdd, a'r dosraniad lleisiol yn gosod her i'r cantorion. Mae'r cynhwysion cerddorol pwysicaf, megis ffiwg, gwrthacenion rhythmig, cyfeiliant- *ostinati* a newid mydr, i gyd yn bresennol. Rhaid cyfeirio at y diweddglo cynhyrfus, 'Molwch yn dragwyddol', lle mae'r corws yn canu'n homoffonig *ff* mewn moliant diffuant. Dyma uchafbwynt teilwng a gafaelgar i gyfansoddiad cyfoes a mynegiannol.

Gosber: 'Oen Duw' ('Agnus Dei'). Cyfansoddiad crefftus ar gyfer Côr Meibion TTBB a chyfeiliant piano. Mae'r motiff 4 nodyn pruddaidd agoriadol yn creu awyrgylch o barchedig ofn. Hefyd, mae'r cyfeiliant llaw chwith gwrthacennog yn ychwanegu at ddwyster yr agoriad. Mae'r cyfansoddi'n arddangos dealltwriaeth o'r *genre* drwy ddosrannu'r rhannau lleisiol yn ofalus. Rwy'n hoff o'r harmonïau diatonig a'r tonyddeiddio lliwgar sydd yn y gwaith. Hefyd, mae'r adran ddigyfeiliant yn drawiadol. Ceir diweddglo effeithiol sy'n defnyddio'r deunydd agoriadol ond gydag adran y bas yn ateb yn antiffonïaidd mewn cyfwng agored sy'n debyg i'r hyn a geid yn arddull cyfnod y Dadeni.

Hywyn: 'Bendigedig' ('Benedictus'). Gwaith canadwy ar gyfer SATB a chyfeiliant piano sydd yma yn y cywair llon mewn mesur triphlyg. Mae cymesuredd y brawddegau'n golygu bod y cyfansoddiad yn llifo'n rhwydd gyda phob llais yn cael rhan ddiddorol. Mae'r adran gyntaf yn emynyddol ei naws ac yn sefydlu cartref cyweiredd sicr i'r adran gyntaf. Cawn harmonïau diatonig da ynghyd â nifer o ddilyniannau seingar pwrpasol. Rwy'n hoff o'r adran ganol, 'Hosanna yn y goruchaf', wrth i bob llais gael cyfle i ddatgan y motiff rhythmig ffiwgaidd. Tybed a oes modd ymestyn a datblygu ychydig ar yr adran gyferbyniol hon? Mae'r cyfeiliant piano'n syml ond yn cynnal y rhannau corawl gydag addurniadau cwaferi derbyniol.

Palmwydden: 'Sanctus'. Gosodiad gofalus a chanmoladwy ar gyfer Côr SATB, unawdydd soprano a thenor, a chyfeiliant piano. Y peth cyntaf sy'n denu fy mryd yw'r agoriad defosiynol yn y cyfeiliant uwchben nodyn pedal. Mae esblygiad a dilyniant cadarn yr harmonïau yn yr adran gyntaf hon yn lliwgar ac yn effeithiol wrth i'r cyfansoddwr ddefnyddio'r unawdwyr i gyfoethogi'r sain. Rwy'n hoff o'r adran ganol, 'Y ddaear a'r nef', sy'n gyflymach na'r adran gyntaf wrth ddilyn arfer yr Offeren. Mae'r rhannau'n llifo yma wrth symud i'r cyweirnod llon. Hefyd, mae'r atebion antiffonïaidd trawiadol sydd rhwng y côr a'r unawdwyr yn sicrhau diweddglo grymus i'r adran hon. Ceir llawer o ddyfeisiadau cyfansoddi effeithiol yn y cyfeiliant yn ogystal ag yn yr ysgrifennu lleisiol, megis cordiau cromatig a chordiau enharmonig cyferbyniol.

Lulu: 'Requiem Aeternam'. Cyfansoddiad gafaelgar a myfyrgar ar gyfer TTBB a phiano. Cordiau araf, tawel, pwerus a chyfansawdd sy'n gosod y seiliau i'r darn hwn. Hoffaf y cyfeiliant llaw chwith *ostinato* sy'n cyfeilio i leisiau'r tenoriaid a'r motiff 3 nodyn arwyddocaol. Mae'r gwead yn yr adran agoriadol hon yn denau gyda chynganeddu sy'n arddangos gwybodaeth y cyfansoddwr o liw a *thimbre* lleisiau meibion. Mae ffocws yr alaw'n newid o'r tenoriaid i'r baswyr unwaith eto gyda chynganeddu dyfeisgar. Gwelir hyn yn adran y *Codetta* wrth i'r motiff agoriadol ddychwelyd drachefn yn gylchol ac yn dawel wedi uchafbwynt grymus y barrau cynt.

Padarn: 'Gloria'. Gosodiad cyffrous a rhythmig ar gyfer TTBB a phiano. Hoffaf yr amrywiaeth mydr wrth symud o'r cyfansawdd i'r syml ac yn ôl yn ystod y darn. Mae cyflymdra *Allegro* y gwaith yn golygu bod angen i'r gwead fod yn weddol denau. Hoffaf yn fawr y cyfeiliant rhythmig sy'n defnyddio dyfeisiadau cyfansoddi megis dilyniant *arpeggi* a chordiau clwstwr effeithiol. Mae gorfoledd y tenoriaid yn yr alaw agoriadol yn cael ei ailadrodd gan leisiau unsain y bas – a hynny 5ed yn is, fel sy'n arferol mewn ffiwg. Mae'r atgan ganol yn dangos gallu'r cyfansoddwr i ysgrifennu harmoni clòs diatonig. Cawn enghreifftiau o ysgrifennu is-alawon da hefyd pan ddaw'r alaw agoriadol yn ôl drachefn yn y *Codetta*. Diweddglo gwych i ddarn rhythmig a bywiog.

Siocled: 'Dyro i ni dangnefedd'. Gwaith byr ond effeithiol ar gyfer Côr SATB ac organ. Rwy'n hoff o'r agoriad tawel homoffonig sy'n graddol ddatblygu uwchben pedal y tonydd ar yr organ. Defnyddir y ddyfais gyfansoddi 'galwad ac ateb' yn effeithiol yn yr agoriad hwn hefyd, yn ogystal ag yn yr atgan ganolig, 'Credaf yn un Duw, a'r Ysbryd Glân'. Teimlaf, fodd bynnag, fod yma orddefnydd o ohiriannau ac adferiadau ar y cymal 'Grist anedig Fab ein Harglwydd Dduw'. Cawn rai cyffyrddiadau moddol da tua diwedd y cyfansoddiad. Mae'r tonyddeiddio a'r dilyniant cromatig yn y ddau gymal 'Amen' olaf yn ffuantus braidd; nid ydynt yn gorwedd yn seinyddol gyffyrddus gyda'i gilydd.

Rhoddaf y wobr i *Iolo Organnwr*.

Cystadleuaeth i ddisgyblion ysgolion uwchradd a cholegau trydyddol 16-19 oed

Cyflwyno ffolio sy'n cynnwys amrywiaeth o ddarnau gwreiddiol. Cyfanswm amser y cyflwyniad i fod rhwng 5 a 7 munud a gellir cyflwyno'r gwaith ar ffurf cryno ddisg neu gyfarpar technegol addas

BEIRNIADAETH EINION DAFYDD

Daeth pum ymgais i law a rhaid dweud i mi gael cryn foddhad wrth wrando ar gynnyrch mewn amryw o arddulliau. Cefais fy mhlesio hefyd gan ddiwyg proffesiynol y pecynnau. Gwelir mân wallau yn rhai o'r sgorau ond dyma ymgeiswyr medal gyfansoddi'r dyfodol bid siŵr.

Saunders: Cyflwynodd dri darn. Er bod y cyntaf, cân gelf 'Y Gŵr sydd ar y gorwel', braidd yn gyfyng o ran dewis cordiau, mae'r 'Preliwd' i offerynnau pres yn ddarn effeithiol, ond dengys feistrolaeth crefft yn 'Ymbarél Storm Aber'. Yma, mae'n defnyddio'r gyfres 12 tôn i greu nid darn anghytsain ond darn hynod gofiadwy sy'n parchu arferion yr arddull.

Ynys: Mae 'Pelydrau'r Haul' yn ddarn digon effeithiol ond efallai mai ei wendid ydy'r ymdeimlad o gyfansoddi o far i far yn hytrach nag o gymal i gymal. Eto i gyd, mae 'Creigiau Aberdaron' yn osodiad pur effeithiol o eiriau Cynan.

Delyth: Mae'r ddau ddarn a gyflwynodd yn dangos bod gan y cystadleuydd sgiliau cyfansoddi da ond os ydy 'Cysgodion y Wawr' ychydig yn slafaidd o ran efelychiant a pharhad, mae 'Gweddi Dros Gymru' yn creu naws briodol i eiriau Valentine. Serch hynny, rwy'n teimlo bod y rhediadau hanner cwaferi digyfeiriad yn llethu'r darn.

Grug: 'La Noche' ydy darn cyntaf y cystadleuydd hwn ac mae'n llwyddo'n syth i greu naws. Mae'r darn yn bwrw iddi gyda ffigurau sy'n codi uwchlaw'r llinell far ac yn adleisio gweithiau Debussy. Cefais fy hun yn gwrando ar y darn hwn sawl gwaith. Mae 'Feuilles d'été' yn seiliedig ar rwndfas 4 bar a rhaid dweud bod y cyfansoddwr wedi meistroli'r grefft o amrywio'r rhannau uchaf yn effeithiol dros ben. Mae'r gwaith yn arddangos cryn aeddfedrwydd creadigol.

Y Gyrt: 'Carol y Cofio' yw'r darn cyntaf ar gyfer côr pedwar llais – sy'n ymrannu'n wyth llais – ac organ. Ceir brawddegu coeth, rhythmau a gohiriannau cyhyrog a defnydd pwrpasol o'r organ. Mae'n ddarn sy'n diweddu gydag uchafbwynt pwerus iawn. Gwrandewais ar yr ail ddarn, 'Sidan', yn ddisgwylgar a chanfod darn arall wedi'i saernïo'n grefftus ond mewn arddull gyfoes y tro hwn. Mi fyddai'r darn yn haeddu gwobr oherwydd y diweddglo'n unig ond rydw i'n mynd i ddyfarnu'r wobr gyntaf i *Y Gyrt* am y pecyn cyfan.

ADRAN GWYDDONIAETH A THECHNOLEG

CYFANSODDI

Erthygl Gymraeg yn ymwneud â phwnc gwyddonol ac yn addas i gynulleidfa eang heb fod yn hwy na 1,000 o eiriau. Croesewir y defnydd o dablau, diagramau a lluniau amrywiol. Caniateir mwy nag un awdur. Ystyrir cyhoeddi'r erthygl fuddugol yn y cyfnodolyn *Gwerddon*.

BEIRNIADAETH JOHN S. DAVIES

Derbyniwyd pum erthygl, tair ohonynt ar yr ochr feddygol, a'r ddwy arall yn erthyglau cyffredinol. Yn y tair gyntaf y gwelwyd y wyddoniaeth yn fwyaf amlwg, ac erthyglau hanesyddol fyddai'r ffordd orau i ddiffinio themâu'r ddwy arall. I mi, chwilio am ddarn o wyddoniaeth gyfoes oedd yn cael ei gyflwyno'n ddigon clir i leygwyr oedd y dasg, er bod crybwyll y cyfnodolyn *Gwerddon* (Cylchgrawn Ymchwil) yng ngeiriad y gystadleuaeth yn cymhlethu pethau. Daeth dwy erthygl, un yn trafod trallwyso gwaed a'r llall yn ymdrin â chancr y coluddyn, o fewn ffiniau'r gystadleuaeth.

Cae Meddyg: 'Pa mor ddibynadwy'. Erthygl yn olrhain manteision ac anfanteision offer i fonitro glwcos yn y gwaed, sy'n bwysig o ran rheoli clefyd y siwgr. Roedd y diwyg a'r lluniau'n dda a'r cynnwys yn adlewyrchu arbenigedd yn y maes, a'r dewis o offer diweddaraf yn addas. Ond anghyson yw'r erthygl, yn cynnwys canlyniadau manwl un claf, a chyfeiriadau at sut i ddefnyddio'r offer, yng nghanol trafodaeth ehangach a fyddai'n fwy addas i erthygl fil o eiriau. Mae llawer gormod o waith cymhennu'r ieithwedd.

Giff a Gaff: 'Trallwyso Gwaed'. Erthygl sy'n herio'r drefniadaeth arferol o drallwyso gwaed pan fo'r claf yn dangos ei fod yn brin o waed am ba bynnag reswm. Ceir disgrifiad clir o'r modd y mae'r Gwasanaeth Trallwyso'n casglu a pharatoi'r celloedd cochion, ac amlygir y gwahaniaeth rhwng y celloedd a drallwysir a gwaed ffres. Amlinellir yr effeithiau y gall trallwyso'i gael ar y corff a rhai o anfanteision y 'gwaed newydd'. Mae'r fiocemeg sy'n deillio o 'drallwyso' yn rhan o'r cefndir a roddir i gwestiynu effeithiolrwydd trallwyso. Mae'r ieithwedd yn ddealladwy, er bod ambell gymal clogyrnaidd yn haeddu beiro coch y golygydd.

Jini: 'Sgrinio Cancr y Coluddyn yng Nghymru: Y Pum Mlynedd Cyntaf'. Cyflwynir y testun drwy adolygu'r ystadegau am gancr ym Mhrydain, a'r modd y mae'r cyflwr yn ei amlygu ei hun. Yna ceir disgrifiad o'r prawf sgrinio sydd yn digwydd ers pum mlynedd yng Nghymru, a pha sector o'r boblogaeth sy'n gynwysedig yn y 605,000 a sgriniwyd. Darganfuwyd bod 2.3% yn bositif, ac roedd angen i ryw 9% o'r rhain gael triniaeth ar ôl colonosgopi. Mae'r ieithwedd yn llifo'n rhwydd a chanlyniadau'r sgrinio wedi eu disgrifio'n glir, ond teimlaf mai braidd yn arwynebol yw'r cynnwys.

Pedr Dafis: 'Ager'. Pwysleisio cyfraniad ager i fyd trafnidiaeth a diwydiant yn ystod y chwyldro diwydiannol yw byrdwn yr erthygl hon. Felly, dim ond ager a all fod yn gnewyllyn gwyddonol i'r erthygl ac yn hynny o beth mae'n rhy gyfyng. Priod le'r erthygl fyddai mewn cylchgrawn hanes.

Un Cam Bach: 'Gwleidyddiaeth y Gofod'. Erthygl wedi ei chyflwyno'n dda, mewn ieithwedd glir a sawl llun pwrpasol o'r offer a ddefnyddiwyd yn y Ras Ofod. Yn y bôn, erthygl hanesyddol yw hon, gyda pheth gwleidyddiaeth y cyfnod yn cael ei bwyso a'i fesur. Anodd ei gweld yn gorffwys yn rhwydd yng nghlorian erthygl wyddonol.

Yr erthygl sydd wedi llwyddo orau i gyflwyno darn o wyddoniaeth gyfoes i fyd y lleygwr yw un *Giff a Gaff*. Ond a fyddai lleygwyr yn gyfforddus gyda dadl arbenigol sy'n cwestiynu cyfundrefn mor dyngedfennol â thrallwyso gwaed, heb fedru cloriannu'r effeithiau positif hefyd? Anodd penderfynu. Ond fel rhagflas o erthygl a allai gael ei datblygu'n addas i *Gwerddon*, yna mae'n gyflwyniad teilwng. Penderfyniad anodd ond rhoi'r wobr i *Giff a Gaff* fydd yn deg eleni.

[Gan yr ystyrir cyhoeddi'r erthygl fuddugol yn y cyfnodolyn *Gwerddon*, penderfynwyd peidio â'i chynnwys yn y gyfrol hon – Golygydd]

Gwobr Arloesedd. Cystadleuaeth i wobrwyo syniad creadigol sydd er budd i'r gymdeithas. Gall fod yn syniad neu ddyfais hollol newydd neu'n ateb i broblem bresennol mewn unrhyw faes (e.e. amgylchedd, amaethyddiaeth, meddygaeth, technoleg, peirianneg). Gofynnir am geisiadau heb fod yn hwy na 1,000 o eiriau sy'n amlinellu'r syniad. Gall fod yn waith sydd wedi ei gyflawni'n barod neu'n gysyniad newydd. Croesewir gwaith unigolyn neu waith grŵp.

BEIRNIADAETH GARETH CEMLYN JONES

Cystadleuaeth newydd yw hon, gyda gwobr sylweddol, ond roedd y nifer o ymgeiswyr braidd yn siomedig. Dim ond pedair ymgais a dderbyniwyd ac o'r rhain roedd dwy ymgais gan grwpiau ysgol a dwy gan unigolion. Braf oedd gweld dylanwad Crest a Chynllun Addysg Peirianneg Cymru ar y ddwy ymgais a ddaeth o'r ysgolion.

Roedd gofynion y gystadleuaeth yn syml. Beirniadwyd ar sail gwreiddioldeb, cywirdeb y dechnoleg, budd i'r 'gymdeithas', a safon y cyflwyniad. Roedd elfen o wreiddioldeb ymhob un o'r pedair ymgais, er na chynhwysant syniadau hollol newydd. Roedd dwy ymgais yn amcanu at ddatrys problemau mawr y byd, gan gynnwys newid yn yr hinsawdd a diffyg dŵr glân i ffrwythloni tir. Yn y dyfodol, hoffid cael ymgeision tipyn llai uchelgeisiol – e.e. teclyn neu syniad ymarferol i hwyluso bywyd pob dydd neu wella proses, efallai.

Eiry Rees Thomas: Cynnwys digidol ar ffurf aps i gefnogi addysg i blant yw'r ymgais hon, dan y teitl 'Y Sbridion'. Llenwi bwlch mewn adnoddau dysgu yw'r bwriad, gan dargedu plant a rhieni. Datblygodd yr ymgeisydd fersiwn Cymraeg a Saesneg o'r ap, gan gyfeirio at adnoddau eraill sydd ar gael, megis gwefan, a chyfeiriad at gyfres o lyfrau a chyflenwad dosbarth sydd i ddilyn. Mae'r adnoddau a'r cynnwys yn wefreiddiol ac yn broffesiynol iawn gyda'r gallu i ysgogi diddordeb yn yr iaith a dysgu. Rhaid ystyried pa mor arloesol a gwreiddiol yw'r syniad, gyda nifer o adnoddau digidol tebyg yn cael eu datblygu er nad wedi eu targedu'n uniongyrchol, efallai, at addysg Gymraeg.

Heisenberg: Awgrym yr ymgeisydd hwn yw defnyddio ynni'r haul drwy baneli solar i anweddu dŵr hallt o'r môr ac wedyn ei gyddwyso i greu dŵr glân i ffrwythloni tir. Teimlai'r ymgeisydd fod gormod o bwyslais ar gynhyrchu trydan a chreu elw, heb ystyried y tir. Dyma gyfle i ddefnyddio ynni gwastraff o'r paneli PV, gan wella effeithiolrwydd y paneli yr un pryd.

Mae'r defnydd o'r haul a phaneli PV i buro dŵr yn cael ei arbrofi yn Chile eisoes fel ffordd o ffrwythloni tir amaeth ac mae system brototeip wedi ei sefydlu. Er hynny, credir bod elfennau o wreiddioldeb yn y syniad hwn a dylid ei gydnabod.

Ysgol Gyfun y Strade: Cyflwyniad o waith a baratowyd er mwyn Cynllun Gwobr Crest yw'r gwaith hwn. Edrychwyd ar ddefnyddio lithiwm hydrocsid fel ffordd ymarferol o sugno nwy carbon deuocsid o wahanol brosesau yn yr amgylchedd, gan gynnwys peiriannau moduron, simneiau cartrefi a phrosesau diwydiannol. Mae'n amlwg fod gwaith ymchwil wedi ei wneud gan gynnig awgrymiadau o ffyrdd i ddefnyddio'r lithiwm hydrocsid mewn gwahanol amgylchiadau. Mae'r defnydd o fetel alcalïaidd fel ffordd o sugno carbon deuocsid wedi ei gydnabod yn barod ond mae'r syniad o ddefnyddio hynny ar lefel eang mewn cartrefi a moduron efallai'n arloesol.

Ysgol Gyfun Gŵyr: Cyflwyniad o waith a wnaethpwyd fel prosiect Cynllun Addysg Peirianneg Cymru gyda chwmni lleol yw'r ymgais hon. Y dasg oedd cynllunio ffordd o reoli lefelau o facteria (*legionella*'n benodol) mewn dŵr yn cael ei ddefnyddio mewn gweithle. Mae'r system a ddyluniwyd yn defnyddio eglurder y dŵr a fesurwyd gan ddau synhwyrydd golau, wedi eu cysylltu â chyfrifiadur *Raspberry Pi*, fel ffordd o fesur safon y dŵr cyn penderfynu a fydd angen ei drin gyda bioladdwr. Mae'r gwaith a gyflawnwyd yn drylwyr gydag awgrymiadau ar gyfer gwelliannau yn y dyfodol.

Mae'r gystadleuaeth yn agos ond credaf fod *Ysgol Gyfun Gŵyr* yn dod i'r brig gyda syniad syml ac effeithiol a ddatblygwyd hyd at y dyluniad ymarferol sydd yn ateb gofynion y cwsmer, gyda'r posibilrwydd o'i addasu'n ehangach. Canmolaf y gwaith arbennig a wnaethpwyd gan obeithio y bydd diddordeb amlwg y bobl ifainc mewn gwyddoniaeth a thechnoleg yn parhau yn ystod eu gyrfaoedd.

Rhoddaf y wobr i *Ysgol Gyfun Gŵyr*.